U0616962

高等学校电子信息类专业系列教材

电工电子技术实验教程

主　编　李少娟　　王聪敏

副主编　白　鹏　吴增艳

参　编　成　倩　罗　攀　张　顺

主　审　张　斌

西安电子科技大学出版社

内 容 简 介

为适应电工电子技术实验课程的改革，作者在总结多年教学经验的基础上，对实验内容进行优化和重组后编写了本书。本书共 5 章，主要内容包括实验基础知识、常用仪器仪表的使用、验证性实验、设计性实验和综合性实验。书中的实验内容由浅入深，每个实验还设计了拓展性内容。常用仪器仪表的使用和部分实验配有操作视频或仿真视频，学生通过实验视频可以直观地看到实验现象，激发学习的兴趣和积极性。实验训练的目的在于培养学生自主学习和独立思考的习惯，并提高工程实践能力。

本书可作为大学非电类专业电工电子技术课程的实验教材，也可作为相关专业工程技术人员及科研人员的参考书。

图书在版编目（CIP）数据

电工电子技术实验教程 / 李少娟，王聪敏主编. -- 西安：西安电子科技大学出版社，2025. 3. -- ISBN 978-7-5606-7600-5

Ⅰ. TM-33；TN-33

中国国家版本馆 CIP 数据核字第 2025X3Y333 号

策　　划　刘小莉
责任编辑　刘小莉
出版发行　西安电子科技大学出版社（西安市太白南路 2 号）
电　　话　(029) 88202421　88201467　　邮　　编　710071
网　　址　www.xduph.com　　　　　　　电子邮箱　xdupfxb001@163.com
经　　销　新华书店
印刷单位　陕西日报印务有限公司
版　　次　2025 年 3 月第 1 版　　　2025 年 3 月第 1 次印刷
开　　本　787 毫米×1092 毫米　1/16　印张 15.5
字　　数　365 千字
定　　价　45.00 元
ISBN 978-7-5606-7600-5

XDUP 7901001-1

＊＊＊如有印装问题可调换＊＊＊

前　言

　　电工电子技术实验是机械类专业的一门必修基础课，其主要任务是通过理论与实践相结合的方式，巩固和深化已学的理论知识，加强基本实验技能训练，使学生具备分析电路和设计简单电路的能力，提升学生的综合素质，树立工程意识，培养创新能力和严谨的科学作风。

　　本书是根据人才培养方案和课程教学计划的基本要求，基于数字化电工电子实验平台、微课、网络化等教学手段，结合现有的实验设备编写的实验教材。本书系统地阐述了电工电子实验的基础知识、仪器仪表测量及测试技术，并提供了 30 个电工电子技术实验，附录主要介绍本书所使用的电工技术实验装置。

　　本书实验内容主要分为验证性实验、设计性实验和综合性实验三大类。验证性实验旨在让学生了解常用元器件的性能和使用方法，巩固和加深对理论知识的理解，掌握基本实验方法和技能，培养学生观察和分析实验现象、解决实际问题的能力，为后续实验打下基础；设计性实验的重点是设计单元电路，即按照设计目的、设计任务和设计要求设计电路，并通过电路仿真、安装调试、指标测试等过程，培养学生设计电路的能力以及对现代电路的实验方法、测试技术的应用能力；综合性实验注重学生对所学知识的应用，培养学生的综合技能，强化学生的工程实践意识和实际动手能力。

　　本书配有仪器仪表和部分实验的实际操作或仿真的微课视频。通过观看视频，学生不仅可以进一步熟悉实验室仪器仪表的使用、实验台搭接电路的方法及注意事项，还能熟悉仿真软件的使用。

　　本书第 1 章、第 2 章以及附录由李少娟和王聪敏编写；第 3 章由白鹏和成倩编写；第 4 章由张顺编写；第 5 章由吴增艳和罗攀编写。全书由张斌主审。

　　由于编者水平有限，书中难免存在不妥之处，敬请读者批评指正。

编　者

2024 年 12 月

目　录

第1章 实验基础知识

电工电子技术实验课的特点及学习方法

1.1.1 电工电子技术实验课的特点

电工电子技术实验是一门重要的技术基础课程,具有很强的操作性。电工电子技术实验中会涉及元器件、电路、环境等诸多因素,而且理想模型与工程实际的现象和结果存在一定的差异。因此,要学好这门课程,就必须了解本课程的特点。

1. 电子元器件特性参数的离散性

电子元器件的品种繁多、特性各异,在进行电工电子技术实验时除了要合理地了解、选择元器件的性能,还要注意相同型号电子元器件特性参数的离散性。如电子元件(电阻、电容)的值存在一定的偏差,同型号晶体三极管的电流放大倍数(β 值)不同,这使得实际电路性能与设计要求有一定的差异,实验时需对实验电路进行调试。对于调试好的电路,一旦更换某个元器件,则需要重新调试。

2. 电子元器件的非线性

模拟元器件的特性大多数是非线性的,因此在使用模拟电子元器件时,就有如何合理地选择与调整工作点使其工作在线性范围以及稳定工作点的问题。而工作点一般是由偏置电路确定的,因此偏置电路的设计与调整在模拟电路中占有极其重要的地位。

3. 测试仪器的非理想特性

在进行理论分析时,一般认为测试仪器具有理想的特性,但实际信号源的内阻不可能为零,示波器和毫伏表的输入阻抗也不是无穷大的,因此测试时会对被测电路产生影响。了解这些影响,选择合适的测量仪器和方法进行测量,可减小测量过程带来的误差。

4. 阻抗匹配

电子电路中，各单元电路之间相互连接时，经常会遇到匹配的问题。前后级电路间匹配不好，可能会影响电路的整体效果，使整体电路不能正常工作。因此，在进行电路设计时，应该选择合适的参数或采取一定措施，尽量使电路前后级之间能够良好地匹配。

5. 接地问题

实际电路中，所有的仪器仪表都是非对称输入和输出的，所以一般输出电缆和测试电缆中都有接地线，通常仪器仪表和电子电路要共地。特别强调，电子电路中的"地"是可以人为选定的，是整个电路的参考点(零电位点)。

6. 分布参数和外界的电磁干扰

在一定条件下，分布参数对电路的特性可产生重大影响，甚至可能会使电路产生自激而不能正常工作，这种情况在电路的工作频率较高时更易发生。因此，元器件的合理布局和恰当连接，接地点的合理选择和地线的合理安排以及必要的去耦和屏蔽措施在电子电路中是相当重要的。

7. 测试手段的多样性和复杂性

针对不同的问题要采用不同的测试方法，并考虑到测试仪器仪表接入电路后对电路产生的影响。

上述特点决定了电工电子技术实验的复杂性，了解这些特点，对掌握实验技术、分析实验现象、提高工程实践能力具有重要意义。

1.1.2 电工电子技术实验课的学习方法

要学好电工电子技术实验课，应该注意以下几点。

1. 掌握实验课的学习规律

实验课是以动手为主的课程，实验时，应该做到有的放矢，清楚自己该做什么，应该怎么做。因此，每个实验都要经历预习、实验和总结三个过程。

(1) 预习。预习的主要任务是搞清楚实验的目的、内容、方法，以及实验中必须注意的问题。通过预习拟订实验步骤，制订记录数据的表格，并对实验结果有一个初步的估计，以便实验时可以及时检查实验结果的正确性。预习质量的好坏将直接影响实验的效果和收获。

(2) 实验。实验就是学生按照自己预先拟订的方案进行实际操作，是提高实践能力的过程。实验中，学生既要动手也要动脑，要实事求是地做好原始数据的记录、分析和解决实验中遇到的问题，养成良好的学习习惯。

(3) 总结。总结就是在实验完成后，整理实验数据，分析实验结果，评价实验，总结收获。这一阶段是培养学生总结、归纳能力和学术写作能力的重要过程。

2. 学会用理论指导实践

理解实验原理、制订实验方案需要用理论进行指导。调试电路时同样需要用理论分析实验现象，从而确定调试的方法、步骤。盲目的调试是错误的，虽然也可能获得正确的结果，但对掌握实验原理、提高调试电路的能力不会有帮助。另外，实验结果的正确与否、实验结果与理论存在的差异也需要从理论的角度进行分析。

3. 注意实践知识与经验的积累

实践知识和经验需要长期积累才能丰富起来。对实验中所用的仪器与元器件，要记住它们的型号、规格以及使用方法；对实验中出现的各种现象与故障，要记住它们的特征；对实验中的经验教训，要及时进行总结和反思。

4. 自觉提高工程实践能力

养成主动学习的习惯，实验过程中要有意识地、主动地培养自己发现问题、解决问题的能力，不要事事都问老师、过多地依赖指导老师，而应该尝试自己去解决实验中遇到的问题。要不怕困难与失败，从某种意义上来讲，困难与失败正是提高自己工程实践能力难得的机会。

1.1.3　电工电子技术实验课的要求

为确保实验顺利完成，达到预期实验效果，培养学生的良好作风，充分发挥学生的主观能动性，对学生有如下要求。

1. 实验前要求

（1）充分预习。认真阅读实验内容，了解实验目的，充分理解实验原理，掌握实验主要参数的测试方法。

（2）认真学习教材中仪器仪表的使用介绍，熟悉要使用的仪器仪表的性能和使用方法。

（3）对实验数据和结果作初步估算。

2. 实验中要求

（1）按时进入实验室，遵守实验室的规章制度。

（2）严格按照操作规程使用仪器仪表。

（3）按照科学的方法进行实验，要求接线正确，布线整齐、合理。

（4）实验中出现故障，应利用所学的知识进行分析，并尽量独立解决问题。

（5）细心观察实验现象，真实、有效地记录实验数据。

3. 实验后要求

实验完成后要撰写实验报告。实验报告的撰写有以下要求。

（1）注明实验环境和实验条件，如实验日期、使用的仪器仪表名称等。

（2）整理实验数据，描绘测试波形，列出数据表格并画出特性曲线。

（3）对实验结果进行必要的理论分析，得出结论，并对实验做出评价。

（4）分析实验中出现的故障和问题，总结排除故障、解决问题的方法。

（5）总结实验的收获，提出改进实验的意见与建议。

（6）回答思考题。

1.2 电子测量的内容与分类

著名科学家门捷列夫指出：没有测量就没有科学。在科学技术高速发展的今天，电子测量已经成为信息获取、处理和显示的重要手段，是信息工程的基础和重要组成部分。

电子测量技术广泛应用于人们的生活，无论是科学研究、工业制造，还是现代军事装备的研制和维护，都离不开先进的电子测量。电子测量技术以及仪器的精度已经成为衡量一个国家科技发展和生产技术水平的重要标准。同时，电子测量技术与电子技术相伴而生，电子科学的知识和技术在电子测量技术中得到了最全面、最广泛的应用。对电子测量技术涉猎的深浅，反映了一个电子工程师综合素质的高低。电子测量如此重要，我们应该掌握好这门技术。

1.2.1 电子测量的内容

测量是以确定被测对象量值为目的的全部操作。在测量过程中，人们借助专门的设备，依据一定的理论，通过实验的方法来确定被测量的量值。量值的大小是由数值和计量单位的乘积所表示的，没有计量单位的数值是不能作为量值的，也是没有物理意义的。电子测量主要包括以下五个方面。

（1）电能量的测量，包括电流、电压、功率、电场强度等。

（2）电子元器件和电路参数的测量，包括电阻、电容、电感、阻抗、品质因数、电子元器件参数等。

（3）电信号特性和质量的测量，包括波形、频率、周期、时间、相位、失真度、状态等。

（4）电路性能的测量，包括增益、衰减、灵敏度、通频带、噪声系数、滤波器的截止频率和衰减特性等。

（5）基本电子电路特性曲线的测量，包括放大器幅频特性曲线与相频特性曲线等。

1.2.2 电子测量的分类

电子测量的方法有很多，为了便于分析和研究，一般分为以下几类。

（1）时域测量：测量被测信号幅度与时间的函数关系。

（2）频域测量：测量被测信号幅度与频率的函数关系。

（3）调制域测量：测量被测信号频率随时间变化的特性。

（4）数据域测量：测量数字量或电路的逻辑状态随时间变化的特性。

（5）输入电阻和输出电阻的测量：测量二端网络输入、输出伏安关系的特性。

（6）电压增益和频率特性的测量：测量网络的信号传输特性。

此外，按测量手段的不同，电子测量可分为直接测量、间接测量和组合测量；按测量统计特性的不同，电子测量可分为平均测量和抽样测量。在实际测量过程中，上述的多种测量形式或者互相补充，或者组合运用，以完成特定的电子测量任务。

1.3　基本测量方法

1.3.1　电压的测量

电子技术领域中，电压是最基本的电参数之一，电路的工作状态和特性大多是以电压来表示的，所以电压测量是电子测量的基础。电压的测量方法一般有电压表测量法和示波器测量法两种。

1. 电压表测量法

将电压表并联在被测电路的两端直接读数的方法称为电压表测量法。这种方法简便、直观，是电压测量最基本的方法。用电压表测量电压时应注意，要根据被测电压的特点(如电压频率的高低和幅度的大小等)和被测电路的状态(电路内阻的大小等)来选择电压表。

通常，以电压表的使用频率范围、测量电压范围和输入阻抗的高低作为电压表的选择依据。对电压表的基本要求如下：

(1) 输入阻抗高。当电压表的输入阻抗与被测电路的阻抗为同一数量级时，就会造成较大的测量误差。为减小电压表对被测电路的影响，要求电压表的输入阻抗应尽可能高些。

(2) 频率限制。测量仪表都有确定的频率限制(即频带限制)，超过此限制进行测量会带来较大的测量误差。通常，测量电路直流工作点或工频电压，可选用数字三用表；测量放大器频率响应特性，可选用交流毫伏表或示波器；测量射频电路电压，可选用高频毫伏表。

(3) 精度较高。指针式仪表精度按满度相对误差分为 0.05、0.1、0.2、0.5、1.5、2.5、5.0 等几个等级，如 2.5 级精度的满度相对误差为 $\pm2.5\%$。在较高精度的电压测量中，一般采用数字式电压表。一般直流数字式电压表的测量精度为 $10^{-8}\sim10^{-4}$ 数量级，交流数字式电压表的测量精度为 $10^{-4}\sim10^{-2}$ 数量级。

2. 示波器测量法

电子电路中，电压的波形种类有很多，常见的有正弦波、矩形波、三角波、阶梯波等。大部分电压表是按测量正弦波的有效值设计的。因此，当用电压表测量上述非正弦波电压时会产生很大的测量误差。另外，电子电路中的许多电压波形交、直流并存，即交流叠加在直流电压之上，这样的电压不能用一般的电压表测量，而要用示波器测量。用示波器进行电压测量的特点是能正确、简便地测定某些非正弦波形的峰值或波形某部分的大小，数字式示波器还能直接给出电压值。

1.3.2　电流的测量

测量直流电流通常采用三用表的电流挡。测量时，电流表串联接入被测电路中。为减小对被测电路工作状态的影响，电流表的内阻越小越好，否则会产生较大的测量误差。

测量交流电流通常采用磁电式电流表。由于交流电流的分流与各支路的阻抗有关，而且阻抗分流也很难做到精确，所以通常使用电流互感器来扩大交流电流表的量程。钳形电流表就是用互感器扩大电流表量程的实例。

要特别强调的是，在工程实践中，电流的测量一般采用间接的方法，如图 1.1 所示。通过测量被测支路中电阻两端的电压来计算电流，从而得到被测支路中电流的大小。测量时，应尽量选择较小的 R，当电阻串入被测电路中时，其对被测电路的影响可以忽略。

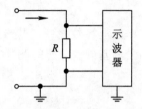

图 1.1　间接测量电流示意图

1.3.3　时间和频率的测量

1. 时间的测量

时间的测量就是对信号的时间参数进行测量，如信号周期、脉冲宽度、上升时间和下降时间等。现在使用的数字示波器，可以用自动测量法和游标测量法对信号的时间参数进行测量。自动测量法可自动测量任意通道信号的周期、上升时间、下降时间等参数，游标测量法可测量任意两点间的时差，并可直接读数。

2. 频率的测量

频率的测量即通过测量信号的周期来计算其频率，同样也可以用自动测量法和游标测量法进行频率的测量。

1.3.4　输入电阻和输出电阻的测量

图 1.2 所示是一个典型的线性含源二端网络，其输入端接激励信号源，输出端接负载。图中，$\dot{U}_s$、R_s 分别为信号源的电压和内阻，R_L 是电路的负载电阻，$\dot{U}_i$、$\dot{I}_i$ 分别是网络的输入电压和电流，$\dot{U}_o$、$\dot{I}_o$ 分别是网络的输出电压和电流。

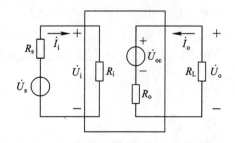

图 1.2　线性含源二端网络

1. 输入电阻的测量

网络的输入阻抗 $\dot{Z}_i$ 为

$$\dot{Z}_i = \frac{\dot{U}_i}{\dot{I}_i}$$

当输入信号的频率较低时，网络近似为纯电阻性电路，此时可用输入电阻 R_i 代替输入阻抗 $\dot{Z}_i$，即

$$R_i = \frac{\dot{U}_i}{\dot{I}_i}$$

测量输入电阻的原理图如图 1.3 所示。在被测电路的输入回路中串入电阻 R_1，分别测量电阻 R_1 两端的对地电压 $\dot{U}_1$ 和 $\dot{U}_2$，即可求出输入电阻为

$$R_i = \frac{\dot{U}_2}{\dot{U}_1 - \dot{U}_2} R_1$$

注意：选取的电阻 R_1 的阻值应与 R_i 的阻值接近，以减小测量误差。

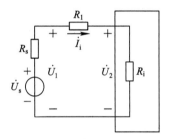

图 1.3　测量输入电阻原理图

2. 输出电阻的测量

线性含源二端网络的输出端可以等效为一个电压源，如图 1.4 所示，等效电压源的内阻就是电路的输出阻抗。

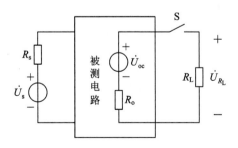

图 1.4　测量输出电阻原理图

测量输出电阻的方法是先将负载开路（开关 S 断开），测量电路的开路输出电压 $\dot{U}_{oc}$；然后闭合开关 S，测量负载电阻 R_L 两端的电压 $\dot{U}_{R_L}$，即可计算出输出电阻 R_o 为

$$R_{\text{o}} = \left(\frac{\dot{U}_{\text{oc}}}{\dot{U}_{R_{\text{L}}}} - 1 \right) R_{\text{L}}$$

注意：选取的电阻 R_{L} 的阻值应与 R_{o} 接近，以减小测量误差。

当被测电路的输出电阻 R_{o} 很小时，不能采用这种测量输出电阻的方法测量 R_{o}，否则会因输出电流过大而损毁元器件。

1.3.5 电压增益及频率特性的测量

1. 电压增益的测量

电压增益是网络传输特性的重要参数，定义为输出电压与输入电压的比值，即

$$A_u = \frac{U_{\text{o}}}{U_{\text{i}}}$$

分别测量出输出电压和输入电压，即可计算出电压增益。

2. 频率特性的测量

当电路中含有电抗元件时，输出电压 U_{o} 随输入信号的频率变化而变化，相应的电压增益 A_u 是频率的函数，表示为

$$\dot{A}_u = A_u(f) \angle \varphi(f)$$

其中，$A_u(f)$ 称为幅频特性；$\varphi(f)$ 称为相频特性。

1）幅频特性的测量

放大电路的典型幅频特性曲线如图 1.5 所示，其分为高、中、低三个区域。在中频区，增益 $|A_u|$ 基本不变，其值可用 $|A_{um}|$ 表示；在高频区，增益 $|A_u|$ 随着频率升高而下降；在低频区，增益 $|A_u|$ 随着频率下降而下降。当电压增益下降到 $\dfrac{|A_{um}|}{\sqrt{2}}$ 时，对应的频率分别称为上限截止频率和下限截止频率，分别用 f_{H}、f_{L} 表示，f_{H} 与 f_{L} 之间的频率范围称为通频带（Band Width，BW），即

$$\text{BW} = f_{\text{H}} - f_{\text{L}}$$

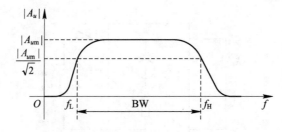

图 1.5　幅频特性曲线

测量幅频特性的常用方法如下：

（1）逐点法。将信号源加到被测电路的输入端，保持输入电压幅度不变，改变信号的频率，用示波器或交流毫伏表测量电路的输出电压，然后将所测频率点的电压增益绘制成曲线，即为被测电路的幅频特性曲线。

（2）扫频法。用扫频仪提供一个幅度保持不变、频率随时间变化的电压信号（扫频信号）加到被测电路的输入端，将电路的输出电压送至示波器的 Y 轴，示波器显示波形即为电路的幅频特性曲线。

2）相频特性的测量

相频特性的测量是指测量电路输出信号与输入信号的相位差，通常是测量两个同频率信号之间的相位差。测量时，示波器用双通道模式分别测量输入信号和输出信号的波形，选定其中一路信号作为示波器的触发源，可以得到两个稳定波形，如图 1.6 所示。图中，T 表示波形的一个周期，τ 表示输入和输出波形的时延，则两个波形的相位差为

$$\varphi = \frac{\tau}{T} \times 360° = \varphi_\circ - \varphi_i$$

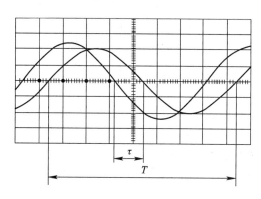

图 1.6　相频特性测量示意图

注意：测量电压、电流、电压增益、频率特性等参数时，必须保证待测信号不失真，只有在信号不失真的条件下，测得的数据才有意义，因此要合理地选择信号。

1.4　测量数据及误差处理方法

1.4.1　测量数据的有效数字

实验离不开测量，测量借助仪器读取数据，测量的结果总会有误差，那么如何读取实验中的数据？这些数据如何进行运算？测量结果如何正确表示？这些就是有效数字及其运算所要讨论的问题。

1. 有效数字的概念

由于测量中误差的存在或者测量仪器分辨力的限制，测量数据从某位起以后的数据是欠准确的估计数字，称为存疑数字。欠准确数字左边的数字称为准确数字。

有效数字是指从该数最左边一位非零数字算起，直到右边第一位存疑数字为止的所有准确数字，包括中间的数字 0。例如，测得的频率为 0.0234 MHz，它是由 2、3、4 三个有效

数字表示的,其左边的两个零不是有效数字,通过单位变换,可将这个数字写成 23.4 kHz。其末位数字 4,通常是在测量中估计出来的,因此称它为欠准确数字,其左边的有效数字为准确数字。

2. 有效数字的确定

(1) 有效数字中,只应保留一位欠准确数字。因此,在记录测量数据时,只有最后一位有效数字是欠准确数字。

(2) 如果欠准确数字为 0,要特别注意不能随意删除掉。例如,测量某电阻的大小为 136.0 kΩ,这表明前面的数字 1、3、6 是准确数字,最后一位数字 0 是欠准确数字。如果将 136.0 kΩ 改写成 136 kΩ,则表明前面的两位数字 1、3 是准确数字,最后一位数字 6 是欠准确数字。这两种写法尽管表示同一个数值,但实际上却反映了不同的测量准确度。

(3) 有效数字的科学表示法。如果用 10 的幂来表示一个数据,那么 10 的幂前面的数字都是有效数字。例如,13.60×10^3 Ω 表明该电阻的有效数字有四位。

(4) 对于 π、$\sqrt{2}$ 等常数,具有无限位数的有效数字,在运算时可根据需要取适当的位数。

(5) 有效数字"四舍六入五去偶"的规则。当数据保留 n 位有效数字时,若后边要舍去的数字大于 5,则进位 1。若后边要舍去的数字小于 5,则舍去不进位。若后边要舍去的数字刚好是 5,则按下面规则处理:若 5 后还有数字,则可舍 5 进 1。若 5 后没有其他数字,看 5 前面的数字,若 5 之前的数字为奇数,则舍 5 进 1;若 5 之前的数字为偶数(含零),则舍去不进位。

例如,以下是几个把有效数字保留到小数点后第二位的数据(左边为原始数据,右边为经过处理的数据)。

$$73.9504 \rightarrow 73.95$$
$$3.226\,81 \rightarrow 3.23$$
$$523.745 \rightarrow 523.74$$
$$617.995 \rightarrow 618.00$$

3. 有效数字的运算规则

在进行计算时,有效数字保留得过多则无意义,且运算复杂容易出错;有效数字保留得太少,又会影响实验的测量精度。所以,有效数字的运算必须符合一定的规则。

(1) 有效数字的加减运算。整数进行加减运算时,和普通加减法一样;小数加减运算应以小数点后位数最少的数作为标准,将其他数据进行处理,再进行加减运算。

例如,求 0.53 V 与 0.3565 V 之和,将 0.53 作为标准数,则按上述规则 0.3565 → 0.36,0.53 V+0.3565 V=0.89 V。

(2) 有效数字的乘、除运算。运算前,对各数据的处理应以有效数字位数最少的数作为标准,所得积或商的有效数字的位数应与此相同。

例如,计算 $0.0121 \times 25.645 \times 1.057\,82$ 之积,0.0121 有三位有效数字,有效位数最少,所以应对另两个数据加以处理,即

$$25.645 \rightarrow 25.6$$
$$1.057\,82 \rightarrow 1.06$$

最后的计算结果为

$$0.0121 \times 25.6 \times 1.06 = 0.328\ 345\ 6 \rightarrow 0.328$$

（3）有效数字的乘方、开方运算。在进行乘方、开方运算时，运算结果的有效数字位数应比原数据多保留一位。

（4）有效数字的对数运算。在进行对数运算时，运算结果与原数据应有相同的有效位数。

4. 有效数字与误差

电子测量数据经常只测量一次，即单次测量。单次测量数据所具有误差的估计，即单次误差估算，通常规定为其仪表最小刻度的一半，或者不得超过实验数据末位单位数字的一半。

例如，若末位数字是个位，则包含的绝对误差值小于 0.5；若末位数字是十位，则包含的绝对误差值小于 5。

对于未标注误差的数字，从数字左边第一位不是零的数字，直到最后一个数字止，都是有效数字。有效数字的最低位含有误差，称为欠准确数字，如有效数字 3.142，其中 2 为欠准确数字，3、1、4 都为准确数字。

注意：数字的表示不同，其含义是不同的。例如，30.50 表示最大绝对误差不大于 0.005；写成 30.5，表示最大绝对误差不大于 0.05。再如，某电流的测量结果写成 2000 mA，表示绝对误差不大于 0.5 mA；写成 2 A，表示绝对误差不大于 0.5 A；写成 2.000 A 时的绝对误差与写成 2000 mA 时完全相同。

5. 测量结果的正确表示

实验中，最终的测量结果通常由测得值和相应的误差共同表示。这里的误差是指仪器在相应量程时的最大绝对误差，这就涉及测量数据有效数字位数取舍及误差的有效数字问题。

工程测量中，误差的有效数字一般只取一位，并采用"绝对进位法"，即测量值的有效数字后面不管是 1～9 中的哪一个数字都要进一位，以保证取其最大误差值。

测量结果的最后表示中，一定要注意，测量值的有效数字的位数取决于测量结果的误差，即测量值的有效数字末位数与测量误差末位数是同一个数位。

例如，用 0.5 级电压表测量一个 150 V、50 Hz 的交流电压，选用 150 V 量程进行测量，测量值为 145.06 V。测量产生的最大绝对误差为 $\Delta U_{\mathrm{m}} = 150\ \mathrm{V} \times (\pm 0.5\%) = \pm 0.75\ \mathrm{V}$，根据上述原则确定为 $\Delta U_{\mathrm{m}} = \pm 0.8\ \mathrm{V}$，则测量结果表示为 $U = 145.1\ \mathrm{V} \pm 0.8\ \mathrm{V}$。

1.4.2　测量数据的处理

测量数据的处理是电子测量的重要组成部分。如何对实验中所测得的数据、现象进行深入地分析、计算，以便找出各参数之间的关系，或者用数学解析的方法导出各参数之间的函数关系，是数据处理的任务。通常可采用列表法、曲线法等进行数据处理。

1. 列表法

将实验数据按某种规律列成表格，这种方法在工程中经常用。列表法不仅简易方便、规律性强、明了清楚，而且能为深入地分析、计算以及进一步处理数据或用曲线法展示实验结果打下基础，所以实验中大量采用列表法。采用列表法时要注意以下几点。

（1）列项要全面合理、数据充足，便于进行观察比较、分析计算和作图等。

（2）列项要清楚准确地标明被测量的名称、数值、单位、前提条件、状态和需观察的现象等。

（3）能够事先计算的数据，应先计算其理论值，以便测量过程中进行对照比较。

（4）记录原始数据的同时要记录条件和现象，并注意有效数字的选取。

2. 曲线法

曲线法通常有两种类型：特性曲线和响应曲线。

1）特性曲线

在研究元器件、电路的特性时（如伏安特性、频率特性），仅有数据表格还不能准确地反映出电路的变化规律，原因是一般电路的变化规律是连续的，而表格中的数据却是有限的、间断的。因此，这就需要把表格中的数据作为点的坐标标在坐标系中，然后用曲线将这些点连接起来，形成一条曲线。这种绘制曲线的方法叫作描点法，绘制的曲线叫作电路的特性曲线。用特性曲线描述实验结果，具有直观完整、可获取更多信息的优点。绘制特性曲线时要注意以下几点。

（1）绘制特性曲线常采用的是直角坐标法，一般用横坐标表示自变量，纵坐标表示对应的变量，即函数。横坐标的尺寸比例要根据被测量数量级的大小、曲线形状等合理选择，并应注明被测量的名称和单位。曲线图幅度大小要适当，一般以能完整包含数据的最大值和最小值为度，最好选用坐标纸。

（2）应正确分度坐标横、纵轴，分度间隔值一般应选用 1、2、5 或 10 的倍数，而且根据情况，横、纵轴的分度可以不同，但要确保曲线能正确地反应出函数的关系，并在坐标轴上大小适宜。

如果实验数据特别大或特别小，那么可以在数值中提出乘积因子，例如，提出 10^5 或 10^{-2}，将这些乘积因子放在坐标轴端点附近；还可以采取对数坐标以压缩图幅，如放大电路的幅频响应曲线，其频率坐标就取对数坐标。如果在很宽的范围内放大电路的幅频特性都非常平直，那么可以采用断裂线来缩小图幅。

（3）在连点描迹时，为防止数据点不醒目而被曲线遮盖，或防止在同一坐标图中有不同的几条曲线的数据点混淆，各种数据点可分别采用"＋""×""O""△""□"等符号标出。

（4）为了使特性曲线更接近实际，能正确、完整地反映量值的特点，就要正确选择测试点。极值点、特征点和拐点周围应多选些测试点，线性变化的区段内则可少选些测试点。

（5）若干彼此相关的量，如果特性曲线有共同的横坐标和纵坐标，应尽量绘在同一张图上，以便能更好地看出它们之间的相互关系。

2）响应曲线

对电路进行测量可看成用仪器仪表对电路进行求解，测量结果有时只是一个数值，但大多数情况是一个函数（波形）。为了记录测量的结果，就必须从测量仪器（多为图形显示仪器）上将图形画下来，其绘制的近似程度直接影响测量结果的准确程度，因此在画图时一定要保持和原图一致或对应成比例。在绘制图形时，要做到以下几点：

（1）将响应曲线的位置、大小调整合适，使曲线处于一个既携带了全部信息又便于绘制的状态。

(2) 绘制时使用坐标纸(因一般显示屏上有坐标格)。先在坐标纸上标出与图形对应的一些点(具有一定的特点),再对这些点进行连线。当两点之间曲线的曲率较小、不易连接时,可在这两点之间再插入点。

(3) 考虑是否建立坐标系。一旦建立了坐标系,其刻度就要与曲线的变量幅度对应起来。

(4) 当一个坐标系中有多条曲线时,要对这些曲线添加文字说明,并用不同的线型或颜色加以区别。

(5) 绘制出的曲线要光滑。测试中,测量结果不一定和整个图形有关,如后面要学到的相位测量,测量结果只是和图形上的个别点有关,这时对图形的调整就需要把注意力放在与结果有关的点上,绘制图形时要把这些点的位置找准,因为其他点只会影响图形的美观而不会影响测量的结果。

3. 特性曲线的修正

将各实验数据描绘成特性曲线时,应尽可能使曲线通过数据点。如果直接把所有的数据点连接起来,一般得不到一条光滑的曲线,而是一条折线,所以除了应对不合理的数据点正确取舍外,还要利用有关的误差理论,把各种随机因素引起的曲线波动抹平,使其成为一条光滑、均匀的曲线,这个过程称作曲线的修正。

在要求不太高的测量中,常采用一种简便、可行的分组平均法来修正曲线。分组平均法就是把坐标纸上标明的各测量数据点沿横坐标轴分成若干组,每组包含 2~4 个数据点,点数可相等也可不相等,求出每组的几何重心的坐标值,再将这些坐标点连起来作曲线。该方法可在一定程度上减小测量点误差的影响,使作图更为方便和准确。

1.4.3　测量误差及其处理方法

1. 误差的定义

在实际的测量中,由于受到测量仪器仪表的精度、测量方法、环境条件或测量能力等因素的限制,会使测量值与真实值有差异。测量值与真实值之差称为测量误差。

2. 误差的来源

测量误差的来源主要有仪器仪表误差、使用误差、人身误差、影响误差、方法误差及被测量不稳定误差等。

1) 仪器仪表误差

仪器仪表本身的电气和机械性能不完善引入的误差称为仪器误差,这是测量误差的主要来源之一。由于设计、制造、检定等的不完善,以及计量器具使用过程中元器件老化、机械部件磨损、疲劳等因素而使计量器具带有误差。计量器具的误差可以分为读数误差(包括出厂校准精度不准确产生的校准误差、刻度误差、读数分辨力有限而造成的读数误差等,如指针式仪表的零点漂移、刻度非线性引起的误差以及数字化仪表的量化误差)、计量器具内部噪声(即计量器具自身产生的干扰信号)引起的稳定误差,计量器具响应滞后现象造成的动态误差等。

2）使用误差

使用误差又称操作误差，它是指在使用仪器仪表过程中，因安装、调节、布置、使用不当引起的误差。

3）人身误差

人身误差是由于人的感觉器官和运动器官的限制，因测量人员主观及客观因素引起的误差，具体讲是因测量者的操作不规范、分辨能力差、视觉疲劳、反应速度慢，以及不良的固有习惯等引起的，如操作不当、看错、读错、听错和记错等。

4）影响误差

影响误差又称环境误差。实际环境条件与规定条件不一致所引起的误差称为环境误差。它是指由于受到温度、湿度、大气压、电磁场、机械振动、声音、光照、放射性等影响所造成的附加误差。任何测量都是在一定的环境里进行的，环境由多种因素组成，对电子测量而言，最主要的影响因素是电源电压、电磁干扰、环境温度等。

5）方法误差

方法误差是由于测量、计算方法不合理，以及理论缺陷等因素造成的误差。这种测量误差主要表现为测量时所依据的理论不严密，用近似公式或近似值计算出的数据作为测量结果或测试方法不合理等造成的误差。例如，用普通指针式万用表测量高内阻回路的电压，用谐振法测量电路频率时，常用的近似公式为

$$f_0 = \frac{1}{2\pi\sqrt{LC}}$$

但实际上，回路电感 L 中总存在损耗电阻 R，其准确的公式为

$$f_0 = \frac{1}{2\pi\sqrt{LC}}\sqrt{1 - \frac{R^2 C}{L}}$$

6）被测量不稳定误差

由被测量对象自身的不稳定变化引起的误差称为被测量不稳定误差。我们知道，测量是需要一定时间的，若在测量时间内被测量对象由于不稳定发生变化，那么即使有再好的测量条件也无法得到正确的测量结果。例如，由于振荡器的振荡频率不稳定，因此测量其频率时必然会引起误差。

3. 误差类别及减小误差的措施

在测量工作中，误差的来源要认真分析，并采取相应的措施以减少误差对测量结果的影响。误差按其性质通常分为三类：系统误差、随机误差和粗大误差。

1）系统误差

系统误差是指在多次等精度测量同一量时，误差的绝对值和符号保持不变，或当条件改变时按某种规律变化的误差。系统误差越小，测量的准确度就越高。

引起系统误差的原因多为测量仪器仪表不准确、测量方法不完善、测量条件变化，以及操作不正确等。一般来说，当实验环境系统确定后，系统误差就是恒定值；当实验环境系统改变或部分改变时，系统误差也随之改变。我们应根据系统误差的性质和变化规律，通过分析，找出系统误差产生的原因，进行校正和改善；或者采用一种适当的测量方法，削弱

系统误差。削弱系统误差的方法一般有零示法、替代法、交换法、补偿法和微差法等。

另外，由于系统误差具有一定的确定性，因此对于无法有效消除其原因的误差项，还可用修正值的方法来减小测量误差。例如，欧姆表在电池电压降低时，会造成测量值变大，这时我们可以在测量值上加上一个修正值(根据与准确的欧姆表对比可获得此修正值)，来减小测量的误差。

2) 随机误差

随机误差又称偶然误差，它是指对同一量值进行多次等精度测量时，其绝对值和符号均以不可预定的方式无规则变化的误差。随机误差越小，仪器的精密度就越高。产生随机误差的主要原因是那些对测量值影响较小又互不相关的诸多因素，如各种无规律的干扰、热骚动、电磁场变化等。根据随机误差的特点，可以通过对多次测量值取算术平均值的方法来降低随机误差对测量结果的影响。

3) 粗大误差

粗大误差是指因测量人员不正确操作仪器仪表或疏忽大意造成的明显超出预计的测量误差，带有粗大误差的数据是不可靠的，应重新测量，并核对所测数据。在数据处理时，带有粗大误差的数据应该被删除，如果是由于被测电路工作不正常造成的粗大误差，则应做进一步的测量分析。

4. 误差的表示方法

误差常用绝对误差、相对误差和引用误差来表示。

1) 绝对误差

如果用 X_0 表示被测量的真值，X 表示测量仪器的示值(即标称值)，则绝对误差 ΔX 为

$$\Delta X = X - X_0$$

当 $X > X_0$ 时，绝对误差是正值，反之为负值。所以 ΔX 是具有大小、正负和量纲的数值。它反映了测量值偏离真值的大小。

真值是客观存在的，但在实际测量中真值难以获得，一般用高一级或更高级的标准仪器仪表或计量器具测得的数值作为"约定真值"。约定真值通常能满足实际应用中规定的精度要求，因此通常称为"实际值"，用 A 表示，这时绝对误差写成

$$\Delta X = X - A$$

与绝对误差大小相等，符号相反的量值称为修正值，一般用 C 表示。对于精度较好的仪器，修正值 C 常以表格、曲线或公式的方式随仪器带给用户。

在测量时，利用测量值与已知的修正值相加，就可以算出被测量的实际值。即

$$A = X + C$$

2) 相对误差

在测量大小不同的量值时，不能简单地用绝对误差来判断测量值的准确程度。例如，在测 100 V 电压时，$\Delta X_1 = 5$ V；在测 10 V 电压时，$\Delta X_2 = 1$ V。虽然 $\Delta X_1 > \Delta X_2$，可实际上 $\Delta X_1 = 5$ V，只占被测量的 5%，而 $\Delta X_2 = 1$ V，却占被测量的 10%，显然在测 10 V 时，其误差对测量结果的相对影响更大。因此，在工程上通常采用相对误差来比较测量结果的准确程度。

相对误差是绝对误差与真值的比值，用百分数来表示，即

$$\gamma = \frac{\Delta X}{X_0} \times 100\%$$

3）引用误差

引用误差又称满度相对误差，是用绝对误差与仪器仪表某量程的上限（即满度值）X_m 之比来表示的，记为

$$\gamma_m = \frac{\Delta X}{X_m} \times 100\%$$

由引用误差的定义可知，对于某一确定的仪器仪表，它的最大引用误差也是确定的，这就为计算和划分仪器仪表的准确度等级提供了方便。电工仪表就是按照引用误差 γ_m 之值进行分级的。一般电工仪表（模拟指针式）级数用 S 表示。按照国家标准 GB 776—76 规定，我国电工测量指示仪表共分为七个等级：0.1、0.2、0.5、1.0、1.5、2.5 及 5.0。现在又出现了 0.05 级的指示仪表。表头的等级一般都在表盘上标出。各级别仪表在正常工作条件下使用时，其基本误差分别为 $\pm 0.1\%$，$\pm 0.2\%$，$\pm 0.5\%$，$\pm 1.0\%$，$\pm 1.5\%$，$\pm 2.5\%$ 及 $\pm 5.0\%$。

注意： 如果仪表为 S 级，则说明该仪表的最大引用误差不超过 $S\%$，但不能认为它在各刻度上的示值误差都具有准确度 $S\%$。

电工仪表准确度等级的标定，对正确选用电表及测量过程中量程的选择有很大意义。例如，用五级（1.5 级）电压表测量一个 12 V、50 Hz 的交流电压，现分别选用 15 V 和 150 V 两个量程进行测量，结果如下：

用 150 V 量程时，测量产生的最大绝对误差为

$$\Delta U_m = 150 \text{ V} \times (\pm 1.5\%) = \pm 2.25 \text{ V}$$

用 15 V 量程时，测量产生的最大绝对误差为

$$\Delta U_m = 15 \text{ V} \times (\pm 1.5\%) = \pm 0.225 \text{ V}$$

显然，用 15 V 量程测量 12 V 电压，其绝对误差小很多。因此，为减小测量误差，提高测量准确度，应使被测量示值出现在接近满刻度区域，一般最好应在满刻度值的 2/3 以上，或至少在 1/3 以上。

以上的例子说明，对同一个量的仪器测量，同一个等级的仪器仪表中如果量程选择不当就会产生很大的误差；只要量程选择适当，低级别的仪器仪表测量时产生的误差并不会比高级别仪器仪表测量时产生的误差大。

另外，要强调的是，仪器仪表的基本误差越小，表示准确度等级越高。但准确度等级越高的仪器仪表，价格也越贵，而且使用条件苛刻，维护也困难。例如，万用表增加一些功能不会造成价格的太大提高，而提高了精确度的万用表则会造成价格的大幅提高。况且在不同的测量中，对其测量误差的大小，也就是测量准确度的要求往往是不同的。所以，在选择仪器仪表上要根据被测量量的精度要求，兼顾仪器仪表的级别和量程，合理地选择，切不要盲目追求高级别的仪器仪表，造成不必要的浪费。通常，0.1、0.2 级仪器仪表用作标准表或精密测量，0.5～1.0 级仪器仪表用于实验室一般测量，1.5～5.0 级仪器仪表为一般工程用表。

5. 电子测量仪器的误差

在电子测量中，电子测量仪器本身性能不完善引起的误差，称为电子测量仪器的误差，主要包括以下几类：

（1）允许误差。技术标准、检定规程等对电子测量仪器所规定的允许误差的最大值称为允许误差。允许误差通常是电子测量仪器的重要技术指标。允许误差可用绝对误差或相对误差表示。

（2）基本误差。即使所有的环境条件都满足测量要求，电子测量仪器同样也会有误差，只不过此时的误差最小。电子测量仪器在标准条件下所具有的误差称为基本误差，也称固有误差。标准条件下，一般规定电子测量仪器影响量的标准值或标准范围（如环境温度 $20℃±2℃$ 等），它对使用条件更加严格，所以基本误差能够更准确地反映电子测量仪器所固有的性能。

（3）附加误差。电子测量仪器在非标准条件下所增加的误差称为附加误差。如环境温度、放置方式、电源电压、量程选用、使用频率和波形不符合要求、有外磁场或外电场存在等。

有些电子测量仪器的允许误差就是以"基本误差＋附加误差"的形式给出的。例如，某一信号发生器的说明书中规定，在连续状态下，当频率为 400 MHz 时，输出电压刻度基本误差不大于 $±10\%$，输出电压在其他频率的附加误差为 $±7\%$。也就是说，输出电压刻度的允许误差为 $±10\%（f=400 \text{ MHz}）$、$±7\%（f≠400 \text{ MHz}）$。

1.5　常用元器件介绍

1.5.1　无源器件

无源器件是指没有电压、电流或功率放大能力的元器件，这类元器件最常用的有电阻器（电阻）、电容器（电容）、电感器（电感）及二极管等。

1. 电阻器

电阻器是电子电路中最常用的元器件之一。电阻器的种类有很多，通常可以分为三类：固定电阻器、可变电阻器和敏感电阻器。

1）电阻器的定义

将导体对电流的阻碍作用称为"电阻"，应用这种阻碍作用制作的器件称为电阻器，简称电阻。导体的电阻越大，表示导体对电流的阻碍作用越大。不同的导体，电阻一般不同，电阻是导体本身的一种性质。固定电阻器是一种阻值固定不变的电阻器。

2）电阻器的符号和功能

电阻器在电路图中用字母 R 表示，基本单位为欧姆（Ω），辅助单位有 kΩ、MΩ 和 GΩ，

进率为 10^3。电阻器常用的图形符号如图 1.7 所示。

(a) 国家标准符号 (b) 国际常用符号

图 1.7 固定电阻常用符号

电阻器是一种耗能元器件,具有一定的功率。它的主要的功能是用做电路的负载、限流、分流、分压等,如图 1.8 所示。

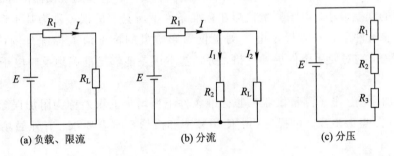

(a) 负载、限流 (b) 分流 (c) 分压

图 1.8 固定电阻器的功能

3) 电阻器的分类

按制造工艺和材料的不同,电阻器可分为合金型、薄膜型和合成型三大类。常见的固定电阻器实物如图 1.9 所示。

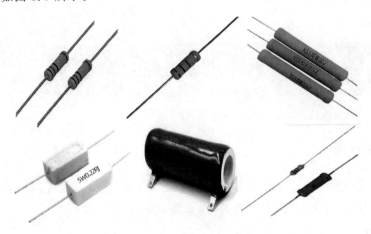

图 1.9 常见的固定电阻器

合金型电阻器是用块状的电阻合金拉制成电阻合金线或碾压成电阻合金箔制成的电阻器。它们均具有块状金属的优良性能。线绕电阻又分为被釉线绕电阻、被漆线绕电阻、瓷壳线绕电阻(水泥电阻)。线绕电阻因其额定功率较大,又称为功率型电阻器。

薄膜型电阻器是在玻璃或陶瓷基体上,用不同的工艺方法沉积一层导电材料制成的,其厚度从几十埃到几个微米,包括热分解碳膜、金属膜、金属氧化膜电阻器等。

合成型电阻器的电阻体是导电颗粒和有机(或无机)粘合剂的混合物,可以制成薄膜和实心两种形式,如合成碳膜、合成实心和金属玻璃釉电阻器等。

薄膜型和合成型这两大类电阻器的电阻体均不是用整块材料加工制成的,它们的导电材料内部具有分散结构，电性能与块状结构的材料有所不同。习惯上，把这两类电阻器统称为非线绕电阻器。

按用途的不同，电阻器可分为通用型、精密型、高阻型、高压型、高频无感型和特殊型电阻。其中，特殊型电阻又分为光敏型、热敏型、压敏型电阻等。

国产电阻器一般用汉语拼音的第一字母来表示电阻器的制作材料，如 RT 表示碳膜电阻器，RJ 表示金属膜电阻器，RX 表示线绕电阻器等。

4）电阻器的参数

（1）标称电阻值。标称电阻值是指标注在电阻体上的电阻值。为了便于工厂批量生产电阻器，国标 GB 2471—81 中规定了电阻器的系列电阻值。

电阻器的标称阻值应符合表 1.1 所列数值，使用时表中所列数值再乘以 10^n。其中，n 为整数，就可成为这一阻值系列。如 E24 系列中的"1.1"包括 1.1 Ω、11 Ω、110 Ω、1.1 kΩ、11 kΩ、110 kΩ、1.1 MΩ 等阻值系列。

表 1.1　电阻器的标称阻值系列

阻值系列	允许偏差	偏差等级	电阻标称值
E24	±5%	Ⅰ	1.0、1.1、1.2、1.3、1.5、1.6、1.8、2.0、2.2、2.4、2.7、3.0、3.3、3.6、3.9、4.3、4.7、5.1、5.6、6.2、6.8、7.5、8.2、9.1
E12	±10%	Ⅱ	1.0、1.2、1.5、1.8、2.2、2.7、3.3、3.9、4.7、5.6、6.8、8.2
E6	±20%	Ⅲ	1.0、1.5、2.2、3.3、4.7、6.8

（2）允许偏差。由于批量生产工艺的原因，因此每个电阻器的实际电阻值不一定正好等于其标称值，允许有一定的偏差，称该偏差为允许偏差。

（3）标称功率。电阻体内有电流流过时会发热，温度太高容易烧毁电阻器。根据电阻器的材料和尺寸对电阻器的功率损耗要有一定的限制，保证其安全工作的功率值是电阻器的标称功率。工业上大量生产的电阻器，为了达到既满足用户对规格的各种要求，又能使规格种类简化到最低的程度，除了少数特殊的电阻器之外，一般的电阻器都是按标准化的额定功率系列生产的。电阻器的功率系列见表 1.2。

表 1.2　电阻器的功率系列

名　称	额定功率/W					
实心电阻器	0.25	0.5	1	2	5	
线绕电阻器	0.5，1	2，6	10，15	25，35	50，75	100，150
厚膜电阻器	0.025，0.05	0.125，0.25	0.5，1	2，5	10，25	50，100

5）电阻器阻值的标识方法

（1）色标法。电阻器的国际色标分为四圈色环和五圈色环。图 1.10 所示为色环电阻器的实物图片。标准系列 E6、E12 和 E24 的电阻器用四圈色环标注，四圈色环中，从左至右的第一、第二色环表示电阻值的有效数字，第三色环表示有效数字后面"0"的个数，第四色环表示误差位，如表 1.3 所示。标准系列 E48、E96 和 E192 的电阻器用五圈色环标注，五圈色环中，能以 3 位有效数字给出电阻器的阻值，第四色环表示有效数字后面"0"的个数，第五色环表示误差位，如表 1.4 所示。

表 1.3 电阻值四色环表示法(E6、E12、E24 系列)

特征色	第一色环 第一位有效数字	第二色环 第二位有效数字	第三色环 倍乘位	第四色环误差
无色	—	—	—	±20%
银	—	—	$\times 10^{-2}$ Ω	±10%
金	—	—	$\times 10^{-1}$ Ω	±5%
黑	0	0	$\times 10^{0}$ Ω	—
棕	1	1	$\times 10^{1}$ Ω	—
红	2	2	$\times 10^{2}$ Ω	—
橙	3	3	$\times 10^{3}$ Ω	—
黄	4	4	$\times 10^{4}$ Ω	—
绿	5	5	$\times 10^{5}$ Ω	—
蓝	6	6	$\times 10^{6}$ Ω	—
紫	7	7	$\times 10^{7}$ Ω	—
灰	8	8	$\times 10^{8}$ Ω	—
白	9	9	$\times 10^{9}$ Ω	—

表 1.4 电阻值五色环表示法(E48、E96、E192 系列)

特征色	第一色环 第一位有效数字	第二色环 第二位有效数字	第三色环 第三位有效数字	第四色环 倍乘位	第五色环 误差
无色	—	—	—	—	—
银	—	—	—	$\times 10^{-2}$ Ω	—
金	—	—	—	$\times 10^{-1}$ Ω	—
黑	0	0	0	$\times 10^{0}$ Ω	±1%
棕	1	1	1	$\times 10^{1}$ Ω	±2%
红	2	2	2	$\times 10^{2}$ Ω	—
橙	3	3	3	$\times 10^{3}$ Ω	—
黄	4	4	4	$\times 10^{4}$ Ω	—
绿	5	5	5	$\times 10^{5}$ Ω	±0.5%
蓝	6	6	6	$\times 10^{6}$ Ω	±0.25%
紫	7	7	7	$\times 10^{7}$ Ω	±0.1%
灰	8	8	8	$\times 10^{8}$ Ω	—
白	9	9	9	$\times 10^{9}$ Ω	—

　　色环电阻器是各种电子设备中应用最多的电阻类型,无论怎样安装,用户都能方便地读出其阻值,便于检测和更换。但在实践中发现,有些色环电阻器的排列顺序不甚分明,往往容易读错,在识别时,可运用以下技巧进行识别。

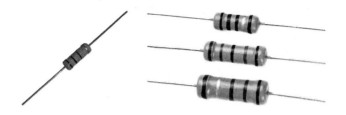

图 1.10　色环电阻器的实物图片

技巧 1：先找标志误差的色环，从而排定色环顺序。最常用的表示电阻误差的颜色是金、银、棕，尤其是金环和银环，一般绝少用做电阻色环的第一环，所以在电阻上只要有金环和银环，就可以基本认定这是色环电阻的最末一环（即误差环）。

技巧 2：棕色环是误差标志的判别。棕色环既用作误差环，又常作为有效数字环，且常常在第一环和最末一环中同时出现，使人们很难识别谁是第一环。在实践中，可以按照色环之间的间隔加以判别：如对于一个五色环的电阻而言，第五环和第四环之间的间隔比第一环和第二环之间的间隔要宽一些，据此可判定色环的排列顺序。

技巧 3：在仅靠色环间距还无法判定色环顺序的情况下，还可以利用电阻器的生产序列值来加以判别。如有一个电阻器的色环读序是棕、黑、黑、黄、棕，其值为 $100 \times 10^4 = 1$ MΩ 误差为 1%，属于正常的电阻器系列值，若是反顺序读，则是棕、黄、黑、黑、棕，其值为 140×10^0 Ω=140 Ω，误差为 1%。显然按照后一种排序所读出的电阻值，在电阻器的生产系列中是没有的，故后一种色环顺序是不对的。

图 1.11 所示给出了四色环和五色环电阻器的示例。

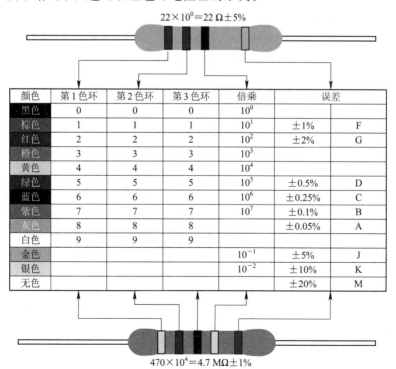

图 1.11　两种不同色环电阻的示例

（2）直标法。将标称值用数字和单位符号在电阻器表面上直接标出，其允许偏差值则用百分数表示，如 4.7 kΩ±10%。

（3）数字符号法。在单位符号前面标出阻值的整数值，后面标出阻值的第一位小数值。如 4k7 表示 4.7 kΩ，3M3 表示 3.3 MΩ。用 R 表示小数点，如标 3R3 表示 3.3 Ω，R22 表示 0.22 Ω。

（4）三位数字法。用三位阿拉伯数字表示电阻器的阻值，前两位数字表示电阻器阻值的有效数字，第三位数字表示有效数字后面零的个数（或 10 的幂数），单位为 Ω。如 200 表示 20 Ω，331 表示 330 Ω，472 表示 4.7 kΩ。

6）使用电阻器注意事项

（1）阻值及允许偏差。所选电阻器的电阻值应接近实际电路中计算值的一个标称值，应优先选用标准系列的电阻器。一般电路使用的电阻器允许偏差为±5%～±10%。精密仪器及特殊电路中使用的电阻器应选用精密电阻器。

（2）功率。电阻器的标称功率（额定功率）应大于电阻器在电路中所消耗的功率（实际功率），否则电阻容易被烧坏。额定功率应为实际功率的 1.5～2 倍。

（3）电压。电阻器在电路两端的电压应小于电阻器的最大工作电压，以免电阻器被烧坏。

电阻器种类繁多，选用时应根据电路的不同用途和要求，选择不同种类的电阻器。碳膜电阻器成本较低、频率特性好、噪声小且尺寸小，适合用于数字电路和无特殊要求的一般电路。金属膜电阻器的耐热性、稳定性、频率特性都较好，常用于温度稳定性高、高频、低噪声、精密电路中。金属氧化膜电阻器主要用于大功率消耗设备。线绕电阻器的功率较大、温度系数好、电流噪声小、耐高温，但频率特性差、体积较大。普通线绕电阻器常用于低频电路或电源电路中作为限流电阻器、分压电阻器、泄放电阻器或大功率管的偏压电阻器。精度较高的线绕电阻器多用于固定衰减器、计算机，以及各种精密电子仪器中。

7）电阻器检测

固定电阻器常见的故障有开路、短路和变值。检测固定电阻器使用万用表的欧姆挡。在检测时，将数字万用表红、黑表笔分别接电阻器的两个引脚，若万用表测量出来的阻值与电阻器的标称阻值相同，则该电阻器正常（若测量出来的阻值与电阻器的标称阻值有些偏差，但在误差允许范围内，电阻器也算正常）。

若测量出来的阻值为∞，说明电阻器开路；若测量出来的阻值为 0，说明电阻器短路；若测量出来的阻值大于或小于电阻器的标称阻值，并超出误差的允许范围，说明电阻器变值。

2．可变电阻器

1）可变电阻器的定义及符号

可变电阻器是电子电路中用途最广泛的元器件之一，是一种阻值可以通过调节而变化的电阻器，又称电位器。可变电阻器的表示符号如图 1.12 所示。

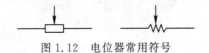

图 1.12　电位器常用符号

2）电位器的种类

电位器的种类很多，且形状各异，按材料的不同可分为合成碳膜、金属氧化膜电位器等，按调节方式的不同可分为直滑式和旋转式电位器，按结构特点的不同可分为抽头式电位器、带开关的电位器等。常见的电位器如图 1.13 所示。

图 1.13　常见的电位器

3）电位器的性能参数

电位器的性能参数有标称阻值、额定功率、阻值允许偏差、最大工作电压、额定工作电压、绝缘电压、温度参数、噪声电动势及高频特性等，这些参数的意义与电阻器相应特性参数的意义相同，除此之外还要注意以下指标。

（1）阻值变化规律。电位器在旋转时，其阻值随旋转角度的改变而变化。为了适应不同的用途，电位器的阻值变化规律亦不相同。常见的阻值变化规律有三种，即直线型、指数型、对数型。

① 直线型：阻值按旋转角度均匀变化，适合于分压、单调等方面调节作用。

② 指数型：阻值按旋转角度依指数规律变化，普遍适用在音量控制电路如收音机、录音机、电视机的音量控制器。因为人的听觉对声音的强弱是依指数规律变换的，若调制音量随电阻阻值指数变化，这样人耳听到的声音就感觉平稳舒适。

③ 对数型：阻值按旋转角度依对数规律变化，这种电位器多用在仪表当中，也适用于音调控制电路。

（2）滑动噪声。滑动噪声是电位器特有的噪声。在改变电阻值时，由于电位器电阻分配不当、转动系统配合不当，以及电位器存在接触电阻等原因，会使动触点在电阻体表面移动时，输出端除了有用信号外，还伴有随信号起伏不定的噪声。

对于线绕电位器来说，除了上述的动触点与绕组之间的接触噪声外，还有分辨力噪声和短接噪声。分辨力噪声是由电阻变化的阶梯性所引起的，而短接噪声则是当动触点在绕组上移动而短接相邻线匝时产生的，它与流过绕组的电流、线匝的电阻，以及动触点与绕组间的接触电阻成正比。

（3）电位器的机械寿命。电位器的机械寿命也称磨损寿命，常用机械耐久性表示。机械耐久性是指电位器在规定的试验条件下，动触点可靠运动的总次数，常用"周"表示。机械寿命与电位器的种类、结构、材料，以及制作工艺有关，其差异相当大。

4）电位器的使用

电位器与固定电阻器一样，都具有降压、限流和分流的功能，不过由于电位器的阻值大小可以调节，因此可以随时调节电位器的阻值来改变降压、限流和分流的程度。

电位器在电路中的连接方式如图 1.14 所示，连接方式中 A、B、C 三个引脚与实物器件引脚对应关系如图 1.15 所示。

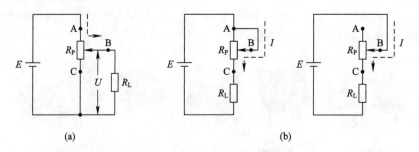

图 1.14 电位器在电路中的连接方式

图 1.15 实物电位器与连接方式中引脚对应关系

图中 A、C 为两个固定端子，中间的 B 引脚为滑动抽头端，旋转电位器旋钮，AB 间和 BC 间的阻值会发生改变，但是 AC 间的阻值是固定值，不会随电位器旋钮的转动而发生变化。

图 1.14(a)中电位器 AB 段的电阻起限流和降压作用，而 BC 段的电阻起分流作用。图 1.14(b)中两种连接方式是等效的，电位器 BC 段在电路中起着降压和限流的作用。

5) 电位器使用注意事项

(1) 电位器的电阻体大多采用多碳酸类的合成树脂制成，应避免与以下物品接触：氨水、其他胺类、碱水溶液、芳香族碳氢化合物、酮类、脂类的碳氢化合物，强烈化学品(酸碱值过高)等，否则会影响其性能。

(2) 在焊接电位器的端子时应避免使用水溶性助焊剂，否则将助长金属氧化与材料发霉；应避免使用劣质焊剂，焊锡不良可能造成上锡困难，导致线路接触不良或者断路。

(3) 在焊接电位器的端子时，若焊接温度过高或时间过长可能会对电位器造成损坏。焊接插脚式端子时焊接温度应在 235℃±5℃，3 秒钟内完成，焊接应离电位器本体 1.5 mm以上，焊接时勿使焊锡流穿线路板；焊接焊线式端子时焊接温度应在 350℃±10℃，3 秒钟内完成。且端子应避免重压，否则易造成接触不良。

(4) 电位器适用于分压电路，且接线方式宜选择"1"脚固定端接地。应避免使用电流调整式结构，因为电阻与接触片间的接触电阻不利于大电流通过。

6) 电位器的检测

电位器检测时，使用数字万用表的欧姆挡，分两步进行。

第一步，先测量电位器两个固定端之间的阻值，用万用表红、黑表笔分别接电位器的两个固定端子。若电位器正常，测得的阻值应与电位器的标称阻值相同或相近(在误差允许范围内)。若测得的阻值为∞，则说明电位器两个固定端之间开路；若测得的阻值为 0，则说明电位器两个固定端之间短路；若测得的阻值大于或小于标称阻值，则说明电位器两个固定端之间的阻体变值。

第二步，测量一个固定端与滑动端之间的阻值，用万用表红、黑表笔分别接电位器的任意一个固定端子和滑动端。旋转电位器旋钮，若电位器正常，万用表所测阻值会发生变化，正常测量值应在 0 至标称阻值范围内连续变化；若测得的阻值始终为∞，则说明电位器固定端与滑动端之间开路；若测得的阻值为 0，则说明电位器固定端与滑动端之间短路；若测得的阻值变化不连续、有跳变，则说明电位器滑动端与阻体之间接触不良。

3. 敏感电阻器

敏感电阻器是指阻值随某些条件改变而改变的电阻器。敏感电阻器的种类有很多，常见的有热敏电阻器、光敏电阻器、压敏电阻器、湿敏电阻器等。

1）热敏电阻器

热敏电阻器是一种对温度敏感的电阻器，当温度变化时其阻值也会随之变化。

（1）外形与图形符号。热敏电阻器在电路中用文字符号 RT 或 R 表示，实物外形和图形符号如图 1.16 所示。

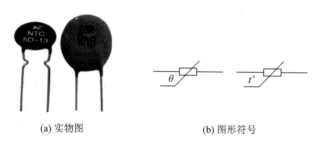

(a) 实物图　　　　　　　　　　　　(b) 图形符号

图 1.16　热敏电阻器

（2）种类。热敏电阻通常可分为负温度系数热敏电阻器(Negative Temperature Coefficient，NTC)和正温度系数热敏电阻器(Positive Temperature Coefficient，PTC)两大类。

① NTC：温度升高时其电阻值减小。NTC 是利用锰、铜、硅、钴、铁、镍、锌等其中两种或两种以上的金属氧化物进行充分混合、成型、烧结等工艺而成的半导体陶瓷，现在还出现了以碳化硅、硒化锡、氮化钽等为代表的非氧化物系 NTC 热敏电阻材料。

NTC 的测量范围一般为－10～＋300℃，也可做到－200～＋10℃，甚至可用于＋300～＋1200℃的环境中作测温用。

热敏电阻器温度计的精度可以达到 0.1℃，感温时间可少至 10 s 以下，它不仅适用于粮仓测温仪，同时也可应用于食品储存、医药卫生、科学种田、海洋、深井、高空、冰川等领域的温度测量。

② PTC：温度升高时其电阻值增大。PTC 是在钛酸钡材料中加入微量稀土元素制成的。PTC 除用作加热元件外，同时还能起到"开关"的作用，其兼有敏感元件、加热器和开关三种功能，称之为"热敏开关"。电流通过元件后引起温度升高，即发热体的温度上升，当温度超过居里点后，电阻增加，从而限制通过的电流增加，于是电流的下降导致元件温度降低，电阻值的减小又使电路电流增加，元件温度升高，周而复始，因此 PTC 具有使温度保持在特定范围的功能，又起到开关作用。利用这种阻温特性做成加热源，作为加热元件应用的有暖风器、电烙铁、烘衣柜、空调等，还可以对电器起到过热保护的作用。

（3）应用。根据热敏电阻器的阻值随温度变化而变化的特点，热敏电阻器一般应用在与温度有关的电路中，如图 1.17 所示。

① NTC 的应用。图 1.17(a)中，当 NTC 热敏电阻的温度升高时，其阻值减小，NTC 所在支路电流 I_1 增大，LED 所在支路电流 I_2 减小，LED 变暗。

② PTC 的应用。图 1.17(b)中，当 PTC 热敏电阻的温度升高时，其阻值增大，回路电流减小，LED 变暗。

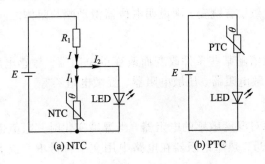

图 1.17　热敏电阻器应用电路

（4）检测。用万用表对热敏电阻器检测分两步，只有两步测量均正常才能说明热敏电阻器正常，在这两步测量时还可以判断出电阻器的类型（NTC 或 PTC）。

第一步：测常温（25℃左右）下热敏电阻的标称阻值。根据热敏电阻的标称阻值选择合适的欧姆挡，将红、黑表笔分别接在热敏电阻两个电极上，查看测得阻值的大小。

若阻值与标称阻值一致或接近，则说明热敏电阻器正常；若阻值为 0，则说明热敏电阻器短路；若阻值为无穷大，则说明热敏电阻器开路；若阻值与标称阻值偏差过大，则说明热敏电阻器性能变差或损坏。

第二步：改变温度测量热敏电阻的阻值。用火焰靠近热敏电阻器（不要让火焰接触电阻器、以免烧坏电阻器），对热敏电阻器进行加热，然后将红、黑表笔分别接触热敏电阻器的两个电极，查看测得阻值的大小。

若阻值与标称阻值比较有变化，则说明热敏电阻器正常；若阻值往大于标称阻值方向变化，则说明热敏电阻器为 PTC；若阻值往小于标称阻值方向变化，则说明热敏电阻器为NTC；若阻值不变化，则说明热敏电阻器损坏。

2）光敏电阻器

光敏电阻器是一种对光线敏感的电阻器，当照射的光线强弱变化时，其阻值也会随之变化。通常，光线越强阻值越小。光敏电阻器的外形与图形符号如图 1.18 所示。

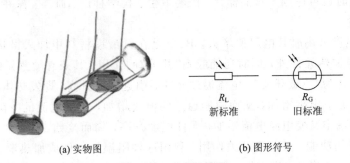

(a) 实物图　　　　　　　　　　(b) 图形符号

图 1.18　光敏电阻器

根据光敏电阻光谱特性的不同，光敏电阻器可分为可见光光敏电阻器(硫化镉材料)、红外光光敏电阻器(砷化镓材料)和紫外光光敏电阻器(硫化锌材料)。其中，硫化镉材料制成的可见光光敏电阻器应用最广泛。

3）压敏电阻器

压敏电阻器是一种对电压敏感的电阻器，当两端电压低于标称电压时，其阻值接近无穷大；当两端电压超过标称电压值时，其阻值急剧变小；当它两端电压回落至标称电压值以下时，其阻值又恢复到接近无穷大。压敏电阻器的外形与图形符号如图 1.19 所示。

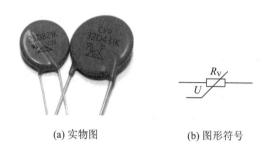

(a) 实物图　　　　　　　　(b) 图形符号

图 1.19　压敏电阻器

4）湿敏电阻器

湿敏电阻器是一种对湿度敏感的电阻器，当湿度变化时其阻值也会随之变化。湿敏电阻器的外形与图形符号如图 1.20 所示。湿敏电阻器可分为正系数湿敏电阻器(阻值随湿度增大而增大)和负系数湿敏电阻器(阻值随湿度增大而减小)。

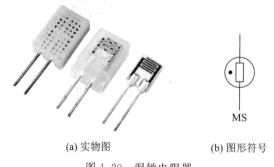

(a) 实物图　　　　　　　　(b) 图形符号

图 1.20　湿敏电阻器

3. 电容器

1）电容器的定义

电容器，顾名思义就是储存电荷的容器。将正、负电荷储存在电容器中，也就是将能量(电能)储存起来，所以电容器是一种储能元件。电容器是用绝缘物质将两个导体隔开的结构，两个导体就是电容器的两个电极。电容器可以通交流、隔直流，在电路中用于滤波、耦合、旁路、振荡等作用。

电容量的单位为法拉(F)。法拉是一个很大的单位，常用的辅助单位有毫法(mF，10^{-3}F)、微法(μF，10^{-6}F)、纳法(nF，10^{-9}F)、皮法(pF，10^{-12}F)。

2）电容器的分类及符号

电容器的种类繁多，电容器按结构的不同可分为固定电容器、可调电容器和预调电容器。电容器的图形符号如图 1.21 所示。

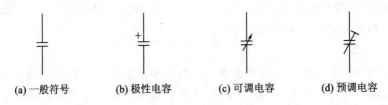

(a) 一般符号　　(b) 极性电容　　(c) 可调电容　　(d) 预调电容

图 1.21　常用电容器的图形符号

电容器的性能、结构和用途在很大程度上取决于所用的电介质，因此电容器常常又按电介质的不同，大致分为以下几类：

(1) 有机介质电容器。如纸介电容器、有机薄膜介质电容器。

(2) 无机介质电容器。如玻璃釉电容器、云母电容器、陶瓷电容器等。

(3) 电解电容器。如铝电解电容器等。

(4) 气体介质电容器。如空气电容器等。

常见电容器实物图如图 1.22 所示。

图 1.22　常见电容器实物图

3) 电容器的参数

(1) 标称值。标称电容量采用 IEC 标准系列，主要是采用 E6、E12 和 E24 系列，E48、E96 和 E192 系列通用于精密电容器。

(2) 允许偏差。电容器允许偏差为

$$\delta = \frac{C - C_R}{C_R} \times 100\%$$

式中：C 为电容的标称值；C_R 为电容实际值。

4) 电容器容量的表示方法

(1) 数字和字母表示法。用数字表示有效值，用 p、n、M、μ、G、m 等字母表示有效值后面的量级。标注数值时不用小数点，整数写在字母前，小数写在字母后面，如 3p3 表示 3.3 pF，4n7 表示 4700 pF，8m2 表示 8200 μF，M1 表示 0.1 μF，G1 表示 100 μF。小写字母为单位符号，大写字母为词头符号，单位为 pF。

(2) 三位数码表示法。一般用三位数字来表示电容器容量的大小，单位为 pF。前两位为有效数字；后一位表示倍率，数字是几就加几个零，如 104 表示是 100 000 pF，223 表示是 22 000 pF，但第三位数字是 9 时，则对有效数字乘以 0.1，如 479 表示是 4.7 pF。

（3）直接表示法。将电容器的容量和绝对误差直接标出，如 $8.2\ \mu F\pm0.4\ \mu F$，表示该电容器的容量在 $(8.2-0.4)\mu F\sim(8.2+0.4)\mu F$ 之间。有的只标出容量，如 $100\ \mu F$。

5）电容器的使用

在使用电容器时，如果无法找到合适容量或耐压值的电容器，可将多个电容器进行串联或并联来得到所需要的电容器。

（1）电容器的串联。当两个或两个以上的电容器在电路中首尾相连则为电容器的串联，如图 1.23 所示。

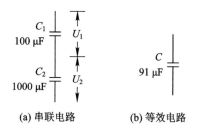

图 1.23 电容器的串联

电容器串联后的总容量为

$$\frac{1}{C}=\frac{1}{C_1}+\frac{1}{C_2}$$

电容器串联后总耐压值增大，总耐压值较耐压值最低的电容器的耐压值要高。在电路中，串联的各电容器两端承受的电压与其容量成反比，即容量越大，在电路中承受的电压越低，如下式所示：

$$\frac{C_1}{C_2}=\frac{U_2}{U_1}$$

因此，当电容串联时，容量小的电容器应尽量选择大耐压值，以接近或等于电源电压为最好，这是因为电容器串联时，容量小的电容器所承受的电压比容量大的电容器所承受的电压要大得多。

（2）电容器的并联。当两个或两个以上的电容器在电路中首首相连、尾尾相连则为电容器的并联，如图 1.24 所示。

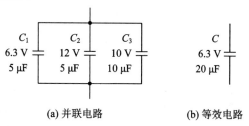

图 1.24 电容器的并联

电容器并联后的总容量为所有并联的电容器的容量之和：

$$C=C_1+C_2+C_3$$

电容器并联后的总耐压值以耐压值最小的电容器的耐压值为准。

（3）有极性电容器的接法。有极性电容器又称电解电容器，引脚有正、负之分。有极性电容器的容量大，但耐压较低。有极性电容器的引脚有正、负之分，在电路中不能乱接，若正、负极位置接错，轻则电路不能正常工作，重则电容器炸裂。有极性电容器正确的连接方法是：电容器正极接电路中的高电位，负极接电路中的低电位。有极性电容器的接法如图1.25 所示。

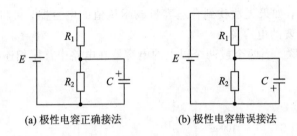

(a) 极性电容正确接法   (b) 极性电容错误接法

图 1.25   电容器的连接方法

（4）电容器的使用注意事项。

① 电解（有极性）电容器的正、负极不能接反。若电解电容器上的电压极性接反则氧化层将裂解，当电压高于 2 V 时，电解质显著发热，导致形成气体而可能引起爆炸。

② 电路工作电压不能高于电容器的额定电压。根据电路工作电压的有效值，计算出峰值电压，峰值电压不能高于电容器的额定电压，否则电容器会被击穿。

③ 铝电解电容器滤波时应并联一个 $0.1\sim1~\mu F$ 的独立电容，因为铝电解电容器的固有电感大，高频滤波效果差，所以应并联一个 $0.1\sim1~\mu F$ 的电容，滤除高频分量。对于铝电解电容器，当温度低于 $-20~℃$ 时，容量将随温度的下降而急剧减小，损耗则急剧上升；当温度超过 $40~℃$ 时漏电流迅速增加。因此，使用铝电解电容时应注意温度范围。

④ 实验用的大容量电容器，当实验工作电压较高时，因为其自身放电较慢，做完实验要及时放电，防止触摸时遭受电击。

6）电容器的检测

无极性电容器的引脚无正、负极之分，容量小，但耐压值高。

有极性电容器的引脚有正、负极之分，在电路中不能接错，所以在使用有极性电容器前先要判别出正、负极。有极性电容器的正、负极判别方法如下所述。

方法一：对于未使用过的新电容，可以根据引脚的长短来判别其极性。引脚长的为正极，引脚短的为负极，如图1.26 所示。

方法二：根据电容器上标注的极性判别。电容器上标"一"为负极，如图1.27 所示。

方法三：用万用表判别。将数字万用表量程旋转开关置于电容挡，若万用表显示的测量值与电容的标称值接近，且在允许的误差范围内，则万用表的红表笔所接为电容器的正极，黑表笔所接为电容器的负极。

负极标号

负极

正极

负极

图 1.26   长引脚为正极   图 1.27   标"一"的引脚为负极

4. 电感器

1）电感器的定义

电感器是一种非线性元件，可以储存磁能。由于通过电感的电流值不能突变，所以电感器对直流电流短路，对突变的电流呈高阻态。电感器在电路中的基本用途有扼流、交流负载、振荡、陷波、调谐、补偿、偏转等。

电感器是一种常用的电子元件。当电流通过导线时，导线的周围会产生一定的电磁场，处于这个电磁场中的导线会产生感应电动势——自感电动势，这种现象称为电磁感应。为了加强电磁感应，人们常将绝缘的导线绕成一定圈数的线圈，这个线圈称为电感线圈或电感器，简称电感。

2）电感器的分类及符号

按导磁体性质的不同，电感器可分为空心线圈、铁氧体线圈、铁芯线圈、铜芯线圈；按工作性质的不同，电感器可分为天线线圈、振荡线圈、扼流线圈、陷波线圈、偏转线圈；按绕线结构的不同，电感器可分为单层线圈、多层线圈、蜂房式线圈、高频贴片陶瓷线圈；按电感形式的不同，电感器可分为固定电感线圈、可变电感线圈；按结构特点的不同，电感器可分为磁芯线圈、可变电感线圈、色码电感线圈、无磁芯线圈。另外，根据工作频率和过电流大小的不同，电感器可分为高频电感、功率电感等。

在电路原理图中，电感器常用符号"L"加数字表示，不同类型的电感器在电路原理图中通常采用不同的符号来表示，如图 1.28 所示。常用电感器如图 1.29 所示。

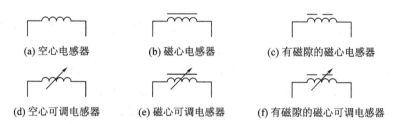

(a) 空心电感器　　　　(b) 磁心电感器　　　　(c) 有磁隙的磁心电感器

(d) 空心可调电感器　　(e) 磁心可调电感器　　(f) 有磁隙的磁心可调电感器

图 1.28　不同类型的电感器图形符号图

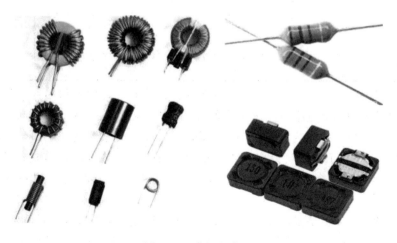

图 1.29　常用电感器

3）电感器的主要特性参数

（1）电感量 L。电感器工作能力的大小用"电感量"来表示，电感量表示产生感应电动势的能力。它表示线圈本身的固有特性，与电流大小无关。除专门的电感线圈（色码电感）外，电感量一般不专门标注在线圈上，而以特定的名称标注。电感量的基本单位是亨利（H），常用单位为毫亨（mH）、微亨（μH）和纳亨（nH），它们之间的换算关系如下：

$$1\ H = 1000\ mH = 1\ 000\ 000\ \mu H = 1\ 000\ 000\ 000\ nH$$

（2）感抗 X_L。电感线圈对交流电流阻碍作用的大小称为感抗 X_L，单位是欧姆（Ω）。它与电感量 L 和交流电频率 f 的关系为 $X_L = 2\pi f L$。

（3）品质因数 Q。品质因数 Q 是表示线圈质量的一个物理量，Q 为感抗 X_L 与其等效的电阻的比值，即 $Q = X_L/R$。线圈的 Q 值愈高，回路的损耗愈小。线圈的 Q 值与导线的直流电阻、骨架的介质损耗、屏蔽罩或铁芯引起的损耗、高频趋肤效应的影响等因素有关。线圈的 Q 值通常为几十到几百，采用磁芯线圈、多股粗线圈均可提高线圈的 Q 值。

（4）分布电容。线圈与线圈间、线圈与屏蔽罩间、线圈与底板间存在的电容称为分布电容。分布电容的存在使线圈的 Q 值减小，稳定性变差。因此，线圈的分布电容越小越好，采用分段绕法可减小分布电容。

（5）允许误差。电感量实际值与标称值之差除以标称值所得的百分数称为允许误差。

（6）标称电流。标称电流是指线圈允许通过的电流大小。通常用字母 A、B、C、D、E 分别表示标称电流值 50 mA、150 mA、300 mA、700 mA、1600 mA。

4）电感量的表示方法

电感器电感量的表示方法有直标法、文字符号法、色标法和数码表示法。

（1）直标法。直标法是将电感器的标称电感量用数字和文字符号直接标在电感器上，电感量单位后面用一个英文字母表示其允许偏差，各字母所代表的允许偏差如表 1.5 所示。例如，560 μHK 表示标称电感量为 560 μH，允许偏差为 ±10%。

表 1.5　字母代表的允许偏差

文字符号	Y	X	E	L	P	W	B	C
允许误差	±0.001	±0.002	±0.005	±0.01	±0.02	±0.05	±0.1	±0.25
文字符号	D	F	G	J	K	M	N	—
允许误差	±0.5	±1	±2	±5	±10	±20	±30	—

（2）文字符号法。文字符号法是将电感器的标称值和允许偏差值用数字和文字符号按一定的规律组合标注在电感体上。采用这种表示方法的通常是一些小功率电感器，用 N 或 R 代表小数点，其单位通常为 nH 和 μH，例如，4N7 表示电感量为 4.7 nH，4R7 表示电感量为 4.7 μH，47N 表示电感量为 47 nH，6R8 表示电感量为 6.8 μH。采用这种表示方法表示的电感器通常后缀一个英文字母表示允许偏差，各字母代表的允许偏差与直标法相同（见表 1.5）。

（3）色标法。色标法是指用在电感器表面涂上不同颜色的色环来表示电感量（与电阻器类似）。通常用四色环表示，紧靠电感体一端的色环为第一环，露着电感体本色较多的另一端为末环。其中，第一色环是十位数，第二色环为个位数，第三色环为应乘的倍数（单位为

μH)，第四色环为误差率，各种颜色所代表的数值如表 1.3 所示。例如，色环颜色分别为棕、黑、金、金的电感器的电感量为 1 μH，误差为 5%。

（4）数码表示法。数码表示法是指用三位数字来表示电感器电感量的标称值，该方法常用于贴片电感器上。在三位数字中，从左至右的第一、第二位为有效数字，第三位数字表示有效数字后面所加"0"的个数（单位为 μH）。如果电感量中有小数点，则用 R 表示，并占一位有效数字。电感量单位后面用一个英文字母表示其允许偏差，各字母代表的允许偏差如表 1.5 所示。例如，标示为 102J 的电感量为 $10 \times 10^2 = 1000$ μH，允许偏差为 $\pm 5\%$；标示为 183 K 的电感量为 18 mH，允许偏差为 $\pm 10\%$。需要注意的是，要将这种表示方法与传统的方法区别开，例如，标示为 470 或 47 的电感量为 47 μH，而不是 470 μH。

5）电感器的检测

电感器的电感量和 Q 值一般用专门的电感测量仪和 Q 表来测量，一些功能齐全的万用表也具有电感量测量功能。

电感器常见的故障有开路和线圈匝间短路。电感器实际上就是线圈，由于线圈的电阻一般比较小，测量时一般用万用表的欧姆挡，万用表红、黑表笔分别接电感器的两端。

线径粗、匝数少的电感器电阻小，接近于 0 Ω；线径细、匝数多的电感器阻值较大。在测量电感器时，万用表可以很容易地检测出电感器是否开路（开路时测出的电阻为无穷大），但很难判断它是否匝间短路，因为电感器匝间短路时电阻减小很少，解决的方法是：当怀疑电感器匝数有短路，万用表又无法检测出来时，可更换新的同型号电感器，故障排除则说明原电感器已损坏。

5. 二极管

1）二极管的结构及符号

二极管又称晶体二极管，晶体二极管为一个由 P 型半导体和 N 型半导体形成的 PN 结，在两端加上接触引线并以外壳封装而成。接在 P 区的引线为阳极，接在 N 区的引线为阴极，电路中常用的表示符号如图 1.30 所示，实物如图 1.31 所示。

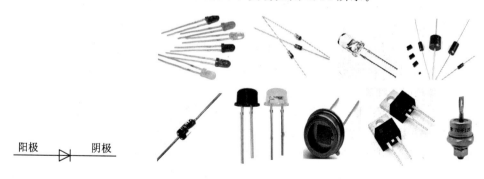

阳极　　　阴极

图 1.30　常用二极管图形符号　　　　　　图 1.31　常见二极管实物

2）二极管的工作特性

（1）正向特性。在电子电路中，将二极管的正极接在高电位端，负极接在低电位端，二极管就会导通，这种连接方式称为正向偏置。必须说明，当加在二极管两端的正向电压很小时，二极管不能导通，流过二极管的正向电流十分微弱。只有当正向电压达到某一数值

（这一数值称为门坎电压，又称导通电压）时，二极管才能真正导通。导通后二极管两端的电压基本上保持不变（锗管约为 0.1～0.3 V，硅管约为 0.5～0.7 V），称为二极管的正向压降。

（2）反向特性。在电子电路中，二极管的正极接在低电位端，负极接在高电位端，二极管中几乎没有电流流过，二极管处于截止状态，这种连接方式称为反向偏置。二极管处于反向偏置时，仍然会有微弱的反向电流流过二极管，称为漏电流。当二极管两端的反向电压增大到某一数值时，反向电流会急剧增大，二极管将失去单方向导电特性，这种状态称为二极管的击穿。

3）常用二极管的类型

二极管按用途的不同可分为以下几类。

（1）整流二极管。整流二极管由硅半导体材料制成，用于整流电路，常用的有 1N4000 系列。

（2）检波二极管。检波二极管一般由锗材料制成，常用的有 2AP 系列。

（3）稳压二极管。稳压二极管是一种齐纳二极管，它是利用二极管反向击穿时，两端电压能固定在某一电压值上，基本不随电流的大小而发生变化的特性。需要注意的是稳压二极管使用时负极接电源正极，正极接电源负极，即使用二极管的反向特性（正向稳压 0.7 V），并且需要串联一个限流电阻来限制击穿后的电流大小，以免烧坏二极管。稳压管常用于稳压要求不高的场合，其参数有稳压值和功率。

（4）发光二极管。发光二极管（LED）的伏安特性与普通二极管基本一样，只是它的正向压降较大。在压降达到一定值时 LED 发光，发光的颜色与构成 PN 结的材料有关。发光二极管正向管压降随不同发光颜色而不同，一般为 1.5 V 左右，电流一般小于 20 mA。使用发光二极管时，若要电源驱动，一般要在电路中串联限流电阻，以免烧坏二极管。

4）二极管的主要参数

不同类型的二极管有不同的特性参数。以下几个二极管的主要参数仅供了解。

（1）最大整流电流。它是晶体二极管在正常连续工作时，能通过的最大正向电流值。使用二极管时，电路的最大电流不能超过此值，否则二极管会因发热而被烧坏。

（2）最高反向工作电压。它是二极管正常工作时所能承受的最高反向电压，是击穿电压值的一半。也就是说，将一定的反向电压加到二极管的两端，二极管的 PN 结不致引起击穿。一般使用时，外加反向电压不得超过此值，以保证二极管的安全。

（3）最大反向电流。它是指在最高反向工作电压下允许流过二极管的反向电流。这个电流的大小反映了晶体二极管单向导电性能的优劣。如果这个反向电流值太大，就会使二极管因过热而烧坏。因此，这个值越小，则表明二极管的质量越好。

（4）最高工作频率。它是指二极管能正常工作的最高频率。如果通过二极管电流的频率大于此值，那么二极管将不能发挥它应有的作用。在选用二极管时，一定要考虑电路的频率，选择能满足电路频率要求的二极管。

5）二极管的极性判别

二极管有正、负极之分，在电路中不能接反。二极管接反时轻则电路不能正常工作，严重时会烧坏二极管。二极管的极性判别可以采取以下方法：

（1）根据标注或外形判断极性。为了更好地区分二极管的正、负极，有些二极管表面会标有一定的标志来指示正、负极，有些特殊的二极管从外形也可以判断出它的正、负极。

图 1.32 所示为根据二极管表面的标志和外形确定出二极管的正负极。

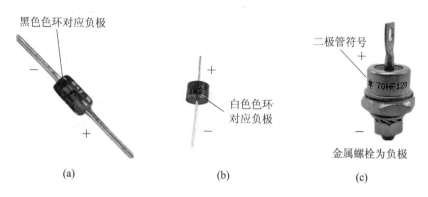

（a）   （b）   （c）

图 1.32　根据标志或外形判断二极管的极性

（2）用数字万用表判断极性。将数字万用表拨至二极管测试挡，用红、黑两支表笔分别接触二极管的两个电极，若万用表显示值为 0.7 V（硅材料）或 0.3 V（锗材料）左右，则说明二极管处于正向导通状态，这时红表笔接的是二极管的正极，黑表笔接的是二极管的负极；若数字万用表显示溢出符号"1"或"OL"，说明二极管处于反向截止状态，这时黑表笔接的是正极，红表笔接的是负极。

6. 数码管

数码管是一种半导体发光元器件，其基本单元是发光二极管。按照显示数字位数的不同，数码管可以分为一位数码管、二位数码管和多位数码管，其电气原理相同。一位数码管实物如图 1.33 所示。数码管按段数分为七段数码管和八段数码管，八段数码管比七段数码管多一个发光二极管单元（多一个小数点显示）；按发光二极管单元连接方式的不同，数码管分为共阳极数码管和共阴极数码管。数码管结构示意图如图 1.34 所示。共阳数码管是指将所有发光二极管的阳极接到一起形成公共阳极（COM）的数码管。共阳数码管在应用时应将公共极 COM 接到 +5 V，当某一字段发光二极管的阴极为低电平时，相应字段就点亮。当某一字段的阴极为高电平时，相应字段就不亮。共阴数码管是指将所有发光二极管的阴极接到一起形成公共阴极（COM）的数码管。共阴数码管在应用时应将公共极 COM 接到地线 GND 上，当某一字段发光二极管的阳极为高电平时，相应字段就点亮。当某一字段的阳极为低电平时，相应字段就不亮。

图 1.33　一位数码管实物图

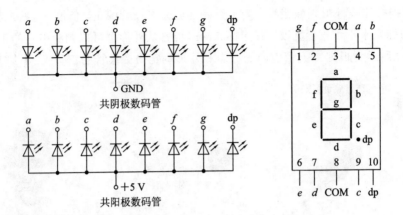

图 1.34　数码管结构示意图

1.5.2　有源器件

1. 三极管

1）三极管的结构及符号

晶体三极管简称三极管，是半导体的基本元器件之一，具有电流放大的作用，是电子电路的核心元器件。三极管是在一块半导体基片上制作两个相距很近的 PN 结，两个 PN 结把整块半导体分成三部分，中间部分是基区，两侧部分是发射区和集电区，排列方式有 PNP 和 NPN 两种。电路中晶体三极管的符号如图 1.35 所示，其中 b 是基极，c 是集电极，e 是发射极。

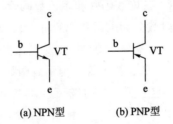

(a) NPN型　　　　　(b) PNP型

图 1.35　晶体三极管电路符号

三极管内部有两种载流子(空穴和电子)参与元器件的工作过程，故亦称为双极型三极管。

三极管既可以组成放大电路、振荡电路，以及各种功能的电子电路。它又具有开关特性，也可应用于各种数字电路、控制电路，是构成各种模拟和数字集成电路的基础器件。

2）三极管的封装形式和管脚识别

目前，各种类型的三极管有许多种，封装形式和管脚排列也不尽相同。三极管的封装形式是指三极管的外形参数，也就是安装半导体三极管用的外壳。在材料方面，三极管的封装形式主要有金属、陶瓷和塑料；在结构方面，三极管的封装为 TO×××，××× 表示三极管的外形。装配方式有通孔插装(通孔式)、表面安装(贴片式)和直接安装。引脚形状有长引线直插、短引线和无引线贴装等。常用的三极管封装形式有 TO-92、TO-126、TO-3

和 TO-220 等。图 1.36 所示为几种常见的三极管实物图片和管脚排列。

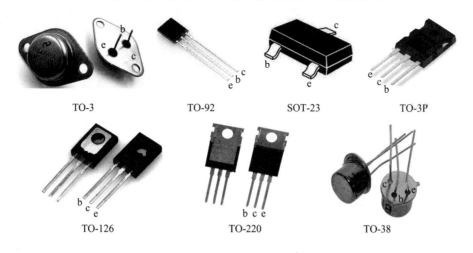

图 1.36　三极管实物图片和管脚排列

除了通过三极管的外观来辨别三极管的管脚外，还可以通过数字万用表判断三极管的管脚。

（1）三极管基极与管型的判别。① 确定基极：将数字万用表置于二极管挡，红表笔任意接三极管的一个引脚，用黑表笔依次接触另外两个引脚，如果两次显示的值均小于 1 V 或都显示溢出符号"1"，则红表笔所接的引脚就是基极 b；如果在两次测试中，一次显示值小于 1 V，另一次显示溢出符号"1"，表明红表笔接的引脚不是基极，再改用其他引脚重新测量，找出基极。② 确定管型：将数字万用表置于二极管挡，将红表笔接基极，用黑笔先后接触其他 2 个引脚，如果都显示 0.5～0.7 V（硅材料三极管 PN 结正向压降 0.6 V 左右，锗材料三极管 PN 结正向压降 0.2 V 左右），则被测管属于 NPN 型，若两次都显示溢出符号"1"，则表明被测管属于 PNP 管。

（2）三极管发射极与集电极的判别。以 NPN 型管为例，将数字万用表置于"hFE"挡，使用 NPN 插孔。把基极插入 B 孔，剩余 2 个引脚分别插入 C 孔和 E 孔中。若测出的 h_{FE} 为几十到几百，说明管子属于正常接法，放大能力强，此时 C 孔插的是集电极 c，E 孔插的是发射极 e；若测出的 h_{FE} 值只有几或十几，则表明被测管的集电极 c 与发射极 e 插反了，这时 C 孔插的是发射极 e，E 孔插的是集电极 c。为了使测试结果更可靠，可将基极 b 固定插在 B 孔，把集电极 c 与发射极 e 调换重复测试两次，以显示值大的一次为准，C 孔插的引脚即是集电极 c，E 孔插的引脚则是发射极 e。

3）三极管的电流放大作用

三极管具有电流放大的作用，其实质是三极管能以基极电流微小的变化量来控制集电极电流较大的变化量。这是三极管最基本的和最重要的特性。我们将 $\Delta I_c / \Delta I_b$ 的比值称为晶体三极管的电流放大倍数，用符号"β"表示。电流放大倍数对于某一只三极管来说是一个定值，但随着三极管工作时基极电流的变化也会有一定的改变。

4）三极管的三种工作状态

（1）截止状态。当加在三极管发射结的电压小于 PN 结的导通电压，基极电流为零，集电极电流和发射极电流都为零，这时三极管失去了电流放大的作用，集电极和发射极之间相当于开关的断开状态，这时三极管处于截止状态。

（2）放大状态。当加在三极管发射结的电压大于 PN 结的导通电压，并处于某一恰当的值时，三极管的发射结正向偏置，集电结反向偏置，这时基极电流对集电极电流起着控制作用，使三极管具有电流放大作用，其电流放大倍数 $\beta = \Delta I_c / \Delta I_b$，这时三极管处于放大状态。

（3）饱和导通状态。当加在三极管发射结的电压大于 PN 结的导通电压，并当基极电流增大到一定程度时，集电极电流不再随着基极电流的增大而增大，而是处于某一定值附近不怎么变化，这时三极管失去电流放大作用，集电极与发射极之间的电压很小，集电极和发射极之间相当于开关的导通状态，这时三极管处于饱和导通状态。

5）三极管型号的命名方法

国产三极管型号由五部分组成：

第一部分用数字"3"表示主称三极管；第二部分用字母表示三极管的材料和极性；第三部分用字母表示三极管的类别；第四部分用数字表示同一类型产品的序号；第五部分用字母表示规格号。

国产三极管型号命名及含义如表 1.6 所示。

表 1.6　国产三极管型号命名及含义

第一部分 主称		第二部分 材料和特性		第三部分 类别		第四部分 序号	第五部分 规格号
数字	含义	字母	含义	字母	含义		
3	三极管	A	锗材料、PNP 型	G	高频小功率管	用数字表示同一类型产品的序号	用字母 A 或 B、C、D、…等表示同一型号的器件的档次等
				X	低频小功率管		
		B	锗材料、NPN 型	A	高频大功率管		
				D	低频大功率管		
		C	硅材料、NPN 型	T	闸流管		
				K	开关管		
		D	硅材料、NPN 型	V	微波管		
				B	雪崩管		
		E	化合物材料	J	阶跃恢复管		
				U	光电管		
				J	结型场效应晶体管		

2. 场效应管

场效应晶体管（Field Effect Transistor，FET）简称场效应管，由于只有一种载流子（多数载流子)参与内部导电过程，因此也称为单极型晶体管。它属于电压控制型半导体器件。场效应管具有输入电阻高($10^7 \sim 10^{15}$ Ω)、噪声小、功耗低、动态范围大、易于集成、没有二次击穿现象、安全工作区域宽等优点，现已成为双极型晶体管和功率晶体管的强大竞争者。图 1.37 所示给出了常见场效应管的实物图片。

图 1.37　常见场效应管的实物图片

1）场效应管的分类

场效应管分为结型场效应管(Junction Field-Effect Transistor，JFET)和绝缘栅场效应管(Metal-Oxide-Semiconductor，MOS)两大类，按沟道材料又分 N 沟道和 P 沟道两种，按导电方式可分为耗尽型和增强型。结型场效应管均为耗尽型，绝缘栅型场效应管既有耗尽型的，也有增强型。

(1) JFET 有两种结构形式，它们是 N 沟道结型场效应管和 P 沟道结型场效应管，如图 1.38 所示。结型场效应管也有三个电极：栅极(g)、漏极(d)和源极(s)。电路符号中栅极的箭头方向可理解为两个 PN 结的正向导电方向。

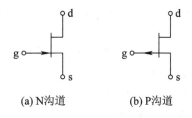

(a) N沟道　　　　　(b) P沟道

图 1.38　结型场效应管符号

JFET 的工作原理(以 N 沟道结型场效应管为例)：由于 PN 结中的载流子已经耗尽，因此 PN 结基本上是不导电的，则形成了所谓的耗尽区。当漏极电源电压 E_d 一定时，如果栅极电压越负，则 PN 结交界面所形成的耗尽区就越厚，漏、源极之间导电沟道越窄，漏极电流 I_d 就越小；反之，如果栅极电压没有那么负，则沟道变宽，I_d 变大。所以，用栅极电压可以控制漏极电流 I_d 的变化，即场效应管是电压控制器件。

(2) MOS 按结构和导电方式可分为四种结构形式，如图 1.39 所示。它是由金属、氧化物和半导体所组成的，所以又称为金属-氧化物-半导体场效应管，简称 MOS 场效应管。

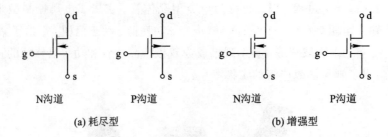

N沟道　　　　　　　P沟道　　　　　　　N沟道　　　　　　　P沟道

(a) 耗尽型　　　　　　　　　　　　　　　　(b) 增强型

图 1.39　绝缘栅型场效应管符号

绝缘栅型场效应管的工作原理(以 N 沟道增强型 MOS 场效应管为例)：利用 U_{gs} 来控制"感应电荷"的多少，以改变由这些"感应电荷"形成的导电沟道的状况，然后达到控制漏极电流的目的。在制造管子时，通过工艺使绝缘层中出现大量正离子，故在交界面的另一侧能感应出较多的负电荷，这些负电荷把高掺杂质的 N 区接通，形成了导电沟道，即使在 $U_{gs}=0$ 时也有较大的漏极电流 I_d。当栅极电压改变时，沟道内被感应的电荷量也改变，导电沟道的宽窄也随之而变，因而漏极电流 I_d 随着栅极电压的变化而变化。

场效应管的工作方式有两种：当栅压为零时，有较大漏极电流的称为耗尽型；当栅压为零时，漏极电流也为零时，必须再加一定的栅压之后才有漏极电流的称为增强型。

2）结型场效应管的管脚识别

判定栅极 g：将万用表拨至 $R\times1\mathrm{k}$ 挡，用万用表的黑笔任意接三极管的一个电极，红笔依次接触其余的两个极，测其电阻。若两次测得的电阻值近似相等，则黑笔所接触的为栅极，另外两电极为漏极和源极；漏极和源极互换，若两次测出的电阻都很大，则为 N 沟道；若两次测得的阻值都很小，则为 P 沟道。

判定源极 s、漏极 d：在源、漏极之间有一个 PN 结，因此根据 PN 结正、反向电阻存在差异，可识别 s 极与 d 极。用交换表笔法测两次电阻，其中电阻值较低(一般为几千欧至十几千欧)的一次为正向电阻，此时黑表笔接的是 s 极，红表笔接的是 d 极。

3）场效应管与晶体三极管的比较

(1) 场效应管的源极 s、栅极 g、漏极 d 分别对应三极管的发射极 e、基极 b、集电极 c，它们的作用相似。

(2) 场效应管是电压控制电流器件，其放大系数 g_m 一般较小，因此场效应管的放大能力较差。三极管是一种电流控制型器件。

(3) 场效应管栅极几乎不取电流，而三极管工作时基极总要吸取一定的电流。因此，场效应管的输入电阻比三极管的输入电阻高。

(4) 场效应管只有多子参与导电，三极管有多子和少子两种载流子参与导电，而少子浓度受温度、辐射等因素影响较大，因而场效应管比晶体管的温度稳定性好、抗辐射能力强。在环境条件(温度等)变化很大的情况下应选用场效应管。

(5) 场效应管的噪声系数很小，在低噪声放大电路的输入级以及要求信噪比较高的电路中要选用场效应管。

(6) 三极管的导通电阻大，场效应管导通电阻小，只有几百毫欧姆。电路中场效应管可作开关来用，它的效率是比较高的。

4）场效应管的作用

(1) 场效应管可应用于放大电路。由于场效应管放大器的输入阻抗很高，因此耦合电容可以容量较小，不必使用电解电容器。

（2）场效应管可以用作电子开关。

（3）场效应管很高的输入阻抗非常适合作阻抗变换，常用于多级放大器的输入级作阻抗变换。

（4）场效应管可以用作可变电阻。

（5）场效应管可以方便地用作恒流源。

5）场效应管的主要参数

（1）直流参数。饱和漏极电流 I_{DSS} 可定义为：当栅、源极之间的电压等于零，而漏、源极之间的电压大于夹断电压时，所对应的漏极电流。夹断电压 U_P：当 u_{DS} 一定时，使 i_D 减小到一个微小的电流时所需的 u_{GS}。开启电压 u_T：当 U_{DS} 一定时，使 i_D 到达某一个数值时所需的 u_{GS}。

（2）交流参数。低频跨导 g_m：用来描述栅、源电压对漏极电流的控制作用。极间电容：场效应管三个电极之间的电容，它的值越小表示管子的性能越好。

（3）极限参数。漏、源击穿电压：当漏极电流急剧上升时，产生雪崩击穿时的 u_{DS}。栅极击穿电压：结型场效应管正常工作时，栅、源极之间的 PN 结处于反向偏置状态，若电压过高，则产生击穿现象，此时的栅极电压称为栅极击穿电压。

3. 集成电路

集成电路是一种微型电子器件。它采用一定的工艺，把一个电路中所需的晶体管、二极管、电阻、电容和电感等元器件以及布线互连在一起，制作在一小块或几小块半导体晶片或介质基片上，然后封装在一个管壳内，成为具有所需电路功能的微型结构。其中，所有元器件在结构上已组成一个整体，这样整个电路的体积大大缩小，且引出线和焊接点的数目也大为减少，从而使电子元器件向着微小型化、低功耗和高可靠性迈进了一大步。集成电路在电路中用字母"IC"（也有用符号"N"等）表示。图 1.40 所示给出了常见集成电路芯片的实物图片。

图 1.40　常见集成电路芯片的实物图片

1）集成电路的分类

（1）按功能结构分类。按功能、结构的不同，集成电路可以分为模拟集成电路、数字集成电路和数/模混合集成电路三大类。模拟集成电路又称为线性电路，用来产生、放大和处理各种模拟信号（指幅度随时间变化的信号。如半导体收音机的音频信号、录放机的磁带信号等），其输入信号和输出信号成比例关系。经常使用的模拟运算放大器（简称运放）就是一种高增益、高输入阻抗的模拟集成电路，主要用于交直流放大、基本运算单元、比较器、跟随器、振荡器等。

数字集成电路用来产生、放大和处理各种数字信号（指在时间和幅度上离散取值的信号。如 3G 手机、数码相机、电脑 CPU、数字电视的逻辑控制，以及重放的音频信号、视频信号）。

数/模混合集成电路的典型芯片为 555 定时器，它是一种数模混合的中规模集成电路。其结构简单、性能可靠、使用灵活方便，在工业控制、定时、检测、报警等方面有着广泛的应用。555 定时器有双极型和 CMOS 两大类。双极型产品型号最后的 3 位数是 555 或 556（双定时器），而 CMOS 产品型号最后 4 位数码都是 7555 或 7556（双定时器）。

（2）按集成度高低分类。按集成度高低的不同，集成电路可分为小规模集成电路（Small Scale Integrated circuits，SSI）、中规模集成电路（Medium Scale Integrated circuits，MSI）、大规模集成电路（Large Scale Integrated circuits，LSI）、超大规模集成电路（Very Large Scale Integrated circuits，VLSI）、特大规模集成电路（Ultra Large Scale Integrated circuits，ULSI）以及巨大规模集成电路、极大规模集成电路或超特大规模集成电路（Giga Scale Integration，GSI）。

（3）按导电类型分类。按导电类型的不同，集成电路可分为双极型集成电路和单极型集成电路，它们都是数字集成电路。双极型集成电路的制作工艺复杂，功耗较大，代表的集成电路有 TTL、ECL、HTL、LST-TL、STTL 等；单极型集成电路的制作工艺简单，功耗也较低，易于制成大规模集成电路，代表集成电路有 CMOS、NMOS、PMOS 等。

2）集成电路的引脚识别

集成电路是完成特定电子技术功能的电子线路。随着集成电路制作工艺的日臻完善，其功能也越来越多，引脚数量也必然增加，表征其功能的技术指标也越来越复杂。如何正确地识别集成电路的引脚则是使用中的首要问题。

集成电路的封装材料及外形有多种。常用的封装材料有塑料、陶瓷和金属。封装外形常见的是圆筒形、扁平形和双列直插形。圆筒形金属壳封装多为 8 脚、10 脚和 12 脚，菱形金属壳封装多为 3 脚和 4 脚，扁平形陶瓷封装多为 12 脚和 14 脚，单列直插式塑料封装多为 9 脚、10 脚、12 脚、14 脚和 16 脚，双列直插式陶瓷封装多为 8 脚、12 脚、14 脚、16 脚和 24 脚，双列直插式塑料封装多为 8 脚、12 脚、14 脚、16 脚、24 脚、42 脚和 48 脚。

（1）圆形金属封装。圆形金属封装与金属壳封装的半导体三极管相差不多，只不过圆形金属封装的体积大、电极引脚多。这种集成电路引脚排列的方式为：从识别标记开始，沿顺时针方向依次为 1、2、3、…、N，如图 1.41 所示。

图 1.41　圆形结构集成电路引脚示例

（2）单列直插式塑料封装。单列直插型集成电路的识别标记，有的用倒角，有的用凹坑。这类集成电路引脚的排列方式也是从标记开始，从左向右依次为 1、2、3、…、N，如图 1.42 所示。

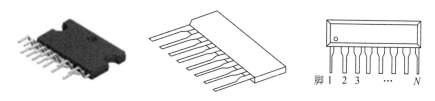

图 1.42　单列直插型集成电路引脚示例

（3）扁平型封装。集成电路多为双列型和四边形，这种集成电路一般在端面一侧有一个类似引脚的小金属片，或者在封装表面上有一色标或凹口作为标记来识别管脚。其引脚排列方式是从标记开始的，沿逆时针方向依次为 1、2、3、…、N，如图 1.43 所示。注意：有少量的扁平封装集成电路的引脚是顺时针排列的。

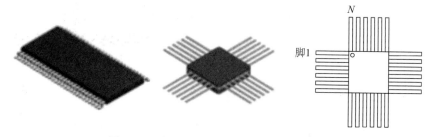

图 1.43　扁平型封装的集成电路引脚示例

（4）双列直插式塑料封装。集成电路的识别标记多为半圆形凹口，有的用金属封装标记或凹坑标记。这类集成电路引脚排列方式也是从标记开始的，沿逆时针方向依次为 1、2、3、…、N，如图 1.44 所示。

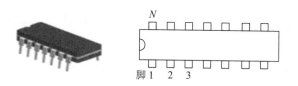

图 1.44　双列直插式集成电路引脚示例

3）集成电路的检测

（1）不在线检测。不在线检测是在集成电路未焊入电路时进行的，一般情况下可用万用表测量各引脚对应于接地引脚之间的正、反向电阻值，并和完好的集成电路进行比较。

（2）在线检测。在线检测通过万用表检测集成电路各引脚在线（集成电路在电路中）直流电阻、对地交直流电压以及总工作电流的检测方法。这种方法克服了代换实验法需要有可代换集成电路的局限性和拆卸集成电路的麻烦，是检测集成电路最常用和实用的方法。

① 直流工作电压测量法。这是一种在通电情况下，用万用表直流电压挡对直流供电电压、外围元器件的工作电压进行测量的方法。检测集成电路各引脚对地直流电压值，并与正常值进行比较，进而缩小故障范围，查出损坏的元器件。

② 交流工作电压测量法。为了掌握集成电路交流信号的变化情况，可以用带有 dB 插孔的万用表对集成电路的交流工作电压进行近似测量。检测时，将万用表置于交流电压挡，在红表笔串接一个 $0.1 \sim 0.5\ \mu\text{F}$ 的隔直电容，测量集成电路各引脚的对地交流电压值，并

与正常值相比较，进而查找故障。该方法适用于工作频率较低的集成电路。

③ 总电流测量法。该方法是通过检测集成电路电源进线的总电流来判断集成电路好坏的一种方法。由于集成电路内部绝大多数为直接耦合，集成电路损坏时（如某一个 PN 结击穿或开路）会引起后级饱和与截止，使总电流发生变化。所以通过测量总电流的方法可以判断集成电路的好坏。

1.6 仿真软件介绍

本章主要介绍 Multisim 14 仿真软件创建电路的基本操作方法、元器件库与虚拟仪器的使用和常用的基本分析方法；同时，介绍了 MATLAB/Simulink 软件的基本功能和操作方法。这些软件知识将为仿真实验的顺利完成提供必要的知识储备。

1.6.1 Multisim 14 介绍

Multisim 14 可以实现电路原理图捕获、电路分析、电路仿真、交互式仿真、电路板设计、仿真仪器测试、集成测试、射频分析、单片机等应用。其数量众多的元器件数据库、标准化的仿真仪器、直观的捕获界面、简洁明了的操作、强大的分析测试功能、可信的测试结果，虚拟仪器技术的灵活性扩展了设计者的工作平台。它是电路教学解决方案

Multisim
软件介绍

的重要基础，用户不仅可通过设计、原型开发、电子电路测试等操作来提高学生的技能，还可在工程中使用 Multisim 14 的设计方法减少原型迭代次数并帮助用户在设计过程中及时地优化印刷电路板（Printed Circuit Board，PCB）设计。

1. 创建电路的操作方法

1）主界面及其功能说明

Multisim 14 的安装根据提示操作即可完成。安装完成后，启动 Multisim 14。其主界面窗口如图 1.45 所示，各工具栏及其功能如下：

（1）菜单工具栏：用于查找所有的命令；

（2）标准工具栏：包含常用的功能命令按钮；

（3）仪器仪表工具栏：包括软件提供的所有仪器仪表按钮；

（4）元器件工具栏：提供从 Multisim 元器件数据库中选择、放置元器件到原理图中的按钮；

（5）电路窗口：也称作工作区，是设计人员设计电路的区域；

（6）设计工具栏：用于操控设计项目中各种不同类型的文件，也用于原理图层次的控制显示和隐藏不同的层；

（7）数据表格视窗：用于快速地显示编辑元器件的参数，还可一步到位地修改某些元器件或所有元器件的参数。

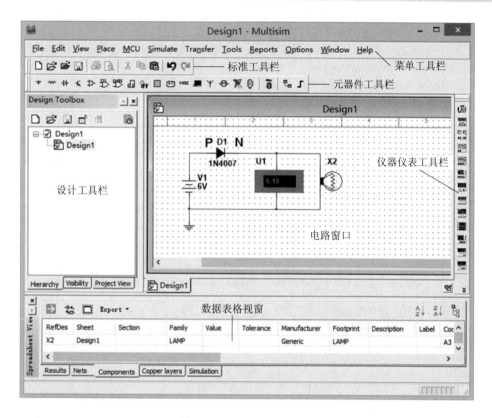

图 1.45　Multisim 主界面

Multisim 14 提供了丰富的工具栏,包括 Standard(标准工具栏)、View(显示工具栏)、Main(主工具栏)、Graphic Annotation(图形注释工具栏)、Analog components(理想模拟元器件)、Basic(基本虚拟元件)、Diodes(理想二极管元件)、Transistor components(理想晶体管元器件)、Measurement components(基本测量元器件)、Miscellaneous components(杂项器件工具栏)、Components(元器件工具栏即实际器件库)、Power source components(理想电源元器件)、Rated virtual components(定值虚拟元器件)、Signal source components(信号源元器件)、Virtual(虚拟元器件工具栏)、Simulation(仿真工具栏)、Simulation switch(仿真运行开关)、Instruments(仪器仪表工具栏)、Description Editor(描述编辑栏)、MCU(MCU 模块)、LabVIEW Instruments(LabVIEW 仪器仪表工具栏)、NI ELVISmx Instruments(NI ELVISmx 仪器仪表工具栏)、Ruler bars(标尺)、Status bar(状态栏)、Design Toolbox(设计工具窗)、Spreadsheet View(数据表格窗)、SPICE Netlist Viewer(SPICE 网络表观察器)、LabVIEW Co-simulation Terminals(LabVIEW 仿真联调端口)、Circuit Parameters(电路参数窗口)、Lock toolbars(工具栏锁定或解锁)和 Customize interface(定制软件界面)。

2) 创建电路文件

运行 Multisim 14,在仿真工作区内自动新建一个文件名为 Design 1 的空白电路文件,如图 1.46 所示。用户根据自己的喜好可以设置软件的界面,如颜色、图纸尺寸和连线模式等,如不定义系统会使用默认设置。

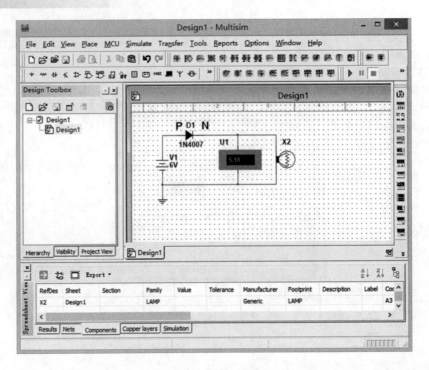

图 1.46　电路文件界面

3）选放元器件

Multisim 14 中，放置元器件可通过选择菜单命令【Place】下的【Component】项，也可通过元器件工具栏来选取，也可以在工作区域中单击鼠标右键，在弹出的菜单栏中选择【Place Component】来实现。元器件选择界面如图 1.47 所示。

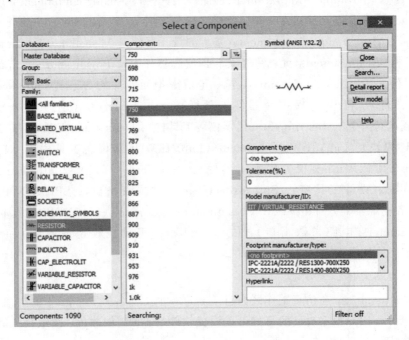

图 1.47　元器件选择对话框

元器件选择对话框出现后，默认元器件数据库为 Master Database(主数据库)，依次从【Group】→【Family】→【Component】列表中，逐级选择好需要的元器件，最后单击【OK】按钮或双击选中的元器件即可。

Multisim 中【Family】中的元器件有两类：真实元器件和虚拟元器件。真实元器件是实际工作中使用的具体型号的元器件，设计人员可根据需要选择；虚拟元器件的底色为绿色，其模型参数使用的是本类器件的典型值，并且其参数还可任意修改。

4) 选放仪器

Multisim 14 中选取仪器与元器件选择方法相似，系统所提供的仪器工具栏如图 1.48 所示。选取仪器操作与选取元器件操作方法基本相同，可以在仪器仪表工具栏中选取所需仪器仪表、也可以在菜单【Simulate】→【Instruments】下选择所需仪器仪表。

图 1.48　测量仪器工具栏

5) 元器件的基本操作

选择好所需的元器件及仪器后，要在工作区中对各元器件或仪器进行相应的操作，使电路布局更合理、美观。在工作区中，单击鼠标左键选择需要进行操作的元器件，然后单击鼠标右键出现如图 1.49 所示的操作菜单。

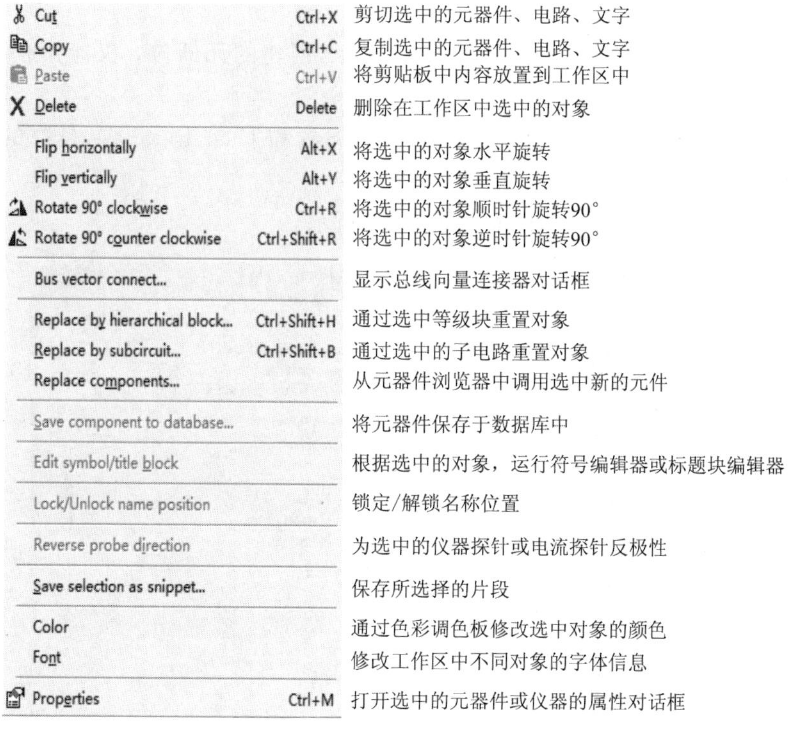

✂ Cut	Ctrl+X	剪切选中的元器件、电路、文字
📋 Copy	Ctrl+C	复制选中的元器件、电路、文字
📋 Paste	Ctrl+V	将剪贴板中内容放置到工作区中
✗ Delete	Delete	删除在工作区中选中的对象
Flip horizontally	Alt+X	将选中的对象水平旋转
Flip vertically	Alt+Y	将选中的对象垂直旋转
Rotate 90° clockwise	Ctrl+R	将选中的对象顺时针旋转90°
Rotate 90° counter clockwise	Ctrl+Shift+R	将选中的对象逆时针旋转90°
Bus vector connect...		显示总线向量连接器对话框
Replace by hierarchical block...	Ctrl+Shift+H	通过选中等级块重置对象
Replace by subcircuit...	Ctrl+Shift+B	通过选中的子电路重置对象
Replace components...		从元器件浏览器中调用选中新的元件
Save component to database...		将元器件保存于数据库中
Edit symbol/title block		根据选中的对象，运行符号编辑器或标题块编辑器
Lock/Unlock name position		锁定/解锁名称位置
Reverse probe direction		为选中的仪器探针或电流探针反极性
Save selection as snippet...		保存所选择的片段
Color		通过色彩调色板修改选中对象的颜色
Font		修改工作区中不同对象的字体信息
📋 Properties	Ctrl+M	打开选中的元器件或仪器的属性对话框

图 1.49　元器件的操作菜单

6）电路连线

Multisim 14 提供了自动连线和手动连线两种方式。

采用自动连线时，用户选择好起始端鼠标就会变成一个十字中心加黑点的形状，单击鼠标左键会附着一条连接线，单击终止端，即完成两个端之间的连线，并且连线会避免和元器件重合。

Multisim 仿真
软件使用

手动连线时，当鼠标移至某一个端点时光标会变成一个十字中心加黑点的形状，单击鼠标左键该端点便会引出连接线，在光标移动过程中可单击鼠标左键控制连线的走向，在需要连接的另一个端点再次单击鼠标左键即可完成连接。手动连线灵活、方便，用户对连线的路径可自由控制，可使电路更加合理、美观。

2. 元器件库与虚拟仪器的使用

1）Multisim 14 元器件库

Multisim 14 的元器件数据库用来保存元器件必要的描述信息，它包括了电路原理图捕获中所需的元器件符号、仿真模型、元器件封装及其他电气信息。

Multisim 14 的元器件存储于 3 种数据库中：Master Database（主数据库）、Corporate Database（公共数据库）和 User Database（用户数据库）。

Multisim 的
元器件库

① Master Database：存放 Multisim 14 所提供的所有元器件，存储元器件的最初始状态，确保信息的完整和正确，并且是不可编辑的。

② Corporate Database：用于多人共同开发项目时建立的共有元器件库。

③ User Database：存储用户自己修改、导入、创建的元器件，仅能由使用者使用和编辑。

第一次使用 Multisim 14 时，Corporate Database 和 User Database 是空的，可以导入或由用户编辑和创建。

Master Database 包括的元器件库如图 1.50 所示。

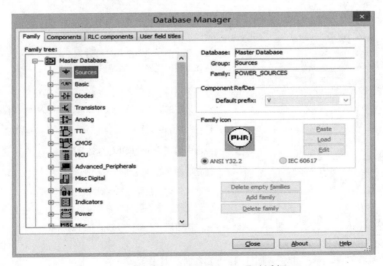

图 1.50 【Database Manager】对话框

各元器件库的功能及作用如表 1.7 所示。

表 1.7　元器件工具栏注释

Components Toolbar (元器件工具栏)	按钮	功　能	分　类
Source		放置电源	电源、电压信号源、电流信号源、控制功能模块、受控电压源、受控电流源等
Basic		放置基本元器件	基本虚拟元器件、额定虚拟元器件、排阻、开关、变压器、非线性变压器、继电器、连接器、插座、电阻、电容、电感、电解电容、可变电容、可变电感、电位器
Diode		放置二极管	虚拟二极管、二极管、齐纳二极管、发光二极管、全波桥式整流器、肖特基二极管、可控硅整流器、双向开关二极管、三端开关可控硅二极管、变容二极管、PIN 二极管
Transistor		放置晶体管	虚拟晶体管、NPN 晶体管、PNP 晶体管、达林顿 NPN 晶体管、达林顿 PNP 晶体管、达林顿晶体管阵列、BJT 晶体管阵列、绝缘栅双极型晶体管、三端 N 沟道耗尽型 MOS 管、三端 N 沟道增强型 MOS 管、三端 P 沟道增强型 MOS 管、N 沟道 JFET、P 沟道 JFET、N 沟道功率 MOSFET、P 沟道功率 MOSFET、单结晶体管、热效应管
Analog		放置模拟集成元器件	模拟虚拟元器件、运算放大器、诺顿运算放大器、比较器、宽带放大器、特殊功能运算放大器
TTL		放置 TTL 元器件	74STD 系列及 74LS 系列
CMOS		放置 CMOS 元器件	根据电压大小分类
MCU Module		放置 MCU 模型图	8051、PIC16、RAM、ROM
Advanced Peripherals		放置高级外围设备	键盘、LCD、终端显示模型
Misc Digital		放置数字元器件	TTL 系列、VHDL 系列、VERILOG_HDL 系列
Mixed		放置混合元器件	虚拟混合元器件、定时器、模数_数模转换器、模拟开关
Indicator		放置指示元器件	电压表、电流表、探测器、蜂鸣器、灯泡、十六进制计数器、条形光柱
Power Component		放置电源元器件	保险丝、稳压器、电压抑制、隔离电源

Components Toolbar （元器件工具栏）	按钮	功 能	分 类
Miscellaneous	MISC	放置混杂元器件	传感器、晶振、电子管、滤波器、MOS 驱动
RF		放置射频元器件	射频电容、射频电感、射频 NPN 晶体管、射频 PNP 晶体管、射频 MOSFET、隧道二极管、带状传输线
Electro_Mechanical		放置机电元器件	感测开关、瞬时开关、附加触点开关、定时触点开关、线圈和继电器、线性变压器、保护装置、输出装置
NI_Components		放置 NI 元器件	包含 NI 公司的各种产品模块
Connectors		放置接口元器件	包含各种接口模块

　　虚拟元器件是 Multisim 14 中一个重要组成部分，可以利用【Virtual】（虚拟）工具栏在工作区放置虚拟元器件。图 1.51 所示为虚拟工具栏。

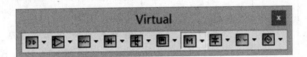

图 1.51　虚拟元器件工具栏

　　虚拟工具栏的具体功能和作用如表 1.8 所示。

表 1.8　虚拟元器件工具栏注释

Virtual Toolbar	按钮	功 能	分 类
Show 3D Family	3D	放置 3D 元器件	3D 虚拟开关、3D 虚拟电阻、3D 虚拟移位寄存器（Shift-Register-74LS165N）、3D 虚拟与非门（Quad_And_Gate）、3D 虚拟 Potentiometer、3D 虚拟 Op-Amp、3D 虚拟电机（Motor）、3D 虚拟 Mosfet、3D 虚拟 Led、3D 虚拟电感器、3D 虚拟二极管、3D 虚拟计数器（Counter-74LS160N）、3D 虚拟电容器、3D 虚拟晶体管
Show Analog Family		放置虚拟运放	虚拟比较器、虚拟运放
Show Basic Family		放置虚拟基本元器件	虚拟电阻、虚拟电容、虚拟电感、虚拟可变电阻、虚拟可变电容、虚拟可变电感、虚拟变压器等
Show Diode Family		放置虚拟二极管	虚拟二极管、虚拟齐纳二极管
Show Transistor Family		放置虚拟晶体管	虚拟 NPN 二极管、虚拟 PNP 二极管、虚拟场效应管

续表

Virtual Toolbar	按钮	功　能	分　类
Show Measurement Family	回 ▾	放置虚拟测量元器件	电压表、电流表、灯泡
Show Misc Family	M ▾	放置虚拟混杂元器件	虚拟 555 定时器、虚拟开关、虚拟保险丝、虚拟灯泡、虚拟单稳态器件、虚拟电动机、虚拟光耦合器、虚拟 PLL、虚拟数码管
Show Power Source Family	÷ ▾	放置虚拟电源元器件	直流电源、交流电源、接地
Show Rated Family	◁ ▾	放置额定元器件	虚拟额定三极管、虚拟额定二极管、虚拟额定电阻、虚拟额定变压器
Show Signal Source Family	◇ ▾	放置虚拟信号源元器件	交流电压源、交流电流源、FM 电流源、FM 电压源等

　　元器件放在电路图中后，通常需要修改其参数，这时只要双击该元器件，在弹出的元器件属性对话框中修改其属性。元器件属性对话框中包含多个页面，实际元器件一般不需要修改属性，除非有特殊需要，因为大量的实际元器件完全可以满足研究、设计、教学的一般需要。虚拟元器件的属性可以根据仿真的需要来设置，如果需要修改虚拟元器件的参数，则必须知道被修改参数的意义。

　　2）虚拟仪器的使用

　　Multisim 14 中提供了许多实验仪器，而且还可以创建 LabVIEW 的自定义仪器。系统所提供的仪器工具栏如图 1.48 所示。选取仪器的操作与选取元器件的操作方法基本相同，可以在仪器仪表工具栏中选取所需仪器仪表、也可以在菜单【Simulate】→【Instruments】下选择所需仪器仪表。各仪器仪表的具体功能如表 1.9 所示。

Multisim 的
仪器仪表库

表 1.9　虚拟仪器工具栏注释

Instruments Toolbar	按钮	中文名称	功　能
Multimeter	🔲	万用表	可以测量交/直流电压、电流及电阻
Distortion Analyzer	▭	失真度仪	典型的失真度分析用于测 20 Hz～100 kHz 之间信号的失真情况，包括对音频信号的测量。其设置界面如图 1.52 所示
Wattmeter	▭	瓦特表	用于测量用电负载的平均电功率和功率因数
Oscilloscope	▭	示波器	显示电压波形、周期的仪器。Multisim 14 中提供了多种示波器，其使用方法都是大同小异，图 1.53 所示为示波器面板
Function Generator	▭	函数信号发生器	用来产生正弦波、方波和三角波的仪器
Frequency Counter	▭	频率计数器	用于测量信号的频率

Instruments Toolbar	按钮	中文名称	功　　能
Four Channel Oscilloscope		四踪示波器	允许同时监视 4 个不同通道的输入信号
Agilent Function Generator		安捷伦 33120A 信号发生器	具有高性能 15 MHz 合成频率且具备任意波形输出的多功能函数信号发生器
Bode Plotter		波特仪	测量电路幅频特性和相频特性的仪器。波特图仪面板图如图 1.54 所示
Word Generator		字符发生器	用于产生数字电路需要的数字信号。其面板图如图 1.55 所示
Logic Converter		逻辑转换器	可以执行对多个电路表示法的转换和对数字电路的转换
IV Analyzer		伏安特性分析仪	用于测量二极管、PNP BJT、NPN BJT、PMOS、NMOS 的伏安特性曲线
Logic Analyzer		逻辑分析仪	用于显示和记录数字电路中各个节点的波形
Agilent Multimeter		安捷伦 34401A 万用表	6.5 位的高精度数字万用表
Network Analyzer		网络分析仪	用于测量电路的散射参数，也可以计算 H、Y、Z 参数
Agilent Oscilloscope		安捷伦 54622D 示波器	一个具备 2 通道和 16 逻辑通道的 100 MHz 带宽的示波器
Measurement Probe		测量探针	在电路的不同位置快速测量电压、电流及频率的有效工具
Spectrum Analyzer		频谱仪	测试频率的振幅
Tektronix Simulated Oscilloscope		泰克仿真示波器	Tektronix TDS 2024 是一个 4 通道 200 MHz 带宽的示波器
LabVIEW		LabVIEW 仪器	可在此环境下创建自定义的仪器
Current Probe		电流探针	将电流转换为输出端口电阻丝器件的电压

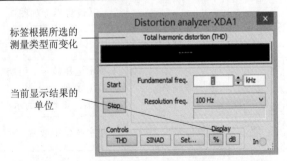

图 1.52　失真度仪界面设置

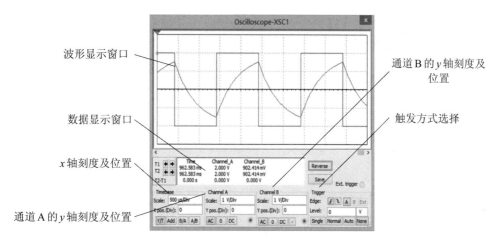

图 1.53　示波器面板图

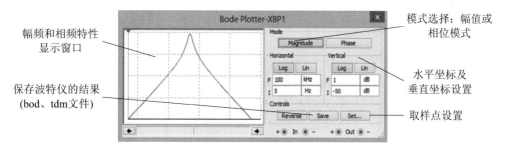

图 1.54　波特图仪面板图

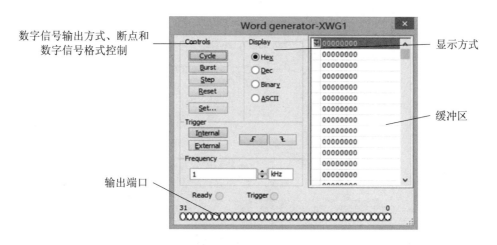

图 1.55　字符发生器面板图

3. 基本分析方法

Multisim 14 提供了 19 种电路的分析功能，包括绝大多数电路仿真软件的分析类型，从基本的到极不常见的分析方法都有，并可以将一个分析作为另一个分析的部分自动执行。在主窗口执行菜单命令【Simulate】→【Analysis and simulation】时，可出现如图 1.56 所示的分析菜单。

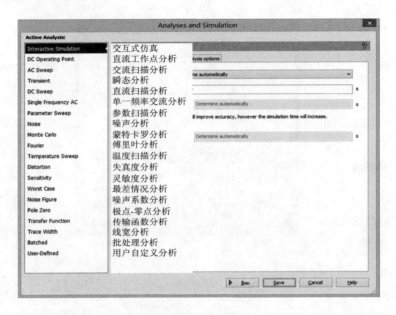

图 1.56　分析菜单

需要查看分析结果时，可单击菜单【View】→【Grapher】命令，会弹出"Grapher View"（图示仪）窗口，在该窗口中来设置各种参数，如图 1.57 所示。下面主要介绍几种基本的电路分析方法。

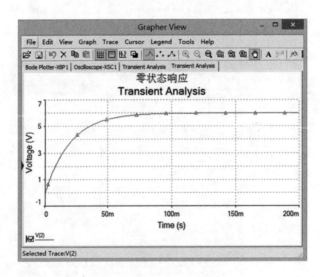

图 1.57　【Grapher View】窗口

1) DC Operating Point Analysis

DC Operation Point Analysis（直流工作点分析）用于求解电路（或网络）仅在直流电压源或电流源作用时，每个节点上的电压及流过电源的电流。在进行直流工作点分析时，电路中交流信号源置零（交流电压源视为短路、交流电流源视为开路）、电容视为开路、电感视为短路、数字元器件视为高阻接地。打开需要分析的电路，单击菜单【Simulate】→【Analysis】→【DC Operating Point Analysis】命令，弹出直流工作点对话框，如图 1.58 所示。在【Output】标签页中进行相关参数的设置。

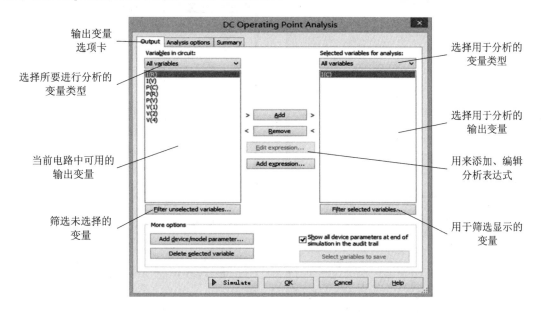

图 1.58　【DC Operating Point Analysis】对话框的【Output】标签页

所有参数选择好后点击【Simulate】按钮，进行直流工作点分析，弹出图示仪界面，显示计算出的所需节点的电压、电流数值。

2）AC Analysis

AC Analysis（交流分析）是在正弦信号工作条件下的一种频域分析，可用于观察电路中的幅频特性及相频特性，是一种线性分析方法。在交流分析时，仿真软件首先对电路进行直流工作点分析，以建立电路中非线性元器件的交流小信号模型。然后对电路进行交流分析，并且输入的信号为正弦波信号。若输入端采用的是函数信号发生器，即使选择三角波或者方波，都将自动将其设置为正弦波信号，以分析电路随正弦信号频率变化的频率响应曲线。

以图 1.59 所示的文氏桥电路为例，分析其幅频特性及相频特性。

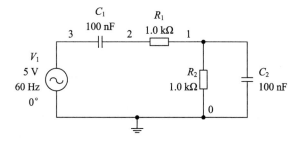

图 1.59　文氏桥电路

双击电源，弹出其属性对话框，可在【Value】（值）标签页中设置其交流分析的振幅和相位值，如图 1.60 所示。设置好参数后，单击菜单【Simulate】→【Analyses】→【AC Analysis】命令，弹出【AC Analysis】对话框，在【Output】标签页中可以设置需要分析的变量，如图 1.61 所示。设置好之后，单击【Simulate】按钮，仿真结果如图 1.62 所示。

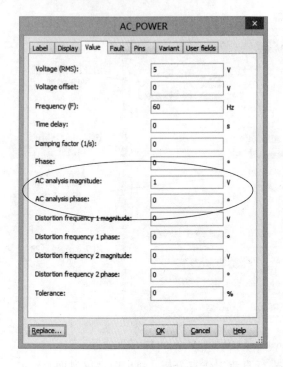

图 1.60 【Value】标签

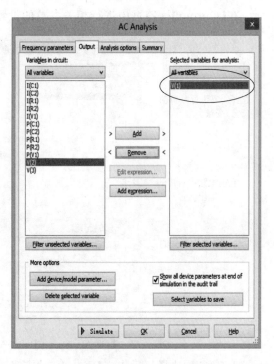

图 1.61 【Output】标签页

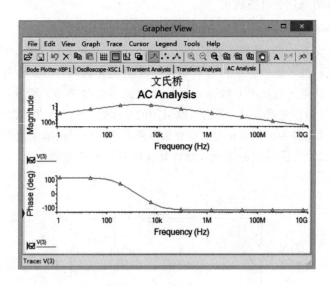

图 1.62 文氏桥电路 AC Analysis 分析显示窗口

3）Transient Analysis

Transient Analysis（瞬态分析）也叫时域瞬态分析，是一种非线性时域分析方法，是在给定输入激励信号时，分析电路输出端的瞬态响应。也就是观察电路中各个节点电压和支路电流随时间变化的情况，其实就是与用示波器观察电路中各个节点的电压波形一样。

在进行分析前，需要对其进行参数设置，单击菜单【Simulate】→【Analyses】→【Transient Analysis】命令，弹出【Transient Analysis】对话框，如图 1.63 所示。

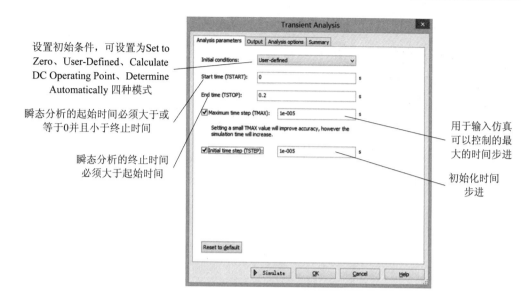

设置初始条件，可设置为Set to Zero、User-Defined、Calculate DC Operating Point、Determine Automatically 四种模式

瞬态分析的起始时间必须大于或等于0并且小于终止时间

瞬态分析的终止时间必须大于起始时间

用于输入仿真可以控制的最大的时间步进

初始化时间步进

图 1.63 【Transient Analysis】对话框

如果需要将所有参数复位到默认值，则单击【Reset to default】(复位到默认)按钮即可。初始值条件，有以下四种：

(1)【Set to Zero】(设置到零)：瞬态分析的初始条件从零开始；

(2)【User-Defined】(用户自定义)：由瞬态分析对话框中的初始条件开始运行分析；

(3)【Calculate DC Operating Point】(计算直流工作点)：首先计算电路的直流工作点，然后使用其结果作为瞬态分析的初始条件；

(4)【Determine Automatically】(自动检测初始条件)：首先使用直流工作点作为初始条件，如果仿真失败，将使用用户自定义的初始条件。

4) DC Sweep Analysis

DC Sweep Analysis(直流扫描分析)是计算电路中某一节点的电压或某一电源分支的电流等变量随电路中某一电源电压变化的情况。当直流扫描分析执行时，直流工作点分析将进行，直流电源的值增加并且另外的直流工作点也会被计算。

DC Sweep Analysis 的输出图形横轴为某一电源电压，纵轴是被分析节点的电压或某一电源分支的电流等变量随电路中某一电源电压变化的情况。

单击菜单【Simulate】→【Analyses】→【DC Sweep Analysis】命令，弹出【DC Sweep Analysis】对话框，对其进行设置，如图 1.64 所示。设置好参数后，单击【Simulate】按钮，进行分析。

5) Parameter Sweep Analysis

Parameter Sweep Analysis(参数扫描分析)是针对元器件参数和元器件模型参数进行的直流工作点分析、交流分析及瞬态分析。所以 Parameter Sweep Analysis 给出的是一组分析图形。根据分析结果，在实际电路设计中，可以针对电路的某些技术指标进行优化。

单击菜单【Simulate】→【Analyses】→【Parameter Sweep Analysis】命令，弹出【Parameter Sweep】对话框，对其进行设置，如图 1.65 所示。

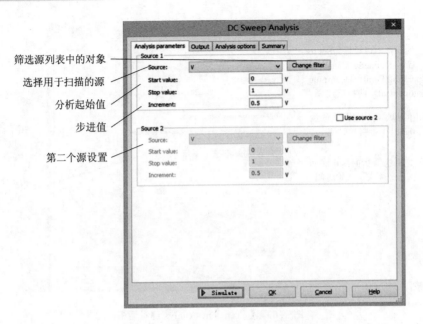

图 1.64 【DC Sweep Analysis】对话框

在 Parameter Sweep Analysis 设置中，不仅要设置被扫描的元器件参数或元器件模型参数，设置它们的扫描方式、初值、终值、步长和输出变量，而且要选择和设置直流工作点、瞬态分析或交流分析这三者之一。设置好参数后，单击【Simulate】按钮，进行分析。

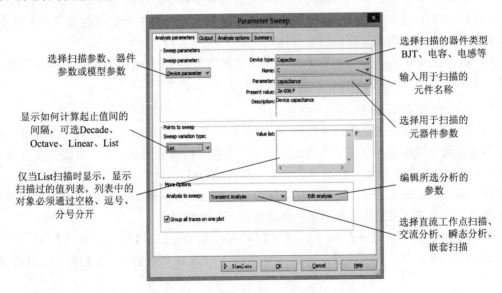

图 1.65 【Parameter Sweep】对话框

6）Temperature Sweep Analysis

Temperature Sweep Analysis（温度扫描分析）就是在不同温度情况下分析电路仿真的操作情况。由于在电路中许多元器件参数与温度有关，当温度变化时电路特性也会发生变化，因此相当于元器件每次取不同温度值进行多次仿真，对于每一个给定的温度值，都进行一次直流工作点分析、瞬态分析或交流分析，所以除了设置温度扫描方式外，还需要设置一种分析方法，而且 Temperature Sweep Analysis 仅会影响在模型中有温度属性的元件。

单击菜单【Simulate】→【Analyses】→【Temperature Sweep Analysis】命令，弹出【Sweep Parameter】对话框，对其进行设置，如图 1.66 所示。

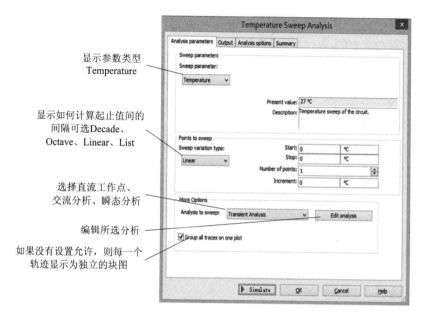

图 1.66 【Temperature Sweep Analysis】对话框

1.6.2 MATLAB/Simulink 使用介绍

矩阵实验室（Matrix Laboratory，MATLAB）是美国 Math Works 公司出品的一款商业数学软件，用于算法开发、数据可视化、数据分析以及数值计算的高级技术计算语言和交互式环境，主要包括 MATLAB 和 Simulink 两大部分。MATLAB 可以进行矩阵运算、绘制函数和数据、实现算法、创建用户界面、连接其他编程语言的程序等，主要应用于工程计算、控制设计、信号处理与通信、图像处理、信号检测、金融建模设计与分析等领域。

1. Simulink 简介

Simulink 是基于 MATLAB 的可视化设计环境，可以用来对各种系统进行建模、分析和仿真。它的建模范围面向任何能够使用数学来描述的系统，如航空动力学系统、航天控制制导系统、通信系统等。Simulink 提供了利用鼠标拖放的方法建立系统框图模型的图形界面，还提供了丰富的功能模块，利用它可以几乎不用书写代码就能完成整个动态系统的建模工作。

Simulink 中的"Simu"一词表示可用于计算机仿真，而"link"一词表示它能进行系统连接，即把一系列模块连接起来，构成复杂的系统模型。作为 MATLAB 的一个重要组成部分，Simulink 由于它所具有上述的两大功能和特色，以及所提供的可视化仿真环境和快捷简便的操作方法，而使它成为目前最受欢迎的仿真软件。下面主要介绍 Simulink 的基本功能和基本操作方法。

2. Simulink 的基本功能和操作方法

在安装 MATLAB 的过程中如果选择了 Simulink 组件，那么在 MATLAB 安装完成后，Simulink 也就安装了。需要注意的是，Simulink 要在 MATLAB 环境下运行，不能独立运行。使用 Simulink 搭建最基本的输入/输出模型，可以通过以下几步完成：

第一步，启动 Simulink。

打开 MATLAB 软件，启动 Simulink 有两种方法。

方法1：在 MATLAB 的命令窗口中输入 Simulink，即可启动 Simulink，如图 1.67 所示，并会出现 Simulink Library Browser（模块库浏览器）窗口，如图 1.68 所示，即完成 Simulink 的启动。

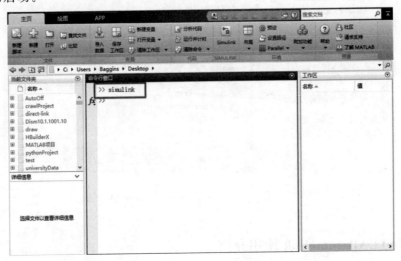

图 1.67　MATLAB 的命令窗口

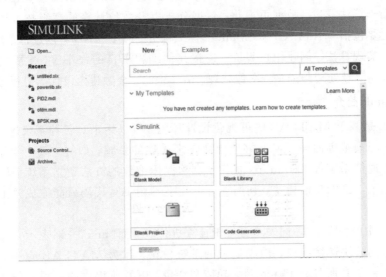

图 1.68　Simulink Library Browser 窗口

方法2：点击 MATLAB 命令窗口左上角的【新建】菜单，然后选择【Simulink Model】，如图 1.69 所示。

图 1.69　MATLAB 命令窗口中的【新建】菜单

第二步，新建仿真模型。

启动 Simulink 后，在出现的 Simulink Library Browser 窗口，单击【Blank Model】新建模型，如图 1.70 所示窗口。

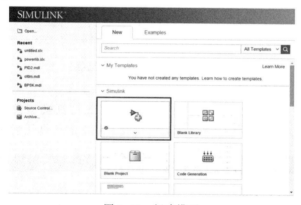

图 1.70　新建模型

第三步，调用 Library。

新建仿真模型后，将进入如图 1.71 所示 Simulink 界面，点击工具栏中的【Library Browser】。

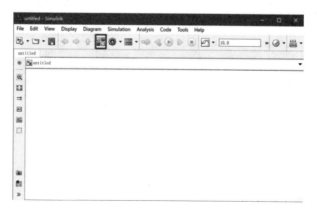

图 1.71　Simulink 界面

打开 Simulink 的库浏览器,这里存放着用于建立仿真模型的设备及元器件等模块,如图 1.72 所示。

图 1.72　Simulink 的库浏览器

第四步,添加仿真元素。

选择上述模型库中的小模块,然后拖动到 Simulink 仿真模型窗口中,或者复制该模块,然后粘贴到模型窗口。如图 1.73 所示,需要选择基本的仿真元素 Sinks 和 Sources。

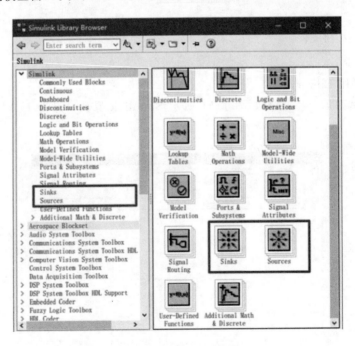

图 1.73　Sinks 和 Sources 仿真模块

　　第五步，选择正弦波信号发生器。

　　基本的仿真模型需要信号发生器，可以选择如图 1.74 所示的各种信号发生器，如正弦波信号发生器，将其拖动到仿真模型窗口中。

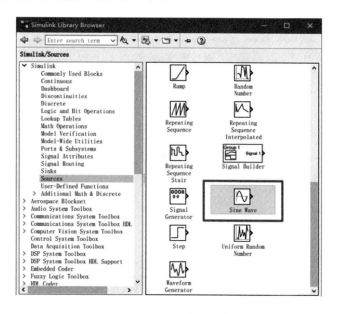

图 1.74　信号发生器模块

　　第六步，选择示波器。

　　有了信号源，作为一个合理的仿真模型则必有信号接收与显示装置，如图 1.75 所示，可以选择 Scope 进行波形显示。

图 1.75　示波器模块

第七步，布局并连接。

选择好基本的输入/输出装置后，在仿真模型窗口中布局好装置位置并进行连线，如图 1.76 所示。

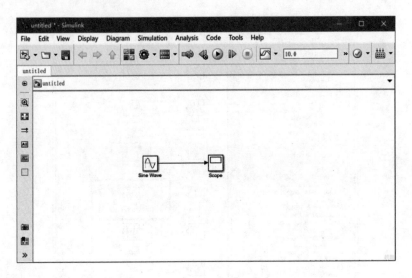

图 1.76　放置元器件及连线

第八步，运行。

仿真模型连线完毕，检查无误后，先保存，再按下【Run】按钮，运行仿真程序，如图 1.77 所示，可以在显示器件中观察仿真结果，并进行模型调整与修改。

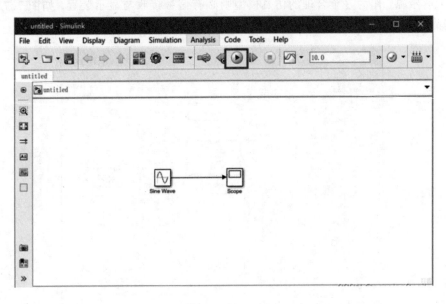

图 1.77　运行仿真程序

第九步，查看波形。

双击示波器，即可查看波形，如图 1.78 所示。

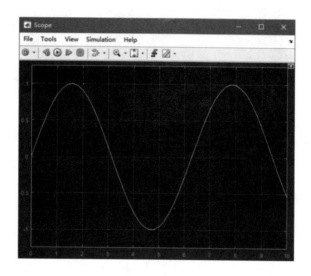

图 1.78 示波器显示波形

3. 注意事项

Simulink 是 MATLAB 很强大的系统建模、仿真和分析功能组件，上述方法、步骤介绍了使用 Simulink 搭建最基础的输入/输出模型。学会使用 Simulink 后，可以完成更深层次的建模和仿真，并有助于产品的开发。

第2章　常用仪器仪表的使用

2.1　概　　述

2.1.1　电子测量仪器仪表的分类

电子测量仪器品种繁多，有多种分类方法。按使用功能的不同，电子测量仪器仪表可分为专用仪器和通用仪器两大类。专用仪器是为特定目的而专门设计制造的，它只适用于特定的测量对象和测量条件。通用仪器的灵活性好，应用面广。按功能的不同，通用仪器可以分为以下几类。

（1）电源：用于为实验电路及设备提供电源。在具体的测量中，采用合适的电源是保证测量正确进行的必要条件。常用的电源设备有直流稳压电源、交流稳压电源、跟踪电源等。

（2）信号发生器：用于提供测量所需要各种波形的信号。如低频信号发生器、函数信号发生器和噪声信号发生器等。

（3）信号分析仪器：用于观测、分析和记录各种电量的变化，包括时域示波器、电子计数器、频率分析仪和逻辑分析仪等。

（4）网络特性测量仪器：用于测量电气网络的频率特性等。

（5）电子元器件测试仪器：用于测量各种电子元器件的各种电参数或显示元器件的特性曲线等，如电路元器件(R、L、C)测试仪、晶体管特性图示仪、集成电路测试仪等。

（6）电波特性测试仪器：用于对电波传播、电磁场强度、干扰强度等参量进行测量，如测试接收机、场强测量仪、干扰测试仪等。

2.1.2　测量系统的基本组成

测量系统是由一些功能不同的单元组成的，这些电路单元提供了由获取信号到获得被测量值所需的流程功能。从完成测量任务的角度来看，基本的测量系统大致可以分为两种，即对主动量的测量和对被动量的测量，如图 2.1 所示。

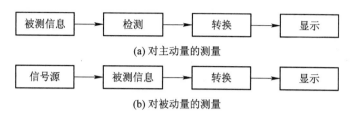

图 2.1　测量系统的组成框图

图 2.1(a)中，被测信息即为测量对象，它既可以是电信号，也可以是非电信号。在整个测量系统中，被测信号是自发的，因而是主动的。检测环节主要是针对被测信号是非电量信号，如温度、压力等，该环节主要由传感器组成，其功能是将非电量变换为有用的电量（如电压、电流）。若被测信息是电信号，则检测环节可以省略。

图 2.1(b)中，测量对象是被测网络中的某个特性参数，它只有在信号源的激励下才能产生，因而是被动的。激励信号由信号发生器提供。

转换环节用于对被测信号进行加工和转换，如放大、滤波、检波、调制与解调、阻抗变换、线性化、数模或模数转换等，使信号成为合乎需要，便于输送、显示或记录，以及可作进一步后续处理的信号。显示环节是将加工和转换后的信号变成一种能被用户理解的形式，如模拟指示、数字显示、图形等，以供用户观测和分析。

电子测量仪器的基本结构模型如图 2.2 所示。

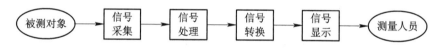

图 2.2　电子测量仪器的基本结构模型

2.1.3　电子测量仪器仪表的工作特性

工作特性是用数值、误差范围来表征的仪器仪表的测量性能，通常又称为技术指标。电子测量仪器仪表的工作特性主要分为电气工作特性和一般工作特性。如电压表，电气工作特性指量程、误差、工作频率范围、输入特性等；一般工作特性指电源、尺寸、重量、可靠性等。

（1）误差：可以用工作误差、固有误差、影响误差、稳定误差等来表示。

（2）稳定性：在工作条件恒定的情况下，在规定时间内仪器仪表保持其指示值或供给值不变的能力称为仪器仪表的稳定性。其稳定性只与时间有关。

（3）分辨力：测量仪器仪表能检测出的被测量最小变化的能力。一般来说，数字式仪器仪表的分辨力是读数装置最后一位的一个数字量，模拟式仪器仪表的分辨力是读数装置的最小刻度的一半。

（4）量程（有效范围）：仪器仪表在满足误差要求的情况下，所能测量的最大值与最小值之差，习惯上称为仪器仪表的量程。

动态范围是仪器仪表在不调整量程挡级和满足误差要求的情况下，容许被测量的最大相对变化范围。

（5）测试速率：指单位时间内仪器仪表读取被测量数值的次数。数字式仪器仪表测量速率远高于指针式仪器。

（6）可靠性：仪器仪表在规定时间内和规定条件下，满足其技术条件、规定性能的能力，它是反映产品是否耐用的一项综合性质量指标。

2.1.4 仪器仪表安全使用原则

仪器仪表安全使用原则是指在使用仪器仪表时，应充分考虑人身安全和仪器仪表、被测量电路安全，避免安全事故。一般说来，仪器仪表安全使用原则如下：

（1）安全用电原则。安全用电是仪器仪表使用首先要注意的，安全用电指不对人身、仪器仪表和被测电路造成危害的用电方式，其重点是仪器仪表的正确接地。

（2）量程裕量原则。如果被测量超出仪器仪表的量程，会给仪器仪表带来不安全因素，严重时会损坏仪器仪表，即使未造成损坏，也会导致其性能的下降。因此在使用时，仪器仪表的量程应大于被测量，但不要过大，否则会造成测量精度下降。

一般来说，在不知被测量大致值的情况下，应首先选用仪器仪表的大量程挡位，然后逐渐减小量程。

（3）降低冲击电流或瞬时高压的影响。在电源开、关的瞬间，或仪器仪表接入电路的瞬间，都会或多或少地产生冲击电流或瞬时高压，特别是在一些有电感和电容的电路中，常常会产生冲击电流或瞬时高压，瞬时电流或电压可能会对电路或仪器仪表带来危害。因此在使用时，应先分析电路，同时在接入仪器仪表时，先将电路断开，最大限度地降低冲击电流或瞬时高压的影响。

（4）仪器和被测电路安全原则。一些仪器，如稳压电源、信号发生器等，会向电路提供电源或信号，如果提供的电源或信号超出电路的承受能力，也会对电路造成危害。因此在使用这些仪器时，应先分析电路，再选择仪器合适的挡位。

在实际电路中，由于电路板的焊点或导线位置很近，测量时极易导致电路短路而损坏电路或仪器仪表，因此在仪器仪表接入电路时，应先断开电路的电源，如果电路中有大电容等储能元件，应用安全的方法将其中储存的电能放掉，再进行测量。例如，用万用表的欧姆挡测量稳压电路输入端的电阻，如果没有将滤波电容中的电荷放掉，就会导致大电流流过万用表造成万用表的损坏。

（5）正确运输和保管。仪器仪表是精密设备，要正确地运输和保管才能保证其不损坏和降低性能。一般说来，仪器仪表在运输以及移动时，应轻拿轻放，避免剧烈振动。在存放时，应保持环境低湿度，同时避免高温和低温。储存台面和放置架应有防静电措施，并且储存室和使用仪器的实验室应与避雷针的接地线有一定的距离。

2.2　数字万用表

2.2.1 概述

万用表又称复用表或多用表，是目前最常用、最普及的工具类电测仪表，利用它可完成多种测量任务。万用表有两种类型，即指针万用表（Volt-Ohm meter，VOM）和数字万用表（Digital Multi Meter，DMM）。两类仪表各具特色。

数字万用表又称数字多用表。它与指针式万用表相比，具有输入阻抗高、准确度高、电压灵敏度高、分辨力高、测量速度快、体积小、抗干扰能力强、自动化和智能化程度很高、具有完善的保护电路、测量参数多等优越性。同时，数字万用表的测量数值可用液晶显示，读数清晰，使用方便、准确，有的还具有语音提示功能。

数字万用表种类很多，但其基本原理和使用方法差异却不大。VC9800 系列仪表是一款在实验室中使用较广泛，且性能稳定，用电池驱动的高可靠性数字万用表。此系列仪表可用来测量直流电压和交流电压、直流电流和交流电流、电阻、电容、电感、二极管、三极管、温度及频率等。它是实验室、工厂、无线电爱好者，以及家庭常用的仪表工具。本教材主要介绍 VC9802A$^+$ 型数字万用表。

2.2.2　DMM 的基本结构

在 DMM 的结构中，其核心电路是由 A/D 转换器及液晶显示器组成的基本量程数字电压表。转换器的功能是将被测信号转换成直流电压后再进行测量。功能选择一般通过拨挡开关来实现，有的表可以通过电路自动切换来实现。

DMM 主要由直流数字电压表（Digital Volt Meter，DVM）和功能转换器构成，数字电压表是 DMM 的核心。DVM 由两部分构成：模拟电路部分和数字电路部分。模拟电路部分主要由 RC 滤波器、模拟开关、缓冲器、积分器和比较器构成。数字电路部分主要由振荡器、分频器、逻辑控制器、计数器、锁存器、译码器、相位驱动器和液晶显示器构成。图 2.3 所示为 VC9802A$^+$ 型 DMM 结构框图。

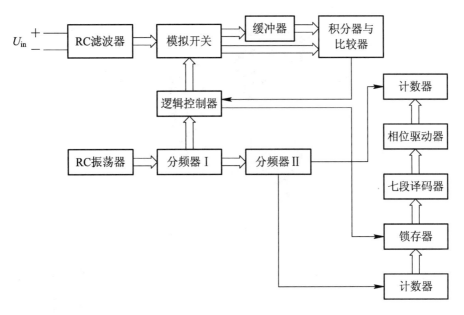

图 2.3　VC9802A$^+$ 型 DMM 结构框图

2.2.3　DMM 的技术指标

表 2.1 所示为 VC9802A$^+$ 型 DMM 技术指标。

表 2.1　VC9802A$^+$ 型数字万用表技术指标

序号	基本功能	量　　程	基本精度
1	直流电压	200 mV/2 V/20 V/200 V/1000 V	±(0.5%＋3)
2	交流电压	2 V/20 V/200 V/750 V	±(0.8%＋5)
3	直流电流	20 μA/200 μA/2 mA/20 mA/200 mA/2 A/20 A	±(1.2%＋8)
4	交流电流	200 mA/2 A/20 A	±(1.5%＋15)
5	电阻	200 Ω/2 kΩ/20 kΩ/200 kΩ/2 MΩ/200 MΩ	±(0.8%＋3)
6	电容	2000 μF	±(2.5%＋20)

2.2.4　DMM 的基本功能及使用方法

1. 面板说明

VC9802A$^+$ 型 DMM 的面板如图 2.4 所示。

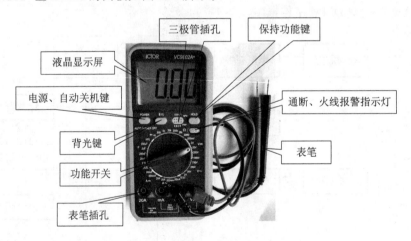

图 2.4　VC9802A$^+$ 型数字万用表的面板

具体说明如下：

（1）液晶显示屏。DMM 是依靠液晶显示屏显示数字来表明被测对象量值的大小。DMM 的显示位数有 $3\frac{1}{2}$、$3\frac{2}{3}$、$4\frac{1}{2}$ 等几种，它表示了 DMM 的最大显示量程和精度。其中，整数部分数字表示能完整显示（即能显示数字 0～9 中的任一位）的位数，分数部分的分子表示半位显示（即只能显示从零开始至该数字的整数数值）的最高显示数字，分数部分的分母表示所能显示的极限数值, 如 2000, 3000 等。VC9802A$^+$ 型 DMM 的显示位数是 $3\frac{1}{2}$ (最大显示: 1999) 和一个小数点, 极性可以自动显示, 每切换一个挡位, 小数点的位置会改变。

(2) 按键。VC9802A$^+$ 型 DMM 的面板上有两个按键, 一个是电源开关, 一个是保持按键。测量时, 按下电源开关键, 万用表内部才能接通电源。VC9802A$^+$ 型 DMM 具有自断电功能, 即按下它的电源开关键, 如果没有进行测量, 持续 3 分钟后, 即使没有人为弹起电源开关键, 万用表也能够自行断电。再进行测量时, 重新启动电源开关键。

当测量数字变化时, 按下保持键, 显示的数字保持稳定不变, 同时在显示屏的左上角, 会显示英文大写字符 "H"。

(3) 功能选择开关。功能选择开关承担了两个任务, 一个是选择测量对象; 另一个是选择测量量程。

(4) 测量插孔。面板上有两种插孔: 一种是测试表笔插孔, 如图 2.5 所示; 另一种是被测晶体管插孔, 如图 2.6 所示。

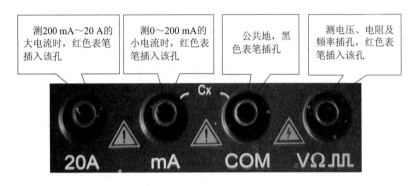

图 2.5　表笔插孔的用法图示

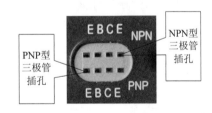

图 2.6　被测晶体管插孔的用法图

(5) 测量表笔。测量电阻、电压、电流等参数时用测量表笔来接触被测物。

2. 使用方法

(1) 电阻的测量。测量电阻的流程如图 2.7 所示。

第一步, 将红表笔插入 "VΩ" 插孔, 黑表笔插入 "COM" 插孔。

第二步, 将功能选择开关拨至 "Ω" 部适当的量程挡。若不知道电阻器的大小, 可将量程选大一些。

万用表测电阻

第三步, 将红、黑表笔线接触被测电阻的两端。(不分正负)

第四步, 根据显示的测量数字调整量程, 读取电阻值。若置于 20 MΩ 或 2 MΩ 挡, 显示值以 MΩ 为单位, 200 挡显示值以 Ω 为单位, 其余各挡显示值以 kΩ 为单位。

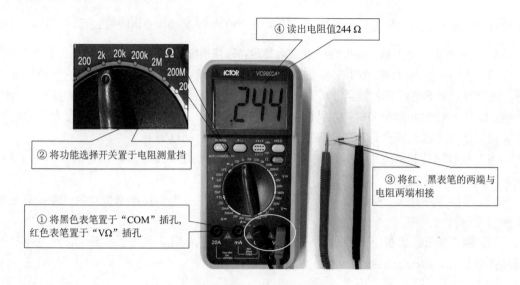

图 2.7　电阻测量流程示意图

注意事项：

① 严禁带电测量电阻，也不允许直接测量电池的内阻。

② 用低量程挡位（如 200 Ω 挡）测电阻时，为减小误差，可先将两表笔短接，测出表笔引线电阻，据此修正测量结果。

③ 用高挡位测电阻时，应手持两表笔绝缘杆，防止人体电阻并入被测电阻引起测量误差。

④ 测量电路中的电阻时，应将被测电阻其中一个引脚从电路中剥离后再进行测量。

⑤ 在测试时，若显示屏显示溢出符号"1"，表明量程选的不合适，应改换更大的量程进行测量；若显示值为"000"，表明被测电阻已经短路；若显示值为"1"（量程选择合适的情况下），表明被测电阻的阻值为∞。

（2）直流电压的测量。如图 2.8 所示，以测量电池电压为例，说明直流电压的测量步骤。

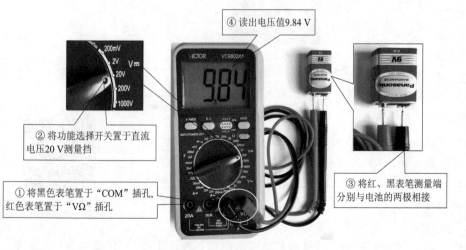

图 2.8　电池电压测量步骤流程示意图

万用表测
直流电压

第一步，将红表笔插入"VΩ"插孔，黑表笔插入"COM"插孔。

第二步，将量程开关置于"DCV"部合适的量程上。若对被测量的大小无法估计，则要将量程置于最大，以防损坏仪表。

第三步，测量时，将红表笔接被测电压的高电位处，黑表笔接被测电压的低电位处。

第四步，根据显示的测量数字调整量程，读取电压值。

（3）交流电压的测量。下面以测量市电电压的大小来说明交流电压的测量方法，测量操作流程如图 2.9 所示。

第一步，将红表笔插入"V/Ω"插孔，黑表笔插入"COM"插孔。

第二步，将量程开关置于"ACV"部或"V～"部的合适量程挡位。

第三步，将红黑表笔接在被测电压两端（交流电压无正负之分，故红、黑表笔可随意接被测电压两端）。

万用表测
交流电压

第四步，根据显示的测量数字，调整量程，读取电压值。

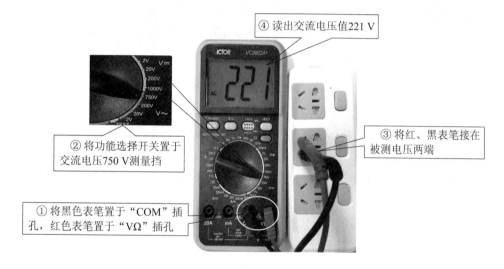

④ 读出交流电压值 221 V

② 将功能选择开关置于
交流电压 750 V 测量挡

③ 将红、黑表笔接在
被测电压两端

① 将黑色表笔置于"COM"插
孔，红色表笔置于"VΩ"插孔

图 2.9　市电电压的测量步骤流程图

注意事项：

① 测量电压时，不论是直流电，还是交流电都要选择合适的量程，当无法估计被测电压的大小时，应先选择最高量程进行测试，然后再根据情况选择合适的量程。

② 将数字万用表与被测电路并联。

③ 数字万用表具有自动转换并显示极性的功能，因此在测量直流电压时，可不必考虑表笔接法。

④ 在测量低电平信号（幅度小于 0.5 V）时，必须考虑理想的屏蔽和接地，尽量使读数不受各种杂散信号的干扰。

⑤ 在测量 1000 V 以下电压时，必须有绝缘设施，使用高压接头，并且要遵守单手操作规则。

⑥ 交、直流电压挡不可混用。若误用交流电压挡去测直流电压，或误用直流电压挡去测交流电压，将显示全零或在低位上出现跳字。

⑦ 测量交流电压时，应用黑表笔接被测电压的低电位端（如被测信号源的公共地端，

220 V 交流电源的零线端等），以消除仪表输入端对地（COM）分布电容的影响，减小测量误差。

（4）直流电流的测量。测量直流电流的操作流程如图 2.10 所示。

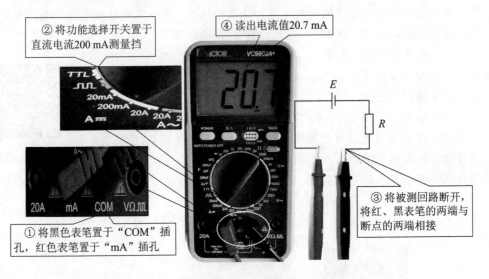

图 2.10   测量直流电流的操作流程图

第一步，将量程开关置于"A…"部分的合适量程挡位。

第二步，黑表笔置于"COM"插孔。将红表笔置于"mA"插孔，若测量 200 mA～20 A 的电流，红表笔置于"20 A"插孔。

第三步，将被测电路断开，再将红表笔置于断开位置的高电位处，黑表笔置于断开位置的低电位处。

第四步，根据显示的测量数字调整量程，读取直流电流值。

（5）交流电流的测量。图 2.11 所示为交流电流的测量流程图。

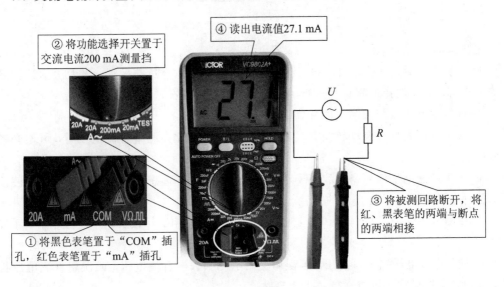

图 2.11   交流电流的测量流程图

第一步，将黑表笔置于"COM"插孔，将红表笔置于"mA"插孔。

第二步，将量程开关置于"A～ "部合适的量程档位。

第三步，将数字万用表串入被测电路。

第四步，根据显示的测量数字调整量程，读取交流电流值。

注意事项：

① 测量电流时应把数字万用表串联到被测电路中，可以不考虑表笔的极性，万用表可以显示被测电流的极性。

② 当测量电流时，如果显示屏显示溢出符号"1"，表示被测电流已大于所选量程，这时应改换更大的量程。

③ 如果被测电流大于 200 mA 时，应将红表笔插入"20 A"插孔，对于大电流挡，有的数字万用表没有设置保护电路，故测量时间应尽量时间短些，一般不要超过 15 s 为宜。当被测电流小于 200 mA 时，应选用"200 mA"挡进行检测。

④ 在测量较大电流的过程中，不能拨动量程转换开关，以免造成量程转换开关的损坏（量程转换开关在转动过程中要产生电弧）。

⑤ 如果被测电流源的内阻很低，为提高测量准确度，应选用量程较大的挡位。

万用表测二极管

（6）二极管的测量。图 2.12 所示为二极管测量操作流程图。

第一步，将黑表笔置于"COM"插孔，将红表笔置于"VΩ"插孔。

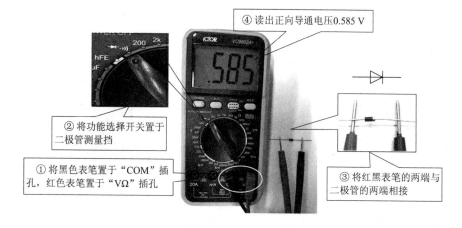

④ 读出正向导通电压0.585 V

② 将功能选择开关置于二极管测量挡

① 将黑色表笔置于"COM"插孔，红色表笔置于"VΩ"插孔

③ 将红黑表笔的两端与二极管的两端相接

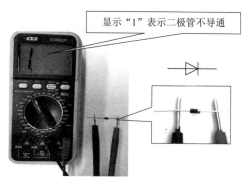

显示"1"表示二极管不导通

图 2.12　二极管测量操作示意图

第二步，将功能选择开关置于二极管检测挡，或"通断"测量挡。

第三步，将红、黑表笔的两端与二极管的两端相接触，正反向各测一次，记住两次测量时显示屏上的读数，显示为"1"，说明二极管未导通，显示为"150～800"，说明二极管导通，显示的值即为二极管的正向导通压降。此时红表笔接的是二极管的正极，黑表笔接的是二极管的负极。

第四步，根据显示的测量数字，读取二极管的正向导通压降，其单位为 V（伏特）。

注意事项：

① 由于电路的结构，测试电流仅为 1 mA，故二极管挡适宜测量小功率二极管，在测量大功率二极管时，其读数明显低于典型工作值。

② 当红表笔插入"VΩ"插孔，黑表笔插入"COM"插孔时，红表笔带正电，黑表笔带负电，与指针式万用表正好相反，使用时应特别注意。

③ 在很多实际电路中，可利用二极管挡检查电路的通断。短路则蜂鸣器发声，且屏幕上出现跳字或"0"，断路则显示"1"。

（7）三极管的测量。

图 2.13 所示以测量 NPN 型三极管为例，显示三极管插入测试插孔正确与否的两种测量结果。

第一步，将量程开关置于"hFE"挡。

第二步，将被测晶体管按要求插入相应的孔位，在晶体管的插座上对应 NPN（或 PNP）一侧有两个 E 孔，可任选其中一个。

万用表测三极管视频

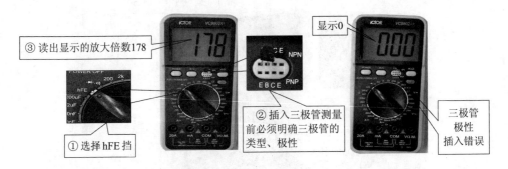

③ 读出显示的放大倍数178

① 选择 hFE 挡

② 插入三极管测量前必须明确三极管的类型、极性

显示0

三极管极性插入错误

图 2.13　三极管放大倍数的测量操作示意图

第三步，打开数字万用表的电源，此时显示屏的显示值为 h_{FE}。

注意事项：

① 测量晶体管电流放大系数时，应首先识别晶体管是 NPN 型还是 PNP 型，然后根据插座的标识，将 E、B、C 三个电极插入相应的孔位。如果其中有一项出现差错，其测量结果是无意义的。

② 应用晶体管电流放大系数"hFE"挡测试出的晶体管电流放大系数，与实际使用晶体管的电流放大系数值有一定的差异，这是因为该挡位提供的 I_B 值较小。

③ 应用晶体管电流放大系数"hFE"挡测试穿透电流较大的晶体管时，其测量结果要比用晶体管测试仪测出的典型值偏高，差值约在 20%～30% 之间，因而测得的 h_{FE} 值仅供参考。

2.3 函数信号发生器

2.3.1 概述

函数信号发生器是一种多波形信号源，能产生某种特定的周期性时间函数波形，如正弦波、方波和三角波，有的还可以产生锯齿波、矩形波（宽度和重复周期可调）、正负尖脉冲等。信号发生器应用广泛、种类繁多，按用途的不同，函数信号发生器可分为两大类，如表 2.2 所示；按性能的不同，函数信号发生器也可分为两大类，如表 2.3 所示。

表 2.2 按用途分类

按用途		说　　明
通用信号发生器	正弦信号发生器	用于产生正弦波信号
	脉冲信号发生器	用于产生数字脉冲波信号
	函数信号发生器	用于产生各种函数信号波形
	噪声信号发生器	用于产生噪声信号
专用信号发生器	电视信号发生器	用于产生电视行场信号
	编码脉冲发生器	用于产生编码脉冲信号
	频谱信号发生器	用于产生频谱信号

表 2.3 按性能分类

按性能	说　　明
高频信号发生器	主要给各种电子测量设备或其他电子设备提供高频信号，如向电桥、测量线、谐振回路、天线等供给高频信号能量，以便测试其性能。信号发生器一般具有较大的输出功率
标准信号发生器	标准信号发生器通指输出信号的频率、电压和调制系数可在一定范围内调节（有时调制系数可固定）的信号发生器。标准信号发生器的输出电压一般不大，要求能够提供足够小而准确的输出电压，以便测试接收机等高灵敏度的电子设备。因此，标准信号发生器中有精密的衰减器和精细的屏蔽设施，以防止信号的泄漏

现在比较常用的是数字合成信号发生器，它是利用频率合成技术而组成的正弦信号发生器。数字合成信号发生器使用频率合成器当作信号发生器中的主振荡器，它既有信号发生器良好的输出特性和调制特性，又有频率合成器高稳定度、高准确度的优点，同时输出的频率、电平、调制深度等均可控制，因此它是一种先进、高档的信号发生器。合成信号发生器一般都很复杂，但其核心都是频率合成器。

2.3.2　基本结构与原理

DG1000 系列 DDS 函数信号发生器采用直接数字合成技术(Direct Digital Synthesis,DDS),具有快速完成测量工作所需的高性能指标和众多的功能特性。它以一个固定的频率为参考频率,能接受外来指令,合成一个其他频率的输出,所合成的频率具有与参考频率一样的准确度和稳定度,输出频率范围由毫赫兹到数千兆赫兹。频率合成的方法一般有两种:直接合成法和间接合成法。

1. 直接合成法

近年来,由于大规模集成电路的迅速发展,制造出了成本低廉、容量较大的只读存储器及大型数/模转换器,人们能更好地采用数字处理的方式直接合成所设定的频率输出。图2.14 所示为直接合成法的电路方框图。

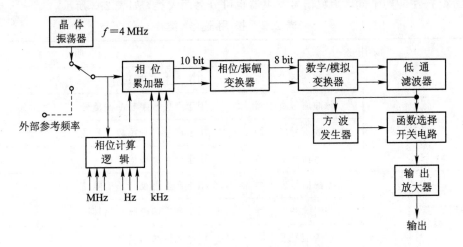

图 2.14　直接合成法的电路方框图

晶体振荡器产生一个参考时基(该时基也可以由外部供给,使其和另一台频率合成器的相位完全锁定)作为本机的取样频率,将取样频率送入相位累加器中,所设定的频率经由相位计算逻辑来控制累加器,从而输出所设定频率的相位值,此相位值用 10 bit 的数字信号来代表 0°～360°。相位/振幅变换器为一个只读存储器,函数(正弦波、三角波、锯齿波)的资料已固化在此存储器中,由相位累加器输出的相位值经由变换器找出其对应的振幅值,此值以一个 8 bit 的数字信号来表示。将此数字信号输入数字/模拟变换器变换成模拟信号;该模拟信号经过低通滤波器,将残存的取样噪声等滤掉,得到较为纯净的输出信号;将该信号经由放大器进行放大,最终输出。工作在不同波形时,从存储器中读取不同的数据。方波是由正弦波所形成的。

2. 间接合成法

间接合成法也称为锁相合成法,它通过锁相环来完成频率的合成。锁相环具有滤波的作用,其通频带可以做得很窄,且中心频率易调,又能自动跟踪输入频率,因而可以省去直接合成法中所使用的大量滤波器,具有利于简化结构、降低成本、易于集成的优点。锁相的意义是相位同步的自动控制,能够完成两个电信号相位同步的自动控制闭环系统叫做锁相环(Phase Locked Loop，PLL)。锁相环路是间接合成法的基本电路。锁相环主要由相位比较器(Phase Detector，PD)、压控振荡器(Voltage Controlled Oscillator，VCO)和低通滤波器(Low Pass Fillter，LPF)三部分组成，如图 2.15 所示。

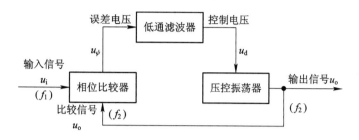

图 2.15　锁相环原理框图

压控振荡器的输出 u_o 接至相位比较器的一个输入端，其输出频率的高低由低通滤波器上建立起来的平均电压 u_d 的大小决定。施加于相位比较器另一个输入端的外部输入信号 u_i 与来自压控振荡器的输出信号 u_o 相比较，比较结果产生的误差输出电压 u_ψ 正比于 u_i 和 u_o 两个信号的相位差，经过低通滤波器滤除高频分量后，得到一个平均值电压 u_d。这个平均值电压 u_d 朝着减小压控振荡器输出频率和输入频率之差的方向变化，直至压控振荡器输出频率和输入信号频率获得一致。这时两个信号的频率相同，两相位差保持恒定(即同步)，称为相位锁定。

实际中，使用的合成信号发生器往往是由多种方案组合而成的，以解决频率覆盖、频率调节、频率跳步、频率转换时间及噪声抑制等问题。

2.3.3　技术指标

函数信号发生器具有以下技术指标。

(1) 采用 DDS，双通道输出，具有 100 M/s 的采样速率，14 bit 的垂直分辨率。

(2) 主波形输出频率为 1 μHz～25 MHz。

(3) 小信号输出幅度可达 1 mV。

(4) 脉冲波占空比分辨率高达千分之一。

(5) 数字调频、调幅分辨率高且准确。

(6) 猝发模式具有相位连续调节功能。

(7) 频率扫描输出可任意设置起点、终点频率。

(8) 相位调节分辨率达 0.1°。

(9) 调幅调制度 1%～100% 可任意设置。

(10) 具有频率测量和计数的功能。

(11) 具有第二路输出，可控制和第一路信号的相位差。

2.3.4　基本功能及使用方法

1. 面板说明

DG1000 系列 DDS 函数信号发生器的前、后面板分别如图 2.16 和图 2.17 所示。

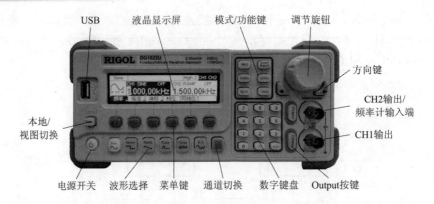

图 2.16　DG1000 系列 DDS 函数信号发生器的前面板图

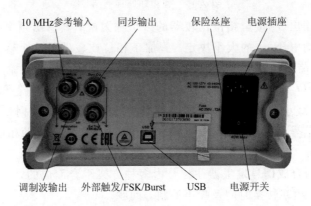

图 2.17　DG1000 系列 DDS 函数信号发生器的后面板图

2．显示说明

DG1000 系列 DDS 函数信号发生器提供了 3 种界面显示模式，并可以通过前面板"View"键切换，图 2.18、图 2.19、图 2.20 所示分别为单通道常规显示模式、单通道图形显示模式和双通道常规显示模式。

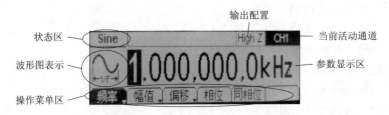

图 2.18　单通道常规显示模式

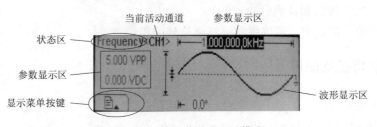

图 2.19　单通道图形显示模式

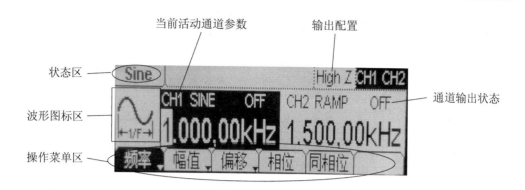

图 2.20 双通道常规显示模式

3. 使用方法

（1）波形设置。DG1000 能够设置基本波形、任意波形、调制波形、扫频波形和脉冲串波形。

函数信号
发生器使用

① 基本/任意波形设置。DG1000 可输出正弦波、方波、锯齿波、脉冲波、噪声波 5 种基本波形，内建 48 种任意波形，并提供 10 个非易失性存储位置以存储用户自定义的任意波形。

按下如图 2.21 所示仪器前面板的波形选择键，进入相应的波形设置界面，其波形不同，可设置的参数也就不同。

图 2.21 基本/任意波形选择键

例如，按"Sine"键，则在状态区会产生一个正弦波形，可以通过设置正弦波的频率/周期、幅值/高电平、偏移/低电平、相位来产生不同参数的正弦波形。图 2.22 所示，若设置频率，则选中"频率"参数对其频率数值进行设置。正弦波形其他参数的设置方法也是类似的。

图 2.22 正弦波形设置界面

其他类型波形的设置方法与正弦波形相似，此处不再赘述。表 2.4 所示列出了每种波形可设置的全部参数。

表 2.4　基本波形/任意波形可设置的参数

波形名称	可设置的参数
正弦波	频率/周期、幅值/高电平、偏移/低电平、相位
方波	频率/周期、幅值/高电平、偏移/低电平、占空比、相位
锯齿波	频率/周期、幅值/高电平、偏移/低电平、对称性、相位
脉冲波	频率/周期、幅值/高电平、偏移/低电平、脉宽/占空比、延时
噪声波	幅值/高电平、偏移/低电平
任意波	频率/周期、幅值/高电平、偏移/低电平、相位

②　调制波形的设置。DG1000 的 CH1 可输出 AM(幅度调制)、FM(频率调制)、FSK(频移键控)和 PM(相位调制)4 种调制波形。

按"Mod"键,选择需要设置的调制类型(AM/FM/FSK/PM),进入相应的设置界面。图 2.23 所示,按"Mod"键→类型→AM,进入幅度调制波形设置界面,通过设置参数 Srclnt(内调制)、Depth(深度)、AMFreq(频率)、Shape(调制波)得到不同的 AM 调制波形。

图 2.23　AM 调制波形设置界面

按"View"键可将图 2.23 切换至图形显示界面。其他调制波设置方法与此相似,表 2.5 所示列出了每种调制波可设置的全部参数。

表 2.5　调制波形可设置的参数

波形名称	可设置的参数波形名称
AM 调制波	类型(AM)、内调制(深度、频率、调制波)/外调制
FM 调制波	类型(FM)、内调制(频偏、频率、调制波)/外调制(频偏)
FSK 调制波	类型(FSK)、内调制(跳频、速率)/外调制(跳频)
PM 调制波	类型(PM)、内调制(相移、频率、调制波)/外调制(相移)

③　扫频波形的设置。DG1000 的 CH1 在扫频模式下,可在指定扫描时间内从开始频率到终止频率输出扫频波形。能够用于扫频的波形包括:正弦波、方波、锯齿波或任意波形

（除 DC），不允许扫描脉冲和噪声。

　　按"Sweep"键进入扫频波形设置界面，如图 2.24 所示。可设置的参数有：线性/对数（Linear）、开始/中心（Start）、终止/范围（Stop）、时间（Time）和触发（Trigger）。

图 2.24　扫频波形设置界面

　　④ 脉冲串波形的设置。DG1000 的 CH1 在脉冲串模式下，可输出多种波形的脉冲串。图 2.25 所示，按"Burst"键进入脉冲串波形设置界面，可设置循环数（Cycles）、相位（Phase）、周期（Period）、延迟（Delay）、触发（Trigger）等参数。

图 2.25　脉冲串波形设置界面

　　（2）参数输入。参数输入可通过如图 2.26 和图 2.27 所示仪器前面板的左、右方位键和旋钮及数字键完成。

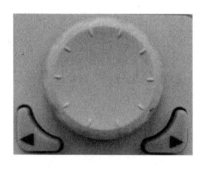

图 2.26　方向键和旋钮

图 2.27　数字键

　　① 数字键输入。一个项目选中以后，可以用数字键输入该项目的参数值。10 个数字键用于输入数据，输入方式为自左至右移位写入。数据中可以带有小数点，如果一次数据输入中有多个小数点，则只有第一个小数点有效。在使用"偏移"功能时，可以输入符号。使用数字键只是把数字写入显示区，数据并没有生效，数据输入完后，必须通过菜单键选择相应的单位作为结束，这时输入数据才能生效。数据的输入可以使用小数点和单位搭配，仪器都会按照固定的单位格式将数据显示出来，如图 2.28 所示，输入 10 再选择 kHz，数据生效后会显示 10.000 000 kHz。

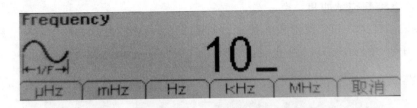

图 2.28　频率参数输入

　　② 旋钮调节。实际应用中，有时需要对信号进行连续调节，这时可以使用数字调节旋钮。调节旋钮可以对信号进行连续调节。按左、右方位键使当前闪烁数字左移和右移，这时顺时针转动旋钮，可使正在闪烁的数字连续加 1，并能向高位进位；逆时针转动旋钮，可使正在闪烁的数字连续减 1，并能向高位借位。使用旋钮输入数据时，数字改变后立即生效，不用再按单位菜单。闪烁的数字向左移动，可以对数据进行粗调；向右移动，可以对数据进行细调。当不需要使用旋钮时，可以用左、右方位键使闪烁的数字消失，这时旋钮的转动就不再生效了。

　　③ 输入方式的选择。对于已知的数据，使用数字键输入最为方便，而且不管数据变化多大都能一次到位，中间没有过渡性数据的产生。对于已经输入的数据进行局部修改，或者需要输入连续改变的数据进行观测时，使用调节旋钮最为方便。用户可以根据不同的应用要求灵活选择。

　　（3）输出设置。仪器前面板右侧的两个黄色按键用于通道输出以及频率计输入控制，如图 2.29 所示。

　　使用同轴电缆（Bayonet-Neill-Concelman，BNC）将图 2.29 所示连接器与外部设备相连，按下所连通道连接器左侧的"Output"键，启动通道输出。此时，"Output"键灯点亮，用户界面中相应通道显示"ON"标志。再次按下"Output"键关闭输出。

图 2.29　通道/频率计连接器

2.4　数字存储示波器

2.4.1　概述

　　数字存储示波器将成为现代示波器的主流仪器，数字存储示波器的前端电路与模拟示波器基本相同，包括探头、耦合方式、衰减、放大、位置调节等，但后续电路的区别极大。其主要特点如表 2.6 所示。

表 2.6 数字存储示波器的特点

特　点	说　明
使用字符显示测量结果	用面板上的调节旋钮控制光标的位置,在屏幕上直接用字符显示光标处的测量值,因此,可避免人工读数产生的误差
可以长期存储波形	如果将参考波形存入一个通道,另一个通道用来观测检查的信号,可方便地进行波形比较;对于单次瞬变信号或缓慢变化的信号,只要设置好触发源和取样速度,就能自动捕捉信号并存入存储器,便于在需要时观测
可以进行预延迟	当采用预延迟时,不仅能观察到触发点以后的波形,也能观察到触发点以前的波形
有多种显示方式	如"自动抹迹"方式,每加一次触发脉冲,屏幕上原来的波形就更新为新波形,如放幻灯片一样,又如"卷动"方式,此方法用于观察缓变信号,当被测信号更换后,屏幕上显示的原波形将从左至右逐点变化为新波形
便于进行数据处理	例如,把数据取对数后再经 D/A(数字/模拟)变换显示,此时屏幕上显示的是对数坐标上的图形
便于程控	可用多种方式输出。通过适当的接口,可以接受程序控制,又可以与绘图仪、打印机等连接

数字存储示波器采用数字电路,将输入信号先经过 A/D 变换器,将模拟波形变换成数字信息存储于数字存储器中,需要显示时,再从存储器中读出(数字信息显示在液晶屏上)。

2.4.2　基本结构与原理

数字存储示波器由 Y 轴放大器、A/D 转换器、RAM(存储单元)、时钟发生器、分频器、微处理器、接口逻辑单元、触发放大器、电源等部分组成,如图 2.30 所示。

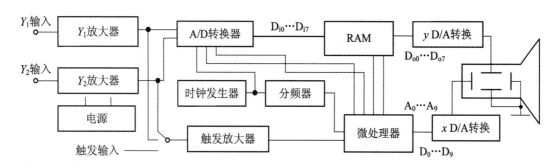

图 2.30　数字存储示波器原理框图

被测信号输入仪器后，首先将放大的模拟信号转换为数字信号。一般地，波形愈复杂的信号要求的取样速率就愈高。对于单次信号，要求 $f_0 \geqslant (4-10)f_x$。步进系统在触发信号的作用下产生步进脉冲，一方面启动取样门，对被测信号进行取样和 A/D 变换即量化，如图 2.31 所示；一方面启动 CPU，于是 CPU 指定一个寄存器作为地址计数器，在初始化期间存放了首址。CPU 工作后，地址计数器向 RAM 送出地址，将变换后的数字信号存入指定的单元。每写入一个数据，地址计数器则加 1，并将地址数送至 X 轴的 I/O 口，经 D/A 变换后产生阶梯波信号。当需要即时显示时，该信号能作为 X 轴扫描用的阶梯信号，送至 X 轴偏转系统以作扫描之用。同时该信号还被送至步进系统，产生新的步进脉冲，作为产生一次新的数据写入循环，用在取样、存储过程中，地址计数器将写地址顺序递增，并送往 RAM，以确保每组数据写入相应的存储单元中去，直至写完一个页面为止。图 2.32 所示就是 RAM 的写过程。地址计数器用于循环计数。它的最大计数值恰好等于 RAM 的一个页面的存储容量；相当于 X 轴扫描一行所需的数据，以上所述过程为顺序取样方式。

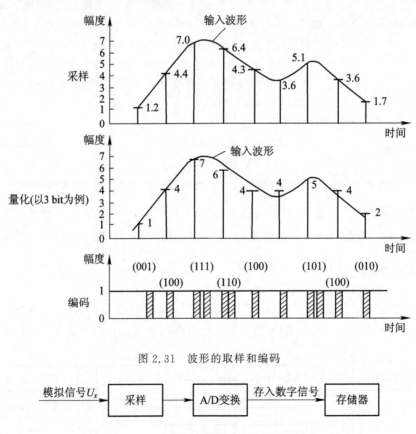

图 2.31　波形的取样和编码

图 2.32　RAM 写过程

2.4.3　技术指标

数字存储示波器与波形显示部分有关的技术指标与模拟示波器相似，与波形存储有关的主要技术指标如表 2.7 所示。

表 2.7　与波形存储有关的主要技术指标

指标概念	指标说明
最高取样速率	单位时间内取样的次数,用每秒钟完成的 A/D 转换的最高次数来衡量。常以频率 f_s 来表示。实时取样速率 $f = \dfrac{N}{t/\text{DIV}}$ 中,N 为每格的取样数;t/DIV 为扫描一格所用的时间即扫描时间因数
存储带宽(B)	与取样速率 f_s 密切相关。根据取样定理,如果取样速率大于或等于信号频率的 2 倍,便可重现原信号。实际上,为保证显示波形的分辨率,往往要求增加更多的取样点,一般取 $N = 4 \sim 10$ 或更多,即存储带宽 $B = \dfrac{f_s}{N}$
分辨率	示波器能分辨的最小电压增量,即量化的最小单元。其包括垂直分辨率(电压分辨率)和水平分辨率(时间分辨率)。垂直分辨率与 A/D 转换器的分辨率相对应,常以屏幕每格的分级数(级/DIV)或百分数来表示。水平分辨率由存储器的容量决定,常以屏幕每格含多少个取样点或用百分数来表示
存储容量	由采集存储器(主存储器)的最大存储容量来表示,常以字节为单位
读出速度	将数据从存储器中读出的速度,常用"时间/DIV"来表示

2.4.4　基本功能及使用方法

本书主要介绍 RIGOL DS1062C 型数字存储示波器。DS1062C 型数字存储示波器是小型、轻便式的两通道台式仪器,可以以地电压为参考进行测量,主要用来观察与测量电路中的各种波形。其具体用途为观察电路能否正常工作,测量波形的有效值、平均值、峰-峰值、上升时间、下降时间、频率、周期、正频宽、负频宽等,因此其在生产、实验和科研工作中使用广泛。

1.面板介绍

RIGOL DS1062C 型数字存储示波器的面板如图 2.33 所示,液晶显示屏显示界面如图 2.34 所示。

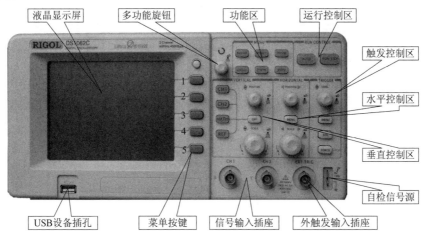

图 2.33　RIGOL DS1062C 型数字存储示波器的面板

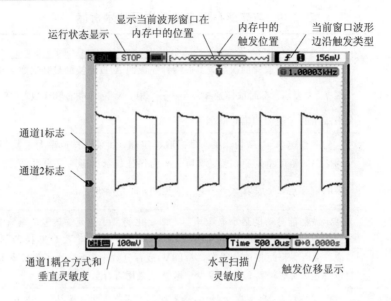

图 2.34　液晶显示屏显示界面

前面板的显示按功能可分为显示区（液晶显示屏）、垂直控制区、水平控制区、触发控制区、功能区、运行控制区六个部分。另有 5 个菜单按钮，3 个输入连接端口。下面将分别说明示波器面板上各部分常用主要控制按钮（按键）的作用、功能，以及屏幕上显示的信息。

1）垂直控制区

（1）垂直旋钮"Position"：调整信号在波形窗口中的位置。

（2）垂直旋钮"Scale"：改变"Volt/div"（伏/格）垂直挡位，状态栏对应通道的挡位显示也会发生相应的变化。

（3）"CH1""CH2""MATH""REF"：屏幕显示对应通道的操作菜单、标志、波形和挡位状态信息，按"OFF"按键可关闭当前选择的通道。

（4）通道耦合方式"DC"：测量信号的直流分量。

（5）通道耦合方式"AC"：滤除信号中的直流分量。

2）水平控制区

（1）水平旋钮"Scale"：改变"s/div"（秒/格）水平挡位，状态栏对应通道的挡位显示也会发生相应的变化。

（2）"Position"旋钮：调整信号在波形窗口的水平位置。

（3）"Menu"按钮：显示 TIME 菜单，在此菜单下，可以开启/关闭延迟扫描或切换 Y-T、X-Y 和 ROLL 模式，还可以设置水平触发位移复位。

3）触发控制区

（1）"Level"旋钮：改变触发电平设置，使波形稳定。

（2）"50%"按钮：设定触发电平在触发信号幅值的垂直中点。

（3）"Force"按钮：强制产生一个触发信号，主要应用于触发方式中的"普通"和"单次"模式。

4）功能区

（1）"Acquire"：采样功能键，通过菜单控制按钮调整采样方式。

（2）"Display"：显示系统的功能按键，通过菜单控制按钮调整显示方式。

（3）"Storage"：存储系统的功能按键。

（4）"Utility"：辅助系统功能按键。

（5）"Measure"：自动测量功能键，系统显示自动测量操作菜单。

（6）"Cursor"：光标测量功能按键，光标测量分为 3 种模式，即手动方式、追踪方式、自动测量方式（此种方式在未选择任何自动测量参数时无效）。

5）运行控制区

（1）"AUTO"：自动设置按键，示波器自动设置参数和测量信号。

（2）"Run/Stop"：运行/停止按键，示波器运行和停止波形采样。

6）其他按键

（1）"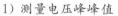"：多功能旋钮，用于参数设置的确定。

（2）菜单按键：从上往下依次标注为"1""2""3""4""5"。功能区不同功能按键对应的 5 个菜单按键的功能不同。如在 Measure 功能时分别对应"信源选择""电压测量选择""时间测量选择""测量显示选择""全部测量开关"等选择功能。

2. 使用方法

利用数字存储示波器可以进行多种测量，这里只给出实验时常用的几个典型的有关电压、时间等测量的实例，以供参考。

数字示波器使用

1）测量电压峰峰值

测量电压峰峰值与测量电压有效值类似，其操作步骤如下：

第一步，显示测试信号。将通道 CH1 的探头和接地线连接到电路被测点，按下"AUTO"按键。示波器将自动设置使波形显示达到最佳状态。

第二步，信源选择。按下"Measure"按键以显示自动测量菜单，系统默认信源选择为 CH1，按下"1"号菜单操作键，信源在 CH1 和 CH2 之间切换。

第三步，按下"2"号菜单键，将测量类型选择为"电压测量"。

第四步，在电压测量弹出菜单中选择测量参数为"峰峰值"，此时在示波器屏幕下方显示被测电压峰峰值。最终测量菜单、数据及波形的屏幕显示界面如图 2.35 所示。

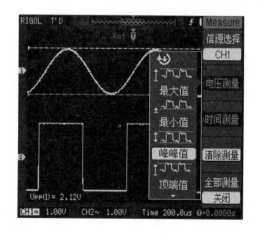

图 2.35　被测电压峰峰值测量

2）测量信号周期

测量信号周期与测量信号频率类似，其操作步骤如下：

第一步，显示测试信号。将通道 CH2 的探头和接地线连接到电路被测点，按下"AUTO"按键。示波器将自动设置使波形显示达到最佳状态。

第二步，信源选择。按下"Measure"按键以显示自动测量菜单，系统默认信源选择为"CH1"，按下"1"号菜单操作键，信源在 CH1 和 CH2 之间切换。

第三步，按下"3"号菜单键，将测量类型选择为"时间测量"。

第四步，在时间测量弹出菜单中选择测量参数为"周期"，此时在示波器屏幕下方显示被测信号周期值。最终测量菜单、数据及波形的屏幕显示界面如图 2.36 所示。

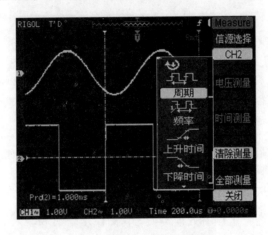

图 2.36　被测信号周期测量

3）应用光标测量

RIGOL DS 1062C 型数字存储示波器可以自动测量 20 种波形参数，这些参数可以通过光标法进行测量。下面以测试 CH1、CH2 两个通道正弦波的相位差为例，说明如何使用光标法对波形进行测量。

第一步，显示测试信号。将通道 CH1、CH2 的探头和接地线连接到电路被测点，按下"AUTO"按键，示波器将同时显示两个通道的波形。

第二步，按下"Cursor"按键以显示光标测量菜单。

第三步，按下"1"号菜单键，将光标模式设置为"追踪"。

第四步，按下"2"号菜单键，将光标 A 设置为"CH1"。此时"CurA"（光标 A）处于选中状态且在示波器屏幕上出现白色光标迹线。

第五步，旋动多功能旋钮"$\circlearrowleft$"，将光标 A 置于 CH1 波形的第一个波峰处，然后按下多功能旋钮以固定光标 A。

第六步，按下"3"号菜单键，将光标 B 设置为"CH2"。此时"CurB"（光标 B）处于选中状态且在示波器屏幕上出现黄色光标迹线。

第七步，旋动多功能旋钮"$\circlearrowleft$"，将光标 B 置于 CH2 波形的第一个波峰处，然后按下多功能旋钮以固定光标 B。此时在示波器屏幕右上角出现各种测试数据，可以根据 $|\Delta X| = 18.40\ \mu s$ 求解两波形的相位差。最终测量菜单、数据及波形的屏幕显示界面如图 2.37 所示。

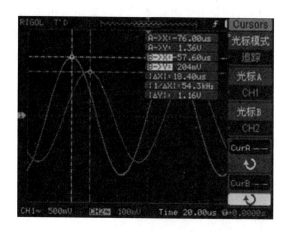

图 2.37　光标测量图

注意事项：

（1）为提高波形稳定性及减少毛刺，测试电缆的地线与被测电路的接地端应可靠连接。

（2）在进行测试时，若所测数据为实际电压的 10 倍或十分之一，应检查示波器探头线（探头线指的是示波器电缆线探头）上开关设定。

（3）测试时，应根据实际测试信号的类型合理地选择耦合方式。

2.5　交流毫伏表

2.5.1　概述

交流毫伏表是一种用于测量正弦交流电压有效值的电子仪表，按照电路所用元器件的不同，交流毫伏表分为电子管毫伏表、晶体管毫伏表和集成电路毫伏表三种。交流毫伏表的主要特点如表 2.8 所示。

表 2.8　交流毫伏表的特点

序　号	特　点	说　　　明
1	灵敏度高	灵敏度反映了毫伏表测量微弱信号的能力。灵敏度越高，测量微弱信号的能力就越强，一般毫伏表都能测量低至毫伏级的电压
2	测量频率范围宽	按适用的频率范围不同，毫伏表大致可分为低频毫伏表、高频（超高频）毫伏表（测频范围为几千赫兹至几百兆赫兹）和视频毫伏表（测频范围为几兹至几兆赫兹）
3	输入阻抗高	毫伏表是一种交流电压表，测量时与被测电路并联，输入阻抗越高，对被测电路的影响就越小，测得结果就越接近被测交流电压的实际值。一般毫伏表的输入阻抗可达几百千欧甚至几兆欧

一般交流毫伏表为模拟指针式电子电压表，它通常用磁电系电流表作为指示器，由于磁电系电流表只能测量直流电流，且灵敏度远远不能适应电子技术中对高输入阻抗及微弱电压测量的要求，因此要利用各种形式的电子变换器，把被测的交流信号变换成直流信号，把输入的微弱电压变换成能用磁电系电流表进行测量的低输入阻抗的电流。本书主要介绍TH2172型交流毫伏表。

2.5.2　基本结构与原理

TH2172型交流毫伏表是高精度单指针电表，该仪表具有测量电压的频率范围宽、灵敏度高、噪声小、测量误差小、输入阻抗高等特点。它主要用于测量频率为 5 Hz～2 MHz，电压为 100 μV～300 V 的正弦波电压有效值和电平为 -60～$+50$ dB 的电平值。本仪表采用低噪声、宽频带放大器，具有交流电压输出功能和输入端保护功能，换量程不需调零，仪表使用方便。本仪表电路系统原理框图如图 2.38 所示。

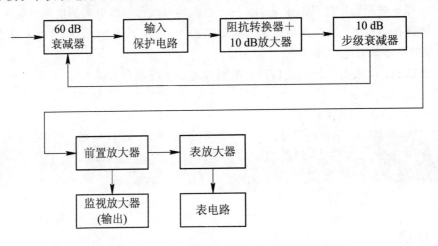

图 2.38　TH2172 型交流毫伏表电路系统原理框图

TH2172 型交流毫伏表由 60 dB 衰减器、输入保护电路、阻抗转换器＋10 dB 放大器、10 dB 步级衰减器、前置放大器、表放大器、表电路、监视放大器和稳压电源电路组成。其中，输入保护电路由两只晶体管组成钳位电路，保证后级电路不受过载电压冲击。阻抗转换器和衰减器用来提高仪表的输入阻抗和灵敏度，前置放大器、表放大器和表电路构成深反馈电路，组成低噪声、宽频带、线性化的放大电路，以获得宽量限测量范围，放大后的信号经表电路全波整流后送磁电式电流表指示。监视放大器取出前置放大器的一部分信号并加以放大，得到 1 V 的有效值电压在输出端输出，输出端连接示波器可用来作为被测量信号波形的监视器，也可作为示波器的前置放大器。

2.5.3　技术指标

(1) 交流电压测量范围：100 μV～300 V，分 12 挡量程，即 1 mV、3 mV、10 mV、30 mV、100 mV、300 mV、1 V、3 V、10 V、30 V、100 V、300 V。

（2）电平测量范围：-60～+50 dB，采用两种 dB 刻度（0 dBm=1 V，0 dB=0.775 V），分 12 挡量程，即-60 dB、-50 dB、-40 dB、-30 dB、-20 dB、-10 dB、0 dB、+10 dB、+20 dB、+30 dB、+40 dB、+50 dB。

（3）电压固有误差：满刻度的±2%（以 1 kHz 为基准）。

（4）频率影响误差：5 Hz～2 MHz，±10%；10 Hz～500 kHz，±5%；20 Hz～100 kHz，±2%。

（5）输入阻抗：

输入电阻：1～300 mV，8 MΩ ±10%；1～300 V，10 MΩ ±10%。

输入电容：1～100 mV，小于 45 pF；1～300 V，小于 30 pF。

（6）最大输入电压：AC 电压峰值+DC 电压为 600 V。

（7）噪声：输入短路时小于 2%（满刻度）。

2.5.4　基本功能及使用方法

1. 面板说明

TH2172 型交流毫伏表的面板主要由显示表头、机械调零旋钮、指示灯、电源开关、量程旋钮、输入插孔、输出插孔组成，面板实物图如图 2.39 所示。

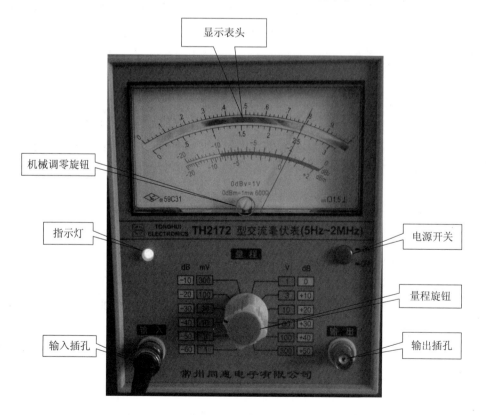

图 2.39　TH2172 型交流毫伏表面板图

（1）显示表头：该表面上分别有四条刻度线，即 0～1，0～3，−20～0，−20～＋2，使用较多的是 0～1，0～3，−20～0 这三条刻度线。上面两行是直接的电压刻度，分别为 0～1 和 0～3，具体的读数数值应结合相应的电压量程判定；下面两行是分贝读数，也应结合相应量程才能得到具体的分贝数值。

（2）机械调零旋钮：在断电状态，指针应指在"0"位，倘若有偏差，可用绝缘起子调整该旋钮使指针指向"0"位。

（3）指示灯：电源开关打开时，该指示灯亮，表示该仪表已接通电源。

（4）电源开关：整机电源开关。

（5）量程旋钮：电压量程为 1 mV～300 V，电平量程为 −60～＋50 dB。

（6）输入插孔：输入被测信号。

（7）输出插孔：当仪表满刻度指示"1.0"时，无论量程开关在什么位置，本仪表作为一个放大器放大输入信号，不接负载的情况下在输出端能得到 1 V 电压输出。

2．使用方法

（1）使用前准备工作。其具体步骤如下：

第一步，调零。仪表开机前，检查电表指针是否在"0"位，若不在，用绝缘起子调节机械调零旋钮使指针指示"0"位。

交流毫
伏表使用

第二步，预置量程。由于毫伏表的灵敏度非常高，在开机的一瞬间，冲击电流较大，应先把量程转换开关置于最大的 300 V 量程上。

第三步，接入测试电缆。将测试电缆端子插入仪表输入端子，向右旋转扣紧端子。

第四步，短接测试电缆的红黑夹子，并打开电源开关。

（2）测量步骤。用 TH2172 型交流毫伏表测量电压幅值的具体操作步骤如下：

第一步，设置量程开关。根据被测电压大小来选择毫伏表的量程，测量时观看表针指示区域适当调整量程。为提高测量精度，应在指针大于满刻度的 2/3 又小于满刻度时读出电压示值。

第二步，测量。用测试电缆将被测信号加到输入端，测试电缆为开路电缆，其中黑色接线夹为屏蔽层，同时也是毫伏表的接地线，连接测试电缆时，应先将黑色接线夹接入电路地，然后将红色接线夹接到测试点。

第三步，读数。电压刻度线有两条：若电压量程旋钮置于"1"字开头的各挡，则在第一条刻度线上读数；若量程开关置于"3"字开头的各挡，则在第二条刻度线上读数，并乘以合适的倍率，所得电压为有效值。电压读数方法如图 2.40 所示。

第四步，拆线。测量完毕，将毫伏表的量程置于最大，拆下测试电缆。与接测试电缆过程相反，应先拆下红色接线夹，再拆下黑色接线夹。

注意事项：

（1）开机时，指针不规则的摆动是正常现象，不要旋转量程旋钮，不要重复开关电源。

选择第一排刻度线，读数约为 8 mV

量程旋钮在 10 mV 挡

图 2.40　电压读数方法图

（2）在进行测试时，切勿用低量程挡测量高电压，否则将损坏仪表。

（3）注意仪表的测试频率和电压范围。在测量未知的较大电压时，应检查量程开关是否置于最大挡，再根据指针偏转情况选择合适的量程。

第3章 验证性实验

3.1 线性电路特性研究

一、实验目的

(1) 熟练掌握数字万用表的用法。

(2) 验证线性电路中的叠加原理、戴维南定理,加深对其的理解。

(3) 学习线性含源二端网络等效参数的测量方法。

二、预习要求

(1) 预习叠加原理、戴维南定理。

(2) 了解实验箱中叠加原理、戴维南定理实验电路图,以及电路图中各开关旋钮的作用。

(3) 掌握万用表的用法,以及数字万用表测量电压、电流、电阻的方法。

三、实验原理

1. 叠加原理

在任何线性电路中,当有多个独立源作用时,每个元器件上的电流或电压等于各独立源单独作用时,在该元器件上产生的电流或电压的代数和。

2. 戴维南定理

任何一个线性含源二端网络,就其外部特性来看,都可以用一个电压源与一个电阻串联的支路来代替,如图 3.1 所示。

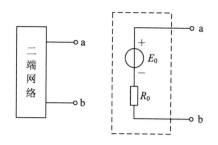

图 3.1　戴维南定理

3. 线性含源二端网络等效参数的测量方法

线性含源二端网络等效参数就是与它等效的电压源或电流源的基本构成参数,包括开路电压、短路电流以及内阻值。

1) 开路电压 U_{OC} 的测量方法

如图 3.2 所示,直接测量网络 a、b 端的开路电压,即为 $U_{OC}(E_0)$。

2) 短路电流 I_{SC} 的测量方法

如图 3.2 所示,电流表直接串接在 a、b 间,所测得的电流即为 I_{SC}。

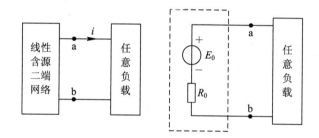

图 3.2　开路电压及短路电流的测量

3) 等效参数 R_0 的测量方法

(1) 直接测量法测 R_0。若已知网络结构,可将线性含源二端网络中的所有独立源置零,然后测其端口的等效电阻(R_0)。

注意:独立源置零就是指独立电压源短路、独立电流源开路,但受控源必须保留。

(2) 开路短路法测 R_0。如图 3.2 所示,测出 a、b 端口的开路电压 U_{OC} 和短路电流 I_{SC},则 $R_0 = \dfrac{U_{OC}}{I_{SC}}$。此方法存在局限性,对不允许将外部电路直接短路或开路的网络,不能使用此方法。

(3) 用组合测量法测 R_0。如图 3.3 所示,测出 U_{OC} 后,在 a、b 端口接一个已知负载 R_L,测出 R_L 两端的电压,则有

$$U_{R_L} = \left(\frac{U_{OC}}{R_0 + R_L}\right) \times R_L$$

$$R_0 = \left(\frac{U_{OC}}{U_{R_L}} - 1\right) \times R_L$$

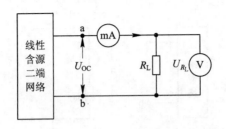

图 3.3　组合测量法测量 R_0

此种方法克服了前两种方法的缺点和局限性,在实际工程测量中常被采用。后续的课程学习中也会涉及。如模拟电子技术部分实验中,测量放大电路输出电阻时就采用了此方法。

四、实验设备

本次实验所需实验设备如表 3.1 所示。

表 3.1　实验设备

序　号	设备名称	型号规格	数　量
1	直流稳压电源	+6 V、12 V 切换	1
2	可调直流稳压电源	0~30 V	1
3	直流数字电压表	—	1
4	直流数字毫安表	—	1
5	可调直流恒流源	0~200 mA	1
6	电位器	1 kΩ/1 W	1
7	叠加原理实验模块	—	1
8	电工电子综合实验装置	—	1
9	万用表	—	1

五、实验内容

(1) 验证叠加原理。

(2) 测量线性含源二端网络等效参数 E_0(开路电压 U_{OC})。

(3) 测量线性含源二端网络等效参数 R_0(分别用直接法、开路短路法、组合法三种方法测量)。

(4) 验证戴维南定理。

六、实验步骤

1. 叠加原理

按图 3.4 所示连接好电路。$U_1 = 12$ V,$U_2 = 6$ V,测量各支路电流和电压。实验数据记录在表 3.2 中。根据实验数据分析并验证叠加原理。

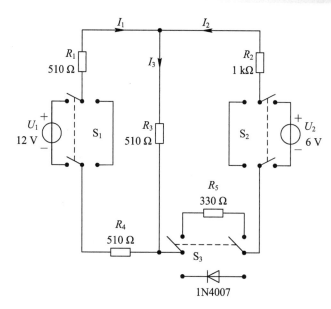

图 3.4　叠加原理电路实验电路

叠加原理实验

（1）连接并调节直流数显稳压电源，使 $U_1 = 12$ V，$U_2 = 6$ V，并将开关 S_3 投向 R_5 一侧。

（2）U_1 电源单独作用时（将开关 S_1、S_2 均投向左侧），用直流数字毫安表和直流数字电压表测量各支路电流及各电阻元件两端电压，数据记录在表 3.2 中。

表 3.2　叠加原理数据表格

实验内容	测 量 项 目							
	I_1/mA	I_2/mA	I_3/mA	U_{R_1}/V	U_{R_2}/V	U_{R_3}/V	U_{R_4}/V	U_{R_5}/V
U_1 单独作用								
U_2 单独作用								
U_1、U_2 共同作用								

（3）U_2 电源单独作用时（将开关 S_1、S_2 均投向右侧），重复步骤（2）的测量过程并记录数据。

（4）U_1 和 U_2 共同作用时（开关 S_1 和 S_2 分别投向 U_1 和 U_2 一侧），重复上述测量过程并记录数据。

（5）验证叠加原理。

2. 戴维南定理

1）测量等效参数 E_0

实验电路如图 3.5 所示，断开 a、b 两点，测量 a、b 两点开路电压 U_{OC}，则 $E_0 = U_{OC}$。

戴维南定理实验

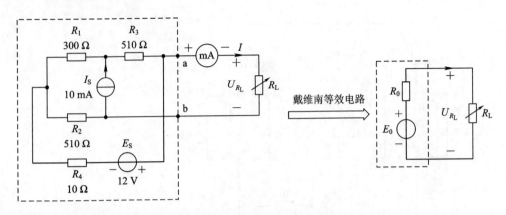

图 3.5　戴维南定理实验电路图

2）测量等效参数 R_0

（1）直接法。断开 a、b 两点，独立源全置零（先去掉电路内部电压源、电流源与外接稳压源、恒流源的连线，然后用导线短接电路中独立电压源的两个插口，或断开独立电流源的两个插口），用数字万用表测量 R_{ab}，则 $R_0 = R_{ab}$。

（2）开路短路法。测出 a、b 端口的开路电压 U_{OC} 和短路电流 I_{SC}，则

$$R_0 = \frac{U_{OC}}{I_{SC}}$$

（3）组合测量法。测量负载电阻 R_L 两端的电压 U_{R_L}。断开 R_L 支路，测量开路电压 U_{OC}，将数据代入下面的公式中计算得出 R_0 的值。

$$U_{R_L} = \left(\frac{U_{OC}}{R_0 + R_L}\right) \times R_L$$

$$R_0 = \left(\frac{U_{OC}}{U_{R_L}} - 1\right) \times R_L$$

3）验证戴维南定理

（1）用所测参数 R_0、U_{OC} 的值设置图 3.5 中戴维南等效电路。用一只 1 kΩ 的电位器，将其阻值调整到等效电阻 R_0 的值，直流稳压电源输出调到等效参数 E_0 的值，将 R_0、E_0 和 R_L 串联，分别测量负载 $R_L = 1$ kΩ、2 kΩ、3 kΩ 时其两端的电压 U_{R_L}。

（2）在原电路中接入同一负载 R_L，分别测量负载 $R_L = 1$ kΩ、2 kΩ、3 kΩ 时其两端的电压 U_{R_L}，比较两种电路中相同数值负载的电压 U_{R_L} 是否相等，进而对戴维南定理进行验证。

注意：改接电路时要断开电路的电源，不能带电操作。

七、知识拓展

1. 最大功率传输定理

如图 3.6 所示电路，$U = 6$ V，$R_0 = 1$ kΩ，自行设计实验步骤。测出 R_L 为何值时电路可获得最大功率，电路的效率为多少？

一个线性含源二端网络，当所接负载等于其等效内阻时，负载

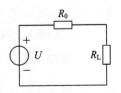

图 3.6　最大功率传输
定理电路图

获得最大功率，条件是含源二端网络必须是固定的。当负载获得最大功率时，电路效率通常并不高，一般等于 50％。

2. 简单故障的排除

电路中一般常见的简单故障有：导线开路、元器件短路或开路以及接触不良等。排除故障的方法有很多，本实验只需用万用表的欧姆挡和电压挡来检测。欧姆挡可检测单个元件和连接导线的完好，电压挡可以检测电路中电位的变化情况。用图 3.7 所示线路练习简单故障的排除。

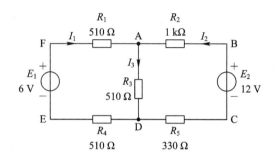

图 3.7 　简单故障的排除

八、思考题

（1）戴维南定理验证实验中，R_0 的测试方法有哪些？当线性网络中电压源内阻较大时，能否用第一种方法求等效内阻 R_0？

（2）戴维南定理验证实验中，实验台 0～12 V 电压源已用导线连接至实验电路中 12 V 独立源插孔，现在要用直接测试法测定 R_0，那么实验电路中 12 V 独立源如何处理才正确？

（3）叠加原理、戴维南定理在什么条件下可以应用？

九、实验报告

（1）测量、记录并计算数据，分析实验结果，得出结论。

（2）说明戴维南定理的验证方法和过程。

3.2　受控源特性实验研究

一、实验目的

（1）掌握 CCVS、VCCS 两种受控源受控特性的测试方法，并确定相应的控制系数。

（2）测绘受控源负载特性，加深对受控源的认识。

二、预习要求

（1）预习受控源的内容。

（2）了解电工实验台受控源实验电路图以及电路图中各开关的作用。

（3）熟悉三用表的使用。

三、实验原理

受控源是用来表示在电子器件（如晶体管、集成电路等）中发生的物理现象的一种模型，它反映了电路中某处的电压或电流能够控制另一处的电压或电流的关系，其电路符号用菱形表示。

受控源具有电源特性，它同独立源一样对外能提供电压和电流，所以它是有源器件；但受控源对外提供的能量并非取自控制量，也非受控源内部产生，而是取自外加电源，因此受控源实际是一种能量转换装置，它能将直流电能转换成按控制量变化的输出量。因为受控源有输入和输出之分，因而又称双口元件。输入量为控制量，输出量为受控量，只有当控制量与受控量之间的比列系数 μ、r、g、α 为常数时，受控源才为线性器件。

根据受控量的不同，受控源可以分为四种，这四种理想受控源的电路模型如图 3.8 所示。

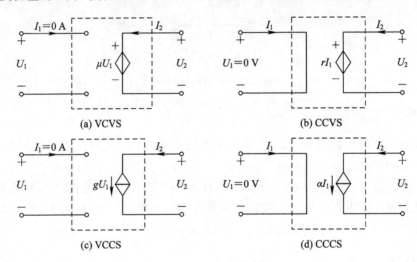

(a) VCVS   (b) CCVS

(c) VCCS   (d) CCCS

图 3.8　理想受控源电路模型

1. 电压控制电压源

电压控制电压源（Voltage Controlled Voltage Source，VCVS）受控特性：$I_1 = 0$ A，$U_2 = \mu U_1$。μ 无量纲，称为转移电压比（或电压增益）。

2. 电流控制电压源

电流控制电压源（Current Controlled Voltage Source，CCVS）受控特性：$U_1 = 0$ V，$U_2 = r I_1$。r 具有电阻的量纲，称为转移电阻。

3. 电压控制电流源

电压控制电流源（Voltage Controlled Current Source，VCCS）受控特性：$I_1 = 0$ A，$I_2 = g U_1$。g 具有电导的量纲，称为转移电导。

4. 电流控制电流源

电流控制电流源（Current Controlled Current Source，CCCS）受控特性：$U_1 = 0$ V，$I_2 = \alpha I_1$。α 无量纲，称为转移电流比（或电流增益）。

提示：实验中，各种受控源电路是由运算放大器和若干电阻组成的，实际受控源只能接近理想状态，α、r、g、μ 并非常数。受控量和控制量之间的关系曲线只在一定范围内比较接近直线，称为线性区。

四、实验设备

本次实验所需实验设备如表 3.3 所示。

表 3.3 实 验 设 备

序号	设备名称	型号规格	数量
1	可调直流稳压电源	0～30 V	1
2	可调直流恒流源	0～200 mA	1
3	直流数字电压表	—	1
4	直流数字毫安表	—	1
5	电工电子综合实验装置	—	1

五、实验内容

(1) 测绘 CCVS 的受控曲线及负载特性曲线。
(2) 测绘 VCCS 的受控曲线及负载特性曲线。

六、实验步骤

本次实验中，受控源全部采用直流电源激励，对于交流电源或其他电源激励，实验结果是一样的。

1. 测绘 CCVS 的受控曲线及负载特性曲线

按照图 3.9 所示连接电路，电路供电电源为 ± 12 V，I_1 为控制量，由可调直流恒流源提供，U_2 为受控量，R_L 为可变电阻器。实验时接入电压表、电流表，测量 U_2 和 I_L。

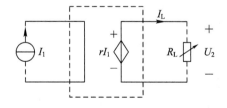

图 3.9 CCVS 电路模型图

注意：受控电压源不能短路，电路中的供电电压不要过高，极性不能接反。

(1) 固定 $R_L = 2\ \text{k}\Omega$，可调直流恒流源输出 I_1，使其在 $0.1 \sim 0.8$ mA 范围内取值，测量电压 U_2，自行设计表格填入实验数据，绘制受控曲线 $U_2 = f(I_1)$，并根据其线性部分，求出转移电阻 r。

(2) 保持 $I_1 = 0.3$ mA 不变，R_L 从 $1\ \text{k}\Omega$ 开始每 $1\ \text{k}\Omega$ 递进增加直至 $9\ \text{k}\Omega$，测量相应的 U_2，计算 I_L 值，自行设计表格填入实验数据，并绘制负载特性曲线 $U_2 = f(R_L)$。

2. 测绘 VCCS 的受控曲线及负载特性

按照图 3.10 所示连接电路，电路供电电源为 ± 12 V，R_L 为可变电阻器，U_1 为控制量，由可调直流稳压电源提供，I_L 为受控量。实验时，接入电压表、电流表，测量 U_1 和 I_L。

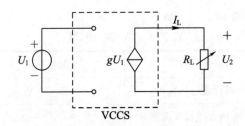

图 3.10　VCCS 电路模型图

（1）固定 $R_L = 2$ kΩ，调节电压源输出 U_1，使其在 $1 \sim 10$ V 范围内取值，测量电压 U_2，计算 I_L，自行设计表格填入实验数据，绘制受控曲线 $I_L = f(U_1)$，并根据其线性部分，求出转移电导 g。

（2）保持 $U_1 = 2$ V，R_L 从 0 Ω 开始每 1 kΩ 递进增加直至 5 kΩ，测量相应的 U_2，计算 I_L 值，自行设计表格填入实验数据，并绘制负载特性曲线 $I_L = f(R_L)$。

注意： 实验中电流表要串联在电路中，电压表要并联在被测支路或元器件的两端。

七、知识拓展

武器装备中，一般由场效应管和集成电路组成的放大器都是受控源，如由场效应管所组成的放大器属电压控制电流源，由集成运算放大电路（简称集成运放）组成的不同放大器可构成各种类型的受控源。

（1）运算放大器（简称运放）的电路符号及其等效电路如图 3.11 所示。

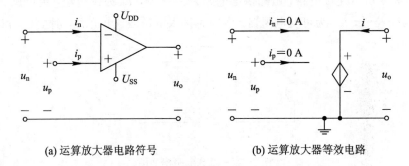

(a) 运算放大器电路符号　　　　　　　　(b) 运算放大器等效电路

图 3.11　运算放大器电路符号及其等效电路

运算放大器是一种有源三端器件，它有两个输入端和一个输出端，若信号从"＋"端输入，则输出信号与输入信号相位相同，故称为同相输入端；若信号从"－"端输入，则输出信号与输入信号相位相反，故称为反相输入端。运算放大器的输出电压为 $u_o = A_o(u_p - u_n)$，其中 A_o 是运放的开环电压放大倍数。在理想情况下，A_o 与运放的输入电阻 R_i 均为无穷大，因此有

$$u_{\mathrm{p}} = u_{\mathrm{n}}$$

$$i_{\mathrm{p}} = \frac{u_{\mathrm{p}}}{R_{\mathrm{ip}}} = 0 \text{ A}$$

$$i_{\mathrm{n}} = \frac{u_{\mathrm{n}}}{R_{\mathrm{in}}} = 0 \text{ A}$$

这说明理想运放具有下列特征：

① 运放的"＋"端与"－"端电位相等，通常称为"虚短"。

② 运放输入端电流为零，即其输入电阻为无穷大，通常称为"虚断"。

③ 运放的输出电阻为零。

以上三个性质是分析所有具有运放的电路的重要依据。要使运放工作，还须接有正、负直流工作电源(双电源)，有的运放可用单电源工作。

(2) 理想运放的电路模型是一个 VCVS，如图 3.11(b)所示。在它的外部接入不同的电路元器件，可构成四种基本受控源电路，以实现对输入信号的各种模拟运算或模拟变换。

(3) 自行设计电路和实验步骤，测绘 VCVS 和 CCCS 的受控曲线及其负载特性曲线。

(4) 在图 3.10 中，若输入信号是幅值为 2 V、频率为 100 Hz 的正弦信号，那么输出是什么波形？根据测量结果，分析受控源的控制特性是否适合于交流信号。

八、思考题

(1) 对于不同的三用表，若电压量程相同，则三用表的内阻和其灵敏度的关系如何？

(2) 电路中的受控电压源能否短接？

(3) 受控源的控制特性是否适合交流信号？

(4) 受控量和控制量之间的关系曲线如何？是否一直都呈线性？

(5) 受控源与独立源有何区别？

九、实验报告

(1) 画出实验电路，测量数据，根据实验数据绘制受控曲线，分析实验结果。

(2) 写出实验心得。

3.3　一阶电路的响应

一、实验目的

(1) 掌握电容器充电与放电过程中电流与电压的变化规律。

(2) 了解电路参数对电路充电、放电过程的影响。

(3) 了解微分电路与积分电路的功能及电路时间常数的选择方法。

(4) 掌握示波器与信号发生器的使用，学习 RC 电路时间常数的测定方法。

(5) 用仿真软件 Multisim 对 RC 电路进行仿真。

二、预习要求

(1) 了解 RC 电路的零输入响应、零状态响应。

(2) 了解微分电路与积分电路的工作原理。

(3) 学习信号源、示波器的使用。

(4) 熟悉仿真软件 Multisim。

三、实验原理

1. 电容器的充电、放电

电容器是一种储能元件，在带有电容器的电路中发生通、断换接时，由于电容器的储能状态不能突变，所以在电路中就产生了过渡过程，亦称电路的暂态过程，其电路响应称为暂态响应。在图 3.12 所示的直流电路中，电容器接通电源，在极板上积累电荷的过程称为充电；已充电的电容器通过电阻构成闭合回路，使电荷消失的过程称为放电。

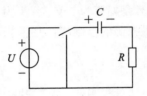

图 3.12　RC 充、放电电路

根据电路理论，在单一储能元件组成的一阶电路中，过渡过程中的暂态电流与电压是按指数规律变化的，即

$$u_C(t) = U(1 - \mathrm{e}^{-\frac{t}{\tau}}) + u_C(0_-)\mathrm{e}^{-\frac{t}{\tau}} \qquad t \geqslant 0\ \mathrm{s}$$

$$i_C(t) = \frac{U}{R}\mathrm{e}^{-\frac{t}{\tau}} - \frac{u_C(0_-)}{R}\mathrm{e}^{-\frac{t}{\tau}} \qquad t \geqslant 0\ \mathrm{s}$$

式中：$\tau = RC$ 为该电路的时间常数。

2. RC 电路的响应

在一阶 RC 动态电路中，如果储能元件初始状态为零，则仅由输入引起的响应称为零状态响应；如果电路的输入为零，则仅由储能元件的初始状态引起的响应称为零输入响应；电路在输入激励和储能元件的初始状态共同作用下引起的响应称为全响应。

如图 3.12 所示，若电容 C 的初始状态为零，经 R 与电压为 U 的直流电源在 $t = 0\ \mathrm{s}$ 时接通，电容器的端电压 u_C 和电流 i_C 可表示为

$$u_C(t) = U(1 - \mathrm{e}^{-\frac{t}{\tau}}) \qquad t \geqslant 0\ \mathrm{s}$$

$$i_C(t) = C\frac{\mathrm{d}u_C}{\mathrm{d}t} = \frac{U}{R}\mathrm{e}^{-\frac{t}{\tau}} \qquad t \geqslant 0\ \mathrm{s}$$

如果电容器已充电到直流电压 U，在 $t \geqslant 0\ \mathrm{s}$ 时，经过 R 放电，则放电时电容器电压 u_C 和电流 i_C 可表示为

$$u_C(t) = U\mathrm{e}^{-\frac{t}{\tau}} \qquad t \geqslant 0\ \mathrm{s}$$

$$i_C(t) = -\frac{U}{R} e^{-\frac{t}{\tau}} \qquad t \geqslant 0 \text{ s}$$

电容充电、放电过程中，电压、电流变化曲线如图 3.13 所示，其中图(a)为充电时电压、电流变化曲线，图(b)为放电时电压、电流变化曲线。

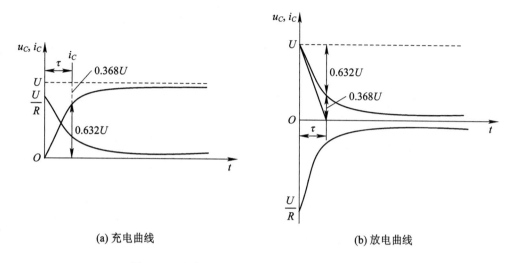

(a) 充电曲线　　　　　　　　　　　　　(b) 放电曲线

图 3.13　电容器充电、放电及电压、电流变化曲线

3. 时间常数 τ 的含义及其测定方法

电路的时间常数 τ 用来表征过渡过程的长短，可以根据公式 $\tau = RC$ 计算，τ 越大则过渡过程时间越长，反之就越短。若 R 的单位为 Ω，C 的单位为 F，则 τ 的单位为 s，一般认为经过 $3\tau \sim 5\tau$ 的时间，过渡过程趋于结束。τ 可以从电容充电、放电电压或电流的变化曲线上求得。以图 3.13(a) 充电曲线为例，在 $t \geqslant 0$ s 时，电源电压 U 经过 R 给电容 C 充电，电容器电压 u_C 表示为

$$u_C(t) = U(1 - e^{-\frac{t}{\tau}}) \qquad t \geqslant 0 \text{ s}$$

经过时间 τ 后，$u_C(\tau) = 0.632U$，即电容两端电压上升到电源电压 U 的 63.2% 所对应的时间为 τ。

4. 微分电路和积分电路

微分电路和积分电路是电容器充电、放电现象的一种应用，其电路图如图 3.14 所示。

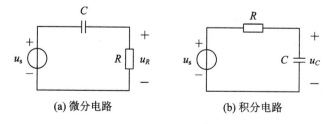

(a) 微分电路　　　　　　　　　　(b) 积分电路

图 3.14　微分电路和积分电路

微分电路中时间常数很小（$\tau \ll T$，T 为输入方波信号的周期），输出电压 u_R 正比于输

入电压 u_S 的微分,即

$$u_R = i_R R \approx R \cdot C \frac{du_S}{dt}$$

积分电路中时间常数很大 $(\tau \gg T)$,输出电压 u_C 正比于输入电压 u_S 的积分,即

$$u_C = \frac{1}{C}\int i_C dt \approx \frac{1}{RC}\int u_S dt$$

当输入电压 u_S 的波形为矩形波时,微分、积分电路的输入、输出电压波形如图 3.15 所示。

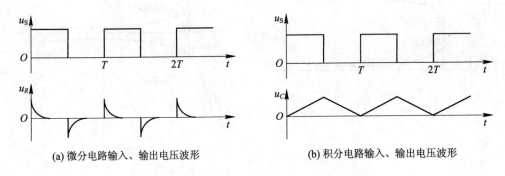

(a) 微分电路输入、输出电压波形   (b) 积分电路输入、输出电压波形

图 3.15 微分、积分电路输入、输出电压波形图

四、实验仪器

本次实验需要的实验设备如表 3.4 所示。

表 3.4 实 验 设 备

序 号	设备名称	功能作用	数 量
1	双踪示波器	观测输入、输出波形	1
2	函数信号发生器	提供激励信号	1
3	电工电子综合实验装置	—	1

五、实验内容

(1) 观察电容器充电、放电过程中电容器两端的电压波形。

(2) 用示波器测量 RC 电路的时间常数 τ。

(3) 测量微分电路。

(4) 测量积分电路。

六、实验步骤

(1) 观察电容器两端的电压波形,测量时间常数 τ。

选择 $R = 10\ \text{k}\Omega$,$C = 3300\ \text{pF}$,连接成如图 3.16 所示的电路,输入方波信号 u_S,取

$U_{P-P}=3$ V，$f=1$ kHz。将激励 u_S 和响应信号 $u_C(t)$ 分别接到示波器的 CH1、CH2 通道，观察并记录激励和响应波形，并用示波器测量时间常数 τ。

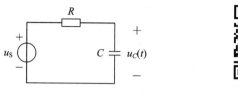

图 3.16　实验电路　　　　　　　　一阶电路实验

（2）测量微分电路。

输入信号不变，选择 $R=1$ kΩ，$C=0.01$ μF，连接成如图 3.14(a)所示电路，观察并描绘激励和响应波形，标注响应波形峰峰值。

（3）测量积分电路。

输入信号不变，选择 $R=30$ kΩ，$C=0.1$ μF，连接成如图 3.14(b)所示电路，观察并描绘激励和响应波形，标注响应波形峰峰值。

注意：实验中所有的仪器仪表和电路都要接在同一个大地电位参考点，即共地。

七、知识拓展

一阶 RC 微分、积分电路在数字脉冲技术中应用得非常广泛，经常用于波形的产生、整形、变换等。它对电路元件参数和输入信号的周期有着特定的要求，即要满足特定的实现条件。

1. 微分电路、积分电路的实现条件

设矩形波周期为 T，脉冲宽度为 t_p，改变 τ 和 t_p 的比值，电容充电、放电的快慢就不同，输出电压 u_R 的波形也就不同。当 $\tau \geqslant t_p$ 时，电容器充电很慢，输出电压 u_R 和输入电压 u_S 的波形很相近；随着 τ 和 t_p 比值的减小，在电阻两端逐步形成正负尖脉冲输出，将矩形波转变为尖脉冲，如图 3.15(a)所示。

因此，微分电路必须满足两个条件：一是 $\tau \ll t_p$（一般 $\tau < 0.2t_p$）；二是从电阻两端输出。如果条件变为 $\tau \gg t_p$，并从电容两端输出，这样电路就转化为积分电路了。图 3.15(b)是积分电路输出电压 u_C 的波形。由于 $\tau \gg t_p$，电容器缓慢充电，以后又经电阻缓慢放电，形成了图示的锯齿波。时间常数 τ 越大，充放电越缓慢，所得锯齿波电压的线性就越好，锯齿波幅度越小，这就实现了将矩形波转变为三角波。

因此，积分电路必须满足两个条件：一是 $\tau \gg t_p$（一般 $\tau > (3 \sim 5)t_p$）；二是从电容两端输出。

2. 积分运算

反相积分运算电路如图 3.17 所示。在理想化条件下，输出电压 u_o 如下：

$$u_o(t) = -\frac{1}{R_1 C} \int_0^t u_i(t)\mathrm{d}t + u_C(0)$$

式中：$u_C(0)$ 是 $t=0$ s 时刻电容 C 两端的电压值，即初始值。

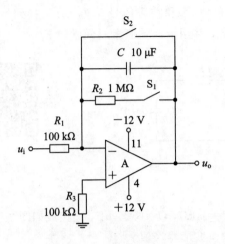

图 3.17 反相积分运算电路

如果 $u_i(t)$ 是幅值为 E 的阶跃电压, 并设 $u_C(0)=0$ V, 则

$$u_o(t) = -\frac{1}{R_1 C}\int_0^t E\,\mathrm{d}t = -\frac{E}{R_1 C}t$$

由上式可见, 输出电压 $u_o(t)$ 随时间增长而线性下降。显然 $R_1 C$ 的数值越大, 达到给定的 u_o 值所需的时间就越长。积分输出电压所能达到的最大值受集成运放最大输出范围的限制。

在进行积分运算之前, 首先应将运放调零。为了便于运放调节, 将图 3.17 中的 S_1 闭合, 即通过电阻 R_2 的负反馈作用帮助运放实现调零。在完成调零后, 应将 S_1 打开, 以免因 R_2 的接入造成积分误差。S_2 的设置一方面为积分电容放电提供通路, 同时可实现积分电容初始电压 $u_C(0)=0$ V; 另一方面, 可控制积分起始点, 即在加入信号 u_i 后, 只要 S_2 一打开, 电容就将被恒流充电, 电路也就开始进行积分运算。

1) 实验步骤

(1) 打开 S_2, 闭合 S_1, 测试运放输出是否为零。

(2) 打开 S_1, 闭合 S_2, 使 $u_C(0)=0$ V。

(3) 预先调节好直流输入电压 $U_i=0.5$ V, 接入实验电路, 打开 S_2, 然后用直流电压表测量输出电压 U_O, 每隔 5 s 读一次 U_O, 记入表 3.5 中, 直到 U_O 不再明显增大为止。

表 3.5 反相积分运算电路数据表格

t/s	0	5	10	15	20	25	30	...
U_O/V								

2) 方法提示

(1) 集成运算放大电路需要直流电源供电。本实验中电路供电电源为 ±12 V, 由电工电子综合实验装置中的直流电源部分提供。

(2) 实验中所有仪器仪表和电路都要和电源地连接在一起, 即共地。

3. 实验仿真

用仿真软件 Multisim 对微分、积分电路进行仿真。

八、思考题

（1）时间常数 τ 的物理意义是什么？R、C 参数变化时，对响应曲线有何影响？
（2）用示波器测量时间常数 τ 的方法有哪些？
（3）在什么条件下，一阶 RC 电路称为微分电路或积分电路？

九、实验报告

（1）定性地画出一阶电路零输入响应、零状态响应及全响应波形。
（2）分别画出微分电路、积分电路响应波形，并标注波形峰值。
（3）分析实验结果，说明一阶电路微分、积分电路实现的条件。
（4）完成思考题，写出实验心得。

3.4 　二阶电路的响应

一、实验目的

（1）观察二阶电路在过阻尼、临界阻尼和欠阻尼三种情况下的响应波形。
（2）掌握欠阻尼状态下衰减系数和振荡角频率的测量方法。
（3）进一步掌握信号源、示波器的使用。
（4）熟悉 Multisim 仿真软件，并用它对二阶电路进行仿真。

二、预习要求

（1）预习二阶电路响应的类型：过阻尼、临界阻尼和欠阻尼。
（2）了解二阶电路参数与三种响应的关系。

三、实验原理

1. 二阶电路

状态参量可用二阶微分方程描述的电路称为二阶电路。图 3.18 所示为 RLC 串联二阶电路，它可用下述二阶微分方程描述：

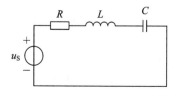

图 3.18　RLC 串联二阶电路

$$LC \frac{\mathrm{d}^2 u_C}{\mathrm{d}t^2} + RC \frac{\mathrm{d}u_C}{\mathrm{d}t} + u_C = u_s$$

$$\frac{\mathrm{d}^2 u_C}{\mathrm{d}t} + \frac{R}{L} \frac{\mathrm{d}u_C}{\mathrm{d}t} + \frac{1}{LC} u_C = \frac{1}{LC} u_s$$

初始值为 $u(0_-) = U_0$，且

$$\left. \frac{\mathrm{d}u_C(t)}{\mathrm{d}t} \right|_{t=0_-} = \frac{i_L(0_-)}{C} = \frac{I_0}{C}$$

求解微分方程，得到 $u_C(t)$。再依据 $i_C(t) = C \dfrac{\mathrm{d}u_C(t)}{\mathrm{d}t}$ 求得 $i_C(t)$。

2. 二阶电路的响应波形

二阶电路在方波信号激励下，可获得零输入响应和零状态响应，其响应的变化轨迹取决于电路中 R、L、C 元件的参数值。实验中改变 R、L、C 参数，使电路的二阶微分方程的特征根分别为不相等的负实数、相等的负实数、一对负实部的共轭复数及一对虚数时，电路可获得过阻尼、临界阻尼、欠阻尼和等幅振荡四种响应，对应于响应波形为单调地衰减、临界衰减、衰减振荡和等幅振荡等几种曲线。在无源网络中，由于有导线、电感器的直流电阻、电容器的介质损耗存在，R 不可能为 0，故不可能出现等幅振荡。以下就过阻尼、临界阻尼和欠阻尼三种暂态过程进行讨论。

3. 电路元件参数与暂态过程及响应曲线的关系

RLC 串联电路的零输入响应和零状态响应都与微分方程的系数有关，即与元件参数有关。

定义电路的响应衰减系数(阻尼系数)为

$$\alpha = \frac{R}{2L}$$

电路谐振角频率为

$$\omega_0 = \frac{1}{\sqrt{LC}}$$

电路方程为

$$\frac{\mathrm{d}^2 u_C}{\mathrm{d}t^2} + 2\alpha \frac{\mathrm{d}u_C}{\mathrm{d}t} + \omega_0^2 u_C = \omega_0^2 u_s$$

其特征方程为

$$S^2 + 2\alpha S + \omega_0^2 = 0$$

特征根为

$$S_1 = -\alpha + \sqrt{\alpha^2 - \omega_0^2}$$

$$S_2 = -\alpha - \sqrt{\alpha^2 - \omega_0^2}$$

定义电路衰减振荡角频率 $\omega_d = \sqrt{\omega_0^2 - \alpha^2}$，则特征根与电路振荡角频率 ω_d 相关联。

根据特征根形式的不同，电路的响应分为过阻尼、临界阻尼、欠阻尼三种情况。在电路处于零状态时，即 $u_C(0) = U_0$，$i_L(0) = 0$ A 时，其响应的三种情况如下：

(1) 当 $\alpha > \omega_0$（即 $R > 2\sqrt{L/C}$）时，S_1、S_2 均为不同的实根。由于电路中能量损耗大，电路暂态过渡过程具有非周期的特点，称为过阻尼过程，输出响应波形如图 3.19 所示。

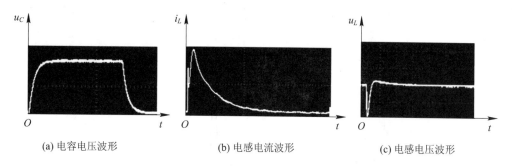

(a) 电容电压波形　　　　(b) 电感电流波形　　　　(c) 电感电压波形

图 3.19　过阻尼时零状态响应波形

（2）当 $\alpha = \omega_0$（即 $R = 2\sqrt{L/C}$）时，S_1，S_2 为两个相等的负实根，$S_1 = S_2 = \omega_0$，电路处于临界阻尼状态，其输出响应波形如图 3.20 所示。

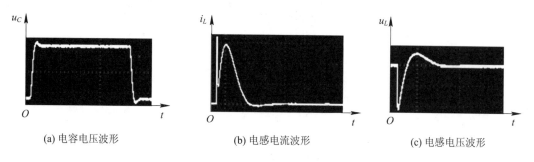

(a) 电容电压波形　　　　(b) 电感电流波形　　　　(c) 电感电压波形

图 3.20　临界阻尼时零状态响应波形

（3）当 $\alpha < \omega_0$（$R < 2\sqrt{L/C}$）时，S_1，S_2 为一对共轭复根，电路的输出响应波形是振幅指数衰减的振荡，称为欠阻尼振荡。此时有

$$\omega_{\mathrm{d}} = \sqrt{\omega_0^2 - \alpha^2}$$
$$S_1 = -\alpha + \mathrm{j}\omega_{\mathrm{d}}$$
$$S_2 = -\alpha - \mathrm{j}\omega_{\mathrm{d}}$$

特征根的实部决定衰减的快慢，虚部决定振荡的快慢。电路的输出响应波形如图 3.21 所示。

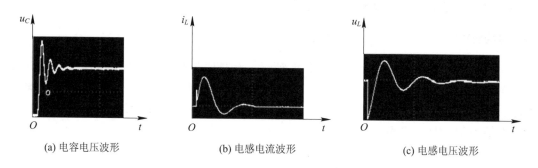

(a) 电容电压波形　　　　(b) 电感电流波形　　　　(c) 电感电压波形

图 3.21　欠阻尼时零状态响应波形

欠阻尼时二阶电路全响应波形如图 3.22 所示，从欠阻尼振荡的波形可以测出衰减振荡周期 T_{d} 和两个波峰 $U_{1\mathrm{m}}$、$U_{2\mathrm{m}}$，从而计算出 α、ω_{d}，即

$$\omega_{\mathrm{d}} = \frac{2\pi}{T_{\mathrm{d}}}$$

$$\alpha = \frac{1}{T_{\mathrm{d}}} \ln \frac{U_{1\mathrm{m}}}{U_{2\mathrm{m}}}$$

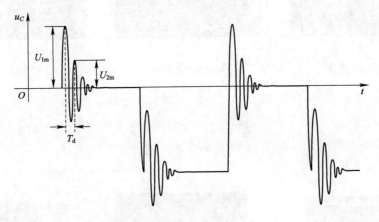

图 3.22　欠阻尼时二阶电路全响应波形

四、实验仪器

本次实验需要的实验设备如表 3.6 所示。

表 3.6　实 验 设 备

序　号	设备名称	功能作用	数　量
1	双踪示波器	观测输入、输出波形	1
2	函数信号发生器	提供激励信号	1
3	电工电子综合实验装置	提供实验电路及元器件	1

五、实验内容

(1) 观察记录 RLC 串联二阶电路三种不同阻尼状态下的响应波形。

(2) 测量欠阻尼下振荡响应的 α、ω_{d} 数值。

六、实验步骤

将电工电子综合实验装置中动态实验部分的元器件与开关配合使用,组成如图 3.23 所示的串联电路。电路中 R 为可调电位器,$L = 10\ \mathrm{mH}$,$C = 5600\ \mathrm{pF}$,函数信号发生器输出方波 $U_{\mathrm{P\text{-}P}} = 5\ \mathrm{V}$,$f = 1\ \mathrm{kHz}$,接到如图 3.23 所示的输入端 u_{S} 处,用示波器 CH1、CH2 通道同时观察激励和响应信号。

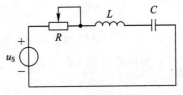

图 3.23　实验电路

1. 观察三种状态的响应波形

调节 R 值，观察二阶电路响应由过阻尼到临界阻尼，最后过渡到欠阻尼的变化过程，并分别定性描绘三种状态的响应波形，记录临界点的电阻值。

2. 测量 α、ω_d

调节 $R=1$ kΩ，显示稳定的欠阻尼响应波形，测量此时电路衰减常数 α 和振荡频率 ω_d。

七、知识拓展

在后续课程的学习和军事工程应用中，常将二阶电路作为二阶系统的基本模型分析实际问题。例如，在雷达随动系统中，既要求雷达天线的转动不能太慢（即不能处于过阻尼状态），又不能使雷达天线的抖动太大（即不能处于欠阻尼状态太多），因此要适当调节二阶系统的参数，使天线跟踪目标既要快，又要平稳。

二阶 RLC 电路不仅有串联形式，也有并联形式，后者在实际工程中也经常采用。这里我们对 GCL 并联二阶电路进行实验。

1. GCL 并联二阶电路

图 3.24 所示为 GCL 并联二阶实验电路。GCL 并联电路和 RLC 串联电路存在着对偶关系，将串联电路的相应变量作代换后可得并联电路的方程。

当 $G>2\sqrt{C/L}$ 时，电路过渡过程具有非周期的特点，即为过阻尼过程；

当 $G=2\sqrt{C/L}$ 时，电路处于临界阻尼状态；

当 $G<2\sqrt{C/L}$ 时，电路过渡过程具有衰减振荡的特点，即为欠阻尼过程。

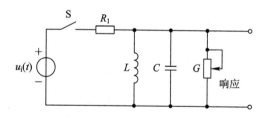

图 3.24　GCL 并联二阶实验电路

2. GCL 并联二阶电路响应观测

（1）按图 3.24 所示连接电路。设定信号发生器输出方波 $U_{P-P}=3$ V，$f=1$ kHz，连接到电路的激励端，同时观察电路方波激励信号和响应波形。

（2）设定电阻 $R_1=10$ kΩ，$L=4.7$ mH，$C=0.1$ uF。调节 G，观察二阶电路响应由过阻尼状态到临界阻尼状态，最后过渡到欠阻尼状态的变化过程，并分别定性描绘三种状态下的响应波形。

（3）调节 G 显示稳定的欠阻尼响应波形，测量电路衰减常数 α 和振荡频率 ω_d。

实验方法及注意事项参考必做实验相应部分，此处不再赘述。

3. 实验仿真

用仿真软件 Multisim 对二阶电路进行仿真。

八、思考题

（1）二阶电路的固有频率与电路中哪些参数有关？

（2）在设计一个有二阶电路的控制系统时，为了达到稳、准、快的设计要求，需要二阶系统工作在什么状态？

（3）在欠阻尼情况下，欲测量衰减振荡角频率 ω_d，应使用示波器测量输出响应波形的哪些参数？

九、实验报告

（1）画出二阶 RLC 串联电路。

（2）绘制二阶 RLC 串联电路零输入响应、零状态响应分别在三种阻尼状态下的响应波形。

（3）分析实验结果，说明元器件数值改变对二阶电路响应的影响。

3.5   *RLC* 串联谐振电路测试

一、实验目的

（1）学习测量 RLC 串联谐振电路幅频特性曲线的方法。

（2）掌握 RLC 串联谐振电路通频带和品质因数的测量方法。

（3）熟练掌握信号源和交流毫伏表的使用方法。

二、预习要求

（1）学习 RLC 串联谐振电路的相关内容。

（2）了解函数信号发生器和交流毫伏表的使用以及交流电压的测量。

（3）掌握用示波器显示波形、测量电压以及时间的方法。

三、实验原理

在 RLC 串联谐振电路中，由于 R 的存在，在每次振荡过程中，都会在 R 上消耗掉一部分能量，使振荡产生衰减。当谐振电路加入激励时，由于激励源能给谐振电路不断地补充能量，因此会使振荡保持等幅。

1. 串联谐振电路

图 3.25 所示为 RLC 串联谐振电路。设电路输入端的正弦激励电压信号角频率为 ω，其电压相量为 $\dot{U}_i$，R 两端的电压 $\dot{U}_o$ 作为输出电压，则此电路的转移函数为

$$\frac{\dot{U}_o}{\dot{U}_i} = \frac{R}{R + j\omega L - \dfrac{1}{j\omega C}} = \frac{R}{\sqrt{R^2 + \left(\omega L - \dfrac{1}{\omega C}\right)^2}} \angle -\arctan\frac{\omega L - \dfrac{1}{\omega C}}{R}$$

其中，幅度比为

$$\frac{U_o}{U_i} = \frac{R}{\sqrt{R^2 + \left(\omega L - \dfrac{1}{\omega C}\right)^2}}$$

当正弦激励信号的频率 f 改变时，电路中的容抗和感抗随之而变，电路中的电流也随之改变，当上式中

$$\omega L - \frac{1}{\omega C} = 0$$

时，则电压 u_o 达到最大值 u_{omax}，此时电路处于谐振状态，如图 3.26 所示，谐振频率为

$$f_0 = \frac{1}{2\pi\sqrt{LC}}$$

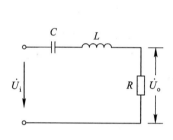

图 3.25　RLC 串联谐振电路图

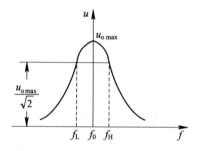

图 3.26　串联谐振曲线

2. 谐振电路的特性参数

串联谐振电路的特性参数常用谐振频率 f_0、通频带 BW、品质因素 Q 和特性阻抗 ρ 来表示，各参数的表示式为

$$f_0 = \frac{1}{2\pi\sqrt{LC}}$$

$$Q = \frac{\sqrt{\dfrac{L}{C}}}{R}$$

$$\rho = \sqrt{\frac{L}{C}}$$

$$BW = \frac{R}{L}$$

由上述公式可见，这些特性参数都是由电路元件参数决定的。

3. 谐振电路的测量

1）谐振频率 f_0 的测量

使电路达到谐振，即可测出其谐振点频率。电路调谐的方法有以下两种：

（1）在电路形式和元件参数确定的情况下，改变外加信号源的频率，使电路达到谐振，此时信号源的频率即为电路的谐振频率。

（2）当电路工作频率确定时，要使电路谐振在此频率上，可改变电路元件参数 L、C，调整电路固有频率 f_0，使电路达到谐振。

2）谐振曲线的测量

串联电路谐振时，I_0 最大，电阻两端电压 u_0 最大为 $u_{o\,max}$；当信号源频率偏离 f_0 时，电路处于失谐状态，u_0 小于 $u_{o\,max}$。确定 f_0 后，逐一改变输入信号频率 f，测量 R 两端的电压，即可绘出谐振曲线。

3）通频带 BW 的测量

若令 f/f_0 为横坐标，$u_0/u_{o\,max}$ 为纵坐标，则其表达式可写为

$$\frac{u_o}{u_{o\,max}} = \frac{1}{\sqrt{1 + Q^2\left(\dfrac{f}{f_0} - \dfrac{f_0}{f}\right)^2}} = \frac{1}{\sqrt{1 + Q^2\varepsilon^2}}$$

式中：$\varepsilon = \dfrac{f}{f_0} - \dfrac{f_0}{f}$ 称为相对失谐。改变信号源频率即可得到串联谐振电路的归一化谐振曲限。改变电路的品质因数 Q，又可得到一组以 Q 值为参变量的谐振曲线。

当 $u_0/u_{o\,max}$ 由 1 下降到 0.707 时，对应的两个频率分别为 f_L（下限截止频率）、f_H（上线截止频率），其差值定为串联谐振电路的通频带，即 $\mathrm{BW} = f_H - f_L$。

4. 电路品质因数 Q 值的测量

由图 3.26 可见，Q 值越高，谐振曲线越尖锐，通频带也越窄。Q 值可由通频带与谐振频率求出，即 $Q = \dfrac{f_0}{\mathrm{BW}}$；或者测量电容两端的谐振电压 u_{C_0}（或 u_{L_0}）与串联电路输入端的激励电压 u_i，由公式 $Q = \dfrac{u_{C_0}}{u_i} = \dfrac{u_{L_0}}{u_i}$，计算求出 Q。

四、实验仪器

本次实验所需实验设备如表 3.7 所示。

表 3.7 实验设备

序　号	名　　称	功能作用	数　量
1	函数信号发生器	提供激励信号	1
2	交流毫伏表	测量输入、输出电压	1
3	示波器	观测输入、输出波形	1
4	电工电子综合实验装置	提供实验所需元器件	1

五、实验内容

（1）RLC 串联电路的调谐。

（2）RLC 串联谐振电路谐振特性曲线的测绘。

（3）RLC 串联谐振电路通频带的测量。

六、实验步骤

按图 3.27 所示连接电路，分别取 $R = 330\ \Omega$、$1\ k\Omega$，调节函数信号发生器输出正弦信号，电压 $u_i = 1\ V$（有效值），在整个实验过程中保持 u_i 不变。

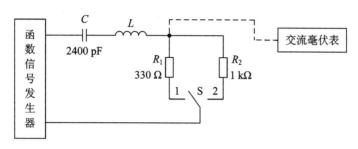

图 3.27　*RLC* 串联电路图

1. *RLC* 串联电路的调谐

找出电路的谐振频率 f_0，其方法是：将交流毫伏表跨接在电阻 R 两端，信号源的频率由小逐渐变大（注意要维持信号源的输出幅度不变），当 u_o 的读数为最大时，读得信号源输出信号的频率值，即为电路的谐振频率 f_0，测出谐振时电容和电感两端电压 u_{C_o}、u_{L_o} 及 u_o 之值（注意及时更换毫伏表的量程），将其填入表 3.8 中，并求出串联谐振电路的 Q 值。

表 3.8　*RLC* 串联电路的调谐

$R/k\Omega$	f_0/kHz	u_o/V	u_{L_o}/V	u_{C_o}/V	Q
0.33					
1					

注意：测量 u_{C_o}、u_{L_o} 时，毫伏表的连接电缆线"+"端（即红鳄鱼夹）接 C 与 L 的公共点，其接地端（即黑鳄鱼夹）分别触及 L 和 C 的近地端。

2. *RLC* 串联谐振电路谐振特性曲线的测绘

输入信号为 1 V 有效值不变，按表 3.9 中所给频率 f，测量 $R = 330\ \Omega$、$1\ k\Omega$ 时的 u_o，绘出 $U - f$ 曲线。

表 3.9　谐振特性曲线的测绘(1)

f/kHz			f_L		f_0			f_H
$u_o/V\ (R = 330\ \Omega)$								
$u_o/V\ (R = 1\ k\Omega)$								

提示：改变信号源频率测量谐振曲线的过程中，要注意信号源的输出电压不能变，且要合理地选择测量点的频率，在曲线变化大的部分，如谐振曲线顶点即谐振点附近测量点应取密些，而远离谐振频率的点，测量点可取稀些。

3. 串联谐振电路通频带的测量

依据表 3.9 中的数据，绘制谐振特性曲线，并从中测出两种情况下的下限频率 f_L 和上

限频率 f_H，求出通频带 BW。

七、知识拓展

（1）设计一个并联谐振电路，并对电路进行调谐，测量谐振曲线。从实验结果归纳出并联电路谐振时的特点。

（2）在实验步骤的 RLC 串联谐振电路谐振特性曲线的测绘中，改变 RLC 电路中电阻 R 的值（如取 $R=510\ \Omega$、$1.5\ \text{k}\Omega$）并测量。将测试数据填入表 3.10 中，看所测绘的曲线会发生什么变化，用实验结果进行说明。

表 3.10　谐振特性曲线的测绘（2）

f/kHz		f_L		f_0		f_H	
$u_o/\text{V}\ (R=510\ \Omega)$							
$u_o/\text{V}\ (R=1.5\ \text{k}\Omega)$							

八、思考题

（1）当 RLC 串联电路谐振时，输入电压 u_i 与输出电压 u_R 的关系如何？

（2）当 RLC 串联电路谐振时，电压 u_C 与电压 u_L 的关系如何？

（3）当 RLC 串联电路谐振时，BW 值与 Q 值关系如何？

（4）当 RLC 串联电路谐振时，测量 u_R、u_C、u_L 可使用什么仪器？

（5）加大串联电路中电阻 R 的值，对串联电路的品质因数 Q、通频带 BW 和电路的选择性有何影响？

九、实验报告

（1）叙述 RLC 串联电路的调谐方法。

（2）测绘 RLC 串联谐振电路的幅频特性曲线，并计算出 Q 值和 BW 值。

（3）归纳总结 RLC 串联谐振电路的特性。

3.6　*RC* 选频网络特性测试

一、实验目的

（1）熟悉文氏电桥电路的结构特点及其应用。

（2）学会用逐点法测绘 RC 电路的幅频特性和相频特性。

二、预习要求

（1）学习 RC 选频网络特性的相关内容。

（2）学习合成函数信号发生器和交流毫伏表的使用。

（3）掌握用示波器测量两波形相位差的方法。

三、实验原理

1. 文氏电桥电路

文氏电桥电路是一个 RC 串联、并联电路，如图 3.28 所示，该电路结构简单，作为选频环节广泛应用于低频振荡电路中，可获得很高纯度的正弦波电压。

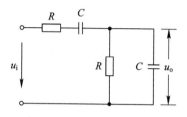

图 3.28　文氏电桥电路

该电路的传递函数为

$$\beta = \frac{1}{3 + \mathrm{j}\left(\omega RC - \dfrac{1}{\omega RC}\right)}$$

当角频率 $\omega = \omega_0 = \dfrac{1}{RC}$ 即 $f = f_0 = \dfrac{1}{2\pi RC}$ 时，$|\beta| = \dfrac{U_\mathrm{o}}{U_\mathrm{i}} = \dfrac{1}{3}$ 且此时 u_o 与 u_i 同相位。f_0 称为电路固有频率。

2. 幅频特性的测绘

用函数信号发生器输出正弦信号，作为图 3.28 所示的激励 u_i，保持输入信号幅值不变，改变输入信号频率 f，用交流毫伏表或示波器测出输出电压 u_o，将这些数据以 f 为横轴，u_o 为纵轴，描出一条光滑曲线，即 RC 电路的幅频特性曲线。

文氏桥电路的一个特点是其输出电压幅度不仅随输入信号的频率而变，而且会出现一个与输入电压信号同相位的最大值，如图 3.29 所示。

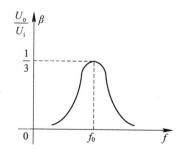

图 3.29　幅频特性曲线图

3. 相频特性的测绘

将图 3.28 所示电路的输入和输出分别接到示波器的 CH1、CH2 两个输入端，改变输

入正弦信号的频率，观测相应的输入和输出波形间的时延 τ 及信号的周期 T，则两波形间的相位差为

$$\vartheta = \frac{\tau}{T} \times 360° = \vartheta_0 - \vartheta_i$$

将各个不同频率下的相位差测出，即可描绘出 RC 电路相频特性曲线，如图 3.30 所示。

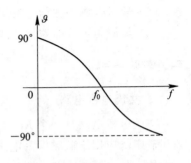

图 3.30　相频特性曲线

四、实验设备

本次实验所需实验设备如表 3.11 所示。

表 3.11　实验设备

序　号	名　　称	功能作用	数　量
1	函数信号发生器	提供输入信号	1
2	示波器	观测输入、输出波形	1
3	交流毫伏表	测量输入、输出电压	1
4	电工电子综合实验装置	提供实验所需元器件	1

五、实验内容

(1) 测量 RC 串联、并联电路的幅频特性。

(2) 测量 RC 串联、并联电路的相频特性。

六、实验步骤

1. 测量 RC 串联、并联电路的幅频特性

(1) 在电工电子实验台上按图 3.28 所示连接电路，并选取一组参数(如 $R=1\ \text{k}\Omega$，$C=0.1\ \mu\text{F}$)。

(2) 设定正弦信号输出幅度为 3 V(有效值)，接入图 3.28 所示的输入端。

(3) 改变输入信号频率 f，保持 $u_i = 3$ V 不变，测量输出电压 u_0。(可先找出谐振点的频率 f_0，然后在 f_0 左右设置其他频率点测量 u_0)，将其数据填入表 3.12 中，并描绘电路的幅频特性曲线。

表 3.12　幅频特性曲线测试数据

f/kHz		f_L			f_0			f_H	
u_0/V									

2. 测量 RC 串联、并联电路的相频特性

按表 3.13 所列数据确定实验元件参数。按实验原理中相频特性的测绘内容、方法步骤进行实验。测量数据填入表 3.13，计算相位差，描绘电路的相频特性曲线。

表 3.13　相频特性曲线测试数据

	f/kHz		f_L		f_0		f_H	
$R=1\ \text{k}\Omega$、$C=0.1\ \mu\text{F}$	T/ms							
	τ/ms							
	ϑ							

提示：图 3.31 所示为数字示波器相移测量截图。按"Cursors"键，调出光标菜单，利用光标法测量时延 τ 及信号周期 T。图中两个波形顶点的水平时间间隔 ΔX 就是 τ 的数值，图中 τ 值已经自动测试并显示，如箭头所指处为 τ 的数值。将 τ 值和周期 T 值代入公式

$$\vartheta = \frac{\tau}{T} \times 360° = \vartheta_0 - \vartheta_\text{i}$$

即可计算得两波形的相位差（即相移）ϑ。

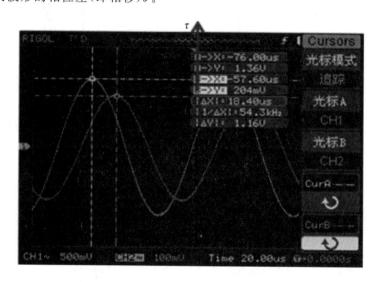

图 3.31　数字示波器相移测量截图

七、知识拓展

（1）若选 $R=200\ \Omega$，$C=0.1\ \mu\text{F}$，请重复实验步骤 1、2，进行电路幅频特性曲线和相频特性曲线的测试与描绘。用实验结果分析参数变化对电路特性的影响。

（2）用 Multisim 仿真实验步骤 1、2。

（3）文氏电桥构成的正弦波发生器。

图 3.32 所示是一个在集成运放输出端与输入端之间施加了正负两种反馈的文氏电桥正弦波信号发生器原理电路。图中 R_1、C_1、R_2、C_2 组成的串并联网络构成正反馈支路，R_3、R_4、R_P、R_5 等构成负反馈支路，反馈电阻 $R_\text{F}=R_4+R_\text{P}+R_5//R_\text{D}$，式中的 R_D 为二极管正向导通电阻。电位器 R_P 用于调节反馈深度以满足起振条件和改善波形，二极管 VD_1、VD_2 利用其自身正向导通电阻的非线性来自动地调节电路的闭环放大倍数以稳定波形的幅度。

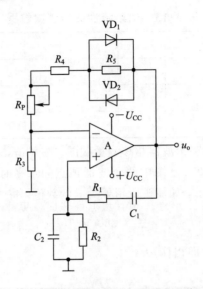

图 3.32 文氏电桥正弦波信号发生器原理电路

当电路中取 $R_1 = R_2 = R$，$C_1 = C_2 = C$ 时，电路振荡频率为

$$f = \frac{1}{2\pi RC}$$

电路中的电源电压为 ± 12 V，二极管 VD_1、VD_2 可选用 1N4148 型或 1N4001 型。集成运算放大器选用 TL084。

① 实验要求。

· 振荡频率 $f_0 = 1591.5$ Hz，当取 $R_1 = R_2 = R = 10$ kΩ 时，计算 $C_1 = C_2 = C = ?$

· 根据计算出的元件参数，按图 3.32 所示连接电路，调节电位器 R_P，同时用示波器观察振荡正弦波形，并测试其频率 f_0，检验是否满足实验要求。

· 当改变 R、C 的数值，再次测试电路振荡频率时，验证公式是否满足。

② 方法提示。

· 集成运算放大电路需要直流电源供电。本实验中电路供电电源为 ± 12 V，由实验台直流电源部分提供。

· 实验中所有仪器仪表和电路都要和电源地连接在一起，即共地。

八、思考题

(1) RC 选频网络在电路中的作用是什么？

(2) RC 选频网络的输入信号幅度与输出信号幅度的关系如何？

(3) 在 RC 选频网络的振荡点上，输入与输出波形的相位差是多少？

(4) 测量 RC 选频网络的谐振频率时，可供选用的常用测量仪表有哪些？

九、实验报告

(1) 整理数据，并在坐标纸上画出 RC 电路的幅频特性和相频特性曲线。

(2) 写出心得体会。

3.7	三相交流电路的测量

一、实验目的

（1）学习三相交流电路负载的连接方法。

（2）验证三相平衡负载作星形连接和三角形连接时线电压与相电压、线电流与相电流之间的关系。

（3）分析比较负载作星形连接时，三线制和四线制的特点。

二、预习要求

（1）三相电路中负载的连接方法。

（2）线电压与相电压、线电流与相电流之间的关系。

三、实验原理

三相交流电路中，负载的连接方式有星形连接和三角形连接两种。星形连接时根据需要可以采用三相三线制或三相四线制供电，三角形连接时只能用三相三线制供电。负载有对称和不对称两种情况。

1. 星形连接

如图 3.33 所示，在负载作星形连接的三相电路中，无论是三相三线制还是三相四线制供电，无论各相负载对称与否，线电流与相电流总是相等的。

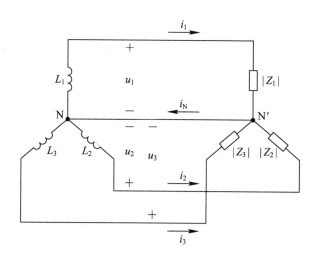

图 3.33　负载星形连接的三相四线制电路

（1）负载对称时。

三线制：

$$\dot{I}_1 + \dot{I}_2 + \dot{I}_3 = 0$$

四线制：

$$\dot{I}_N = \dot{I}_1 + \dot{I}_2 + \dot{I}_3 = 0$$

线电压与相电压有效值的关系：

$$U_L = \sqrt{3} U_P$$

相位上线电压超前相电压 30°。

（2）负载不对称时。

三线制：将出现负载中点 N 与电源中点 N′电位不相等的现象，实验中可通过电压表测试来验证。此时各相电压大小不等，若其中某相负载发生变化，则将对其他两相产生影响，因此，各相不能独立工作。

四线制：各相负载电压能够保持对称，此时各相电流不对称，即

$$\dot{I}_N = \dot{I}_1 + \dot{I}_2 + \dot{I}_3 \neq 0$$

中线中有电流流过，实验中可通过电流表测试 I_N 来验证，中线的作用就是使各相负载电压对称，从而使各相能独立工作，互不影响。

2. 三角形连接

如图 3.34 所示，在负载作三角形连接的三相电路中，无论负载对称与否，线电压与相电压恒等，即 $U_L = U_P$。

当三角形对称连接时，线电流与相电流的有效值关系是

$$I_L = \sqrt{3} I_P$$

在相位上线电流滞后于对应的相电流 30°。

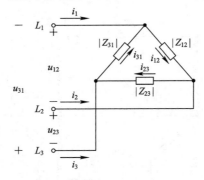

图 3.34　负载三角形连接的三相三线制电路

四、实验设备

本次实验需要的实验设备如表 3.14 所示。

表 3.14　实 验 设 备

序　号	设备名称	功能作用	数　量
1	交流电压表	测量交流电压	1
2	交流电流表	测量交流电流	1
3	功率表	测量功率	1
4	电工电子综合实验装置	提供实验电路及元器件	1

五、实验内容

（1）连接三相电路。

（2）测量负载在对称和不对称情况下的线电压和相电压。

（3）测量负载在对称和不对称情况下的线电流和相电流。

（4）星形连接时，测量负载在对称和不对称情况下的 I_N、$U_{NN'}$，并明确中线的作用。

六、实验步骤

1. 三相电路星形连接

（1）按图 3.35 所示连接电路，电路中灯泡全部用 15 W 白炽灯，经检查后方可通电。

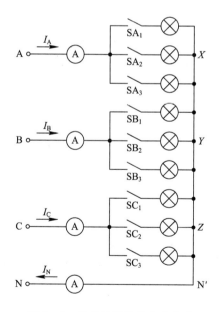

图 3.35　负载星形连接实验电路

注意：实验中采用三相交流市电，线电压为 380 V，一定要注意人身安全，不可触及导电部件。必须严格遵守先连接电路，检查正确后通电，实验完成后先断电再拆线的实验操作规则。

（2）按表 3.15 所给条件测量电压和电流。观察灯泡明暗变化，注意中线的作用。

表 3.15　负载星形连接测量参数

负载情况	各相负载数量			线电流/A			线电压/V			相电压/V			I_N/A	$U_{NN'}$/V
	A相	B相	C相	I_A	I_B	I_C	U_{AB}	U_{BC}	U_{CA}	$U_{AN'}$	$U_{BN'}$	$U_{CN'}$		
平衡负载（四线制）	3	3	3											×
平衡负载（三线制）	3	3	3										×	
不平衡负载（四线制）	1	断	3											×
不平衡负载（三线制）	1	断	3										×	

注意：表中"×"表示此项内容无须测量。

2. 三相电路三角形连接

（1）按图 3.36 所示连接电路，电路中灯泡全部用 15 W 白炽灯，经检查后方可通电。

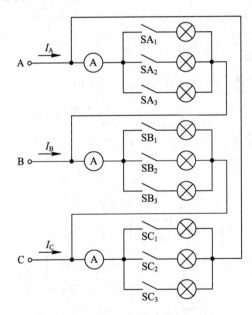

图 3.36　负载三角形连接实验电路

（2）按表 3.16 所给条件测量电压和电流，观察灯泡明暗变化。

表 3.16　负载三角形连接测量参数

负载情况	各相负载数量			线电压＝相电压/V			线电流/A			相电流/A		
	A－B相	B－C相	C－A相	U_{AB}	U_{BC}	U_{CA}	I_A	I_B	I_C	I_{AB}	I_{BC}	I_{CA}
平衡负载	3	3	3									
不平衡负载	1	2	3									

七、拓展实验

用功率表测量三相功率的测量电路如图 3.37 所示。用一个功率表分别测量各相功率，由于每次功率表测得的功率都是所在相负载吸收的功率，因此三相总功率为每相功率之和。当三相负载对称时，可只用一个功率表测量任一相的功率，三相总功率等于该相功率的三倍。

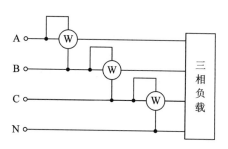

图 3.37　功率表测量三相功率的测量电路

参照图 3.37 所示电路，用一个功率表测量三相四线制电路各相负载的有功功率，测量数据填入表 3.17 中。

表 3.17　三相四线制负载有功功率测量数据

实验内容	各相有功功率/W			总有功功率/W
	P_A	P_B	P_C	P
对称负载 （各相开一盏灯）				
不对称负载 （有一相开两盏灯）				

注意：测量时应正确选择功率表的量程，以免损坏功率表。

八、思考题

（1）三相电路中负载不对称时，应采用哪种连接方法？为什么？

（2）三相电路中星形连接时，中线的作用是什么？

（3）在负载作星形连接的三相电路中，线电流与相电流的关系如何？

九、实验报告

（1）用实验数据总结归纳三相电路中线电压与相电压、线电流与相电流之间的关系。

（2）总结三相四线供电系统中中线的作用。

（3）从实验现象分析日常照明供电电路中负载能否采用三角形连接，为什么？

3.8   日光灯电路及功率因数的提高

一、实验目的

(1) 熟悉常用电子仪器及电工实验台的使用。

(2) 学习日光灯线路的连接，提高实际操作能力。

(3) 研究提高感性负载功率因数的方法，了解提高功率因数的实际意义。

二、预习要求

(1) 预习日光灯的工作原理。

(2) 预习并联电容器提高感性负载功率因数的原理。

三、实验原理

1. 提高功率因数的方法

功率因数的高低会影响发电设备(如发电机、变压器等)利用电能的能力，为了有效地利用这些发电设备，就必须提高功率因数。功率因数不高，根本原因是感性负载的存在，而感性负载本身如果要正常工作，则需要一定的无功功率。如何在减少电源与负载之间能量互换的同时，又能使感性负载获得所需要的无功功率，是我们实验中要解决的主要问题。

在电力系统中，提供电能的发电机是按要求的额定电压 U_N 和额定电流 I_N 设计的，发电机的容量是额定电压与额定电流之积 $U_N I_N$，它是发电机在安全运行下所能产生的最大功率。所以，要充分利用发电机，就应该使其能送出的平均功率等于该机的容量。当发电机在额定电压与额定电流下运行时，送出的平均功率与所接负载的功率因数密切相关，即

$$P = U_N I_N \cos\varphi$$

只有当所接负载是电阻时，因 $\cos\varphi = 1$，发电机送出的平均功率恰好等于发电机的容量，这时发电机才能得到充分的利用；当负载是感性(或容性)时，由于 $\cos\varphi < 1$，发电机送出的平均功率要小于该机的容量，发电机得不到充分的利用，其中一部分在发电机与负载之间进行互换，从而增加了线路和发电机绕组的功率损耗。

由于电力负载多数情况为感性负载，因此为了提高功率因数，一般采用在感性负载上并联电容器，这样就可以用电容器的无功功率来补偿感性负载的无功功率，从而减少，甚至消除感性负载与电源之间的能量交换。提高感性负载功率因数的实验电路如图 3.38 所示。

并联电容器后，感性负载电流 $i_1 = \dfrac{U}{\sqrt{R^2 + X_L^2}}$ 和功率因数 $\cos\varphi_1 = \dfrac{R}{\sqrt{R^2 + X_L^2}}$ 均未变化，仍能提供感性负载正常工作所需的无功功率，但电压 u 和线路电流 i 之间的相位差 φ 变小了，即 $\cos\varphi$ 变大了。此时电感性负载所需的无功功率大部分或全部由电容器供给，能量的互换主要或完全发生在电感性负载与电容器之间，从而使发电机容量得到充分利用，同时线路电流 i 也减小了，因而减小了功率损耗。

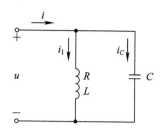

图 3.38 电容器与感性负载并联提高功率因数

2. 日光灯电路的工作原理

1）日光灯管

日光灯管的内壁涂有荧光粉，灯管两端灯丝涂有氧化物，管内充满了含有微量汞的氩气。当灯丝通电预热后发射大量电子，若此时管内电极间存在高压，则氩气电离放电使管内温度升高，汞变为汞气，在电子轰击下汞气游离放电产生辉光，辉光中的紫外线照射管壁荧光粉使其发光。为此，必须有启动装置和灯管串联来产生这个瞬间高压，而灯管一旦被点燃，则只需较低电压即能维持灯管继续放电。

2）镇流器

镇流器是一个铁芯线圈，其作用一是在启动时产生瞬间高压，点燃日光灯；二是日光灯正常工作后，镇流器起降压作用，使得灯管两端电压较低，限制灯管的工作电流。

3）启辉器

图 3.39 所示，启辉器是一个辉光放电管，两个电极装在含有氖气的玻璃泡内，每个电极都由两片热胀系数不同的金属片制成。当加上电源时，瞬间启辉器的两个金属触头触点未接通，220 V 电压将全部加在启辉器的两触头间，启辉器内气体游离产生辉光放电，玻璃泡内温度升高，双金属片电极受热后膨胀向外伸直使触头闭合，电路接通，日光灯灯丝加电预热；此后由于启辉器内部两触头间电压为零而停止放电，双金属片电极冷却后触头分开，瞬间电流突变为零，使镇流器两端感应到很高的感应电动势，日光灯得到启动需要的瞬间高压；日光灯点燃后，灯管两端电压较低，启辉器不会再进行放电，触头也不再闭合。

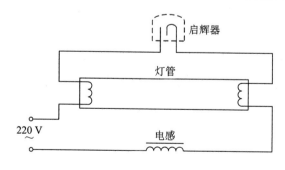

图 3.39 日光灯电路

3. 提高感性负载功率因数的实验电路

图 3.40 所示，日光灯管与镇流器串联构成一个电阻和电感串联的电感性负载电路，由于镇流器本身的电感较大，故整个电路的功率因数很低。整个电路消耗的功率 P 包括日光

灯管消耗功率和镇流器所消耗的有功功率。为了提高电路的功率因数，可以与电感性负载并联电容器，此时总电流 I 是日光灯电流 I_L 和电容器电流 I_C 的相量和，因为电容器吸取的容性无功电流 I_C 抵消了一部分日光灯电流中的感性无功分量，所以电路总电流下降，电路的功率因数被提高了。当电容器逐步增加到一定容量时，总电流下降到最小值，此时电路的功率因数 $\cos\varphi = 1$；若继续增加电容量，总电流又将上升。由于电源的电压是固定的，因此并联电容器并不影响感性负载的正常工作，即感性负载电流、功率及功率因数并不随并联电容量的多少而改变，仅仅是电路总电流及总功率因数发生变化。电路消耗功率为

$$P = IU\cos\varphi = I_L U_R + I_L U_L \cos\varphi_1$$

$$\cos\varphi_1 = \frac{R}{\sqrt{R^2 + X_L^2}}$$

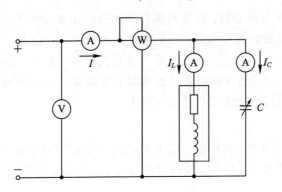

图 3.40   提高感性负载功率因数的实验电路

四、实验设备

本次实验需要的实验设备如表 3.18 所示。

表 3.18   实 验 设 备

序　号	设备名称	功能作用	数　量
1	交流电压表	测量输入电压、负载电压	1
2	交流电流表	测量交流电流	1
3	功率表	测量功率	1
4	电工电子综合实验装置	提供实验电路及元器件	1

五、实验内容

（1）连接日光灯电路。

（2）测量无电容补偿时电路的功率因数。

（3）并联电容后，改变电容大小并测量电路的功率因数。

六、实验步骤

按图 3.40 所示连接电路。

（1）当 $C=0\ \mu F$ 时，接通电源，使日光灯点亮，测量总电流 I、总电压 U、$\cos\varphi$、灯管两端电压 U_R 和镇流器端电压 U_L，并将数据填入表 3.19。计算日光灯的等效电阻、电感和 $\cos\varphi$。

表 3.19　日光灯电路参数测量

I/A	U/V	P/W	$\cos\varphi$	U_R/V	U_L/V

（2）电容值 $C=1$、2.2、3.2、…、7.9 μF。保持 U 不变，测量在不同 C 值时电路的总电流 I、电感电流 I_L、电容电流 I_C 与 $\cos\varphi$ 值，并将数据填入表 3.20 中。画出 $\cos\varphi$-I、I-C 曲线，说明它们的关系。

表 3.20　日光灯电路参数测量

$C/\mu F$	1	2.2	3.2	4.7	5.7	6.9	7.9
I/A							
I_L/A							
I_C/A							
P/W							
$\cos\varphi$							

注意：按图 3.40 正确接线，切勿把 220 V 电源接到日光灯管的两端，以免损坏灯管。

七、知识拓展

在图 3.40 所示的交流电路中，功率因数可通过测量 U_R、U_L、I_L 来计算。由于

$$P = IU\cos\varphi = I_L U_R + I_L U_L \cos\varphi_1$$

$$\cos\varphi_1 = \frac{R}{\sqrt{R^2 + X_L^2}}$$

若能测量出电路总电压 U 和电流 I 以及 U_R、U_L、I_L，求出 R 和 X_L，就能计算出 $\cos\varphi_1$，从而得到 $\cos\varphi$。

请思考，在图 3.40 所示的电路中，如果没有功率表，那么能否由表 3.20 中的测量数据，计算出功率因数。

八、思考题

（1）交流电路中，功率因数不高的根本原因是什么？
（2）如何根据电流表的读数来判断负载功率因数等于 1 的情况？
（3）日光灯电路中启辉器的作用是什么？
（4）在日光灯电路中，如果缺少启辉器，在确保安全的情况下，如何使日光灯点亮？

九、实验报告

（1）根据实验步骤（1）测量所得的数据，计算日光灯的等效电阻及电感。

（2）画出 $\cos\varphi - I$、$I - C$ 曲线，说明它们的关系。

3.9 晶体管共发射极放大电路的研究

一、实验目的

（1）学会检查、调整、测量电路的工作状态，了解静态工作点对放大器性能的影响。

（2）掌握测量放大电路的电压放大倍数、输入电阻和输出电阻的方法。

（3）了解负载对电路参数的影响。

（4）熟悉常用电子仪器及模拟电路实验模块的使用。

二、预习要求

（1）预习测量交流电压放大器的动态参数、静态参数、电压放大倍数、输入电阻和输出电阻的方法。

（2）熟悉实验电路原理图，了解各个元器件、测试点及开关的位置和作用。

（3）实验放大电路采用 3DG6 晶体管，设 $\beta = 100$，$R_{B1} = 20\ \text{k}\Omega$，$R_{B2} = 60\ \text{k}\Omega$，$R_E = 1\ \text{k}\Omega$，$R_C = 2.4\ \text{k}\Omega$，$R_L = 2.4\ \text{k}\Omega$，$U_{CC} = 12\ \text{V}$，估算放大器的静态工作点、电压放大倍数 A、输入电阻 R_i 和输出电阻 R_o。

（4）应用仿真软件 Multisim，对单级共发射极放大电路进行仿真设计、分析。

三、实验原理

图 3.41 所示是共发射极电压放大器原理图，它是单级电阻分压式稳定放大器静态工作点电路。它的偏置电路采用由 R_{B1} 和 R_{B2} 组成的基极分压电路，并在发射极中接有 R_{E1} 和 R_{F1}，以稳定放大器的静态工作点。当在放大器的输入端加入信号 u_i 后，放大器的输出端得到一个与其相位相反、幅值被放大的输出信号 u_o，从而实现电压放大。

交流电压放大器的基本要求：在输出电压波形基本不失真的情况下，有足够的电压放大倍数。也就是说，放大器中的晶体管必须工作在线性放大区，这一要求可以通过静态工作点的设置来实现。

静态工作点的测量是指放大器在加上直流电源而不加输入信号的情况下，选用适合的直流电流表和直流电压表来测量晶体管各极的直流电流和直流电压（如 I_B、I_C、U_{CE}）。测量电流时，为了避免线路变更，工程实践中一般采取先测出电压，再将其换算成电流的方法间接测量 I_B、I_C 值。

例如，图 3.41 所示的测量 I_C，可先测出 U_{RC}（集电极电阻上的压降），再由 $I_C = U_{RC}/R_C$ 算出 I_C；也可测量 U_E（发射极电压），再由 $I_C \approx I_E = U_E/R_E$ 算出 I_C。

初设静态工作点时，常选直流负载线的中点，即 $U_{CE} = U_{CC}/2$ 或 $I_C = I_{CS}/2$（$I_{CS} = U_{CC}/R_C$ 为集电极饱和电流），这样可以获得最大输出动态范围。对于选定的电压放大器，静态工作

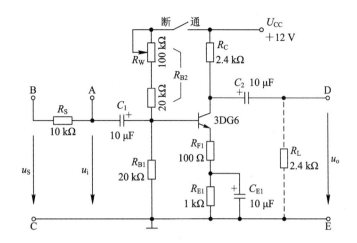

图 3.41 共发射极电压放大器原理图

点的调整常是通过改变偏置电阻来实现的，所以偏置电阻常选用电位器来代替。为了防止在调整的过程中将电位器阻值调得过小使 I_C 过大而烧坏晶体管，可用一只固定电阻与电位器 R_W 串联。

在放大器输出端接有负载电阻 R_L 时，交流负载线比直流负载线要陡，所以放大器的动态电压范围要减小。反映最大输出动态范围的参数是最大不失真电压 $u_{CE m}$。图 3.42 所示空载时，最大不失真电压是 $u_{CE m1}$，带载时的最大不失真电压是 $u_{CE m2}$。在同一个静态工作点 Q 下，$u_{CE m1} > u_{CE m2}$。

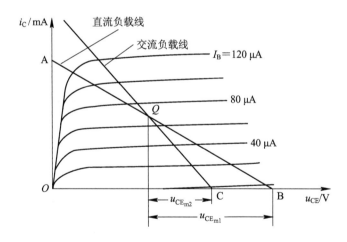

图 3.42 从最优动态范围选择静态工作点

有射极电阻 R_E 时，动态范围也会减小。这时可将静态工作点调在交流负载线的中点，以获得最大动态范围。

从图 3.42 所示可见，静态工作点的位置决定了最大动态范围。当静态工作点设置不当，或输入信号过大时，放大器的输出电压都会产生非线性失真。工作点偏高，放大器在加入交流信号以后易产生饱和失真，此时 u_o 的负半周将被削底，如图 3.43(a)所示；工作点偏低则易产生截止失真，即 u_o 的正半周被压缩（一般截止失真不如饱和失真明显），如图 3.43(b)所示。

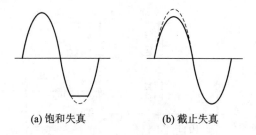

(a) 饱和失真   (b) 截止失真

图 3.43　静态工作点对 u_o 波形的影响

电压放大器的放大能力用电压放大倍数 A 来衡量，即

$$A_u = \frac{u_o}{u_i}$$

式中：u_o 为输出信号电压；u_i 为输入信号电压。u_o 和 u_i 可用交流毫伏表（或示波器）测得，示波器用来观察输入和输出信号电压波形及其相位关系，也可同时用示波器测得 u_o 和 u_i 的幅值。

　　放大器输入电阻的大小反映了放大器消耗前级信号功率的大小。为了测量放大器的输入电阻，按图 3.44 所示，在被测放大器的输入端与信号源之间串入一个已知电阻 R，加入交流电压，在放大器正常工作的情况下，用交流毫伏表（或示波器）测出 u_S 和 u_i，根据输入电阻的定义可计算出

$$R_i = \frac{u_i}{i_i} = \frac{u_i}{\dfrac{u_R}{R}} = \frac{u_i}{u_S - u_i} R$$

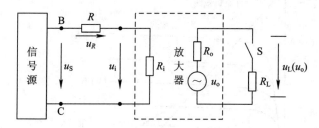

图 3.44　输入、输出电阻测量电路

　　注意： 由于电阻 R 两端没有电路公共接地点，所以测量 R 两端电压 u_R 时必须分别测出 u_S 和 u_i，然后按 $u_R = u_S - u_i$ 求出 u_R 值；电阻 R 的值不宜取过大或过小，以免产生较大的测量误差，通常取 R 与 R_i 为同一数量级为好，本实验可取 $R = 1 \sim 10$ kΩ。

　　放大器输出电阻的大小反映了放大器带动负载的能力。R_o 越小，放大器输出等效电路就越接近于恒压源，其带负载的能力就越强。按图 3.44 所示的电路，在放大器正常工作的条件下，测出输出端不接负载 R_L 的输出电压 u_o 和接入负载后的输出电压 u_L，根据

$$u_L = \frac{R_L}{R_o + R_L} u_o$$

即可求出输出电阻为

$$R_o = \left(\frac{u_o}{u_L} - 1 \right) R_L$$

四、实验设备

本次实验需要的实验设备如表 3.21 所示。

表 3.21　实 验 设 备

序　号	设备名称	功能作用	数　量
1	双踪示波器	观测输入、输出波形	1
2	函数信号发生器	提供输入信号	1
3	数字万用表	测量静态工作点	1
4	交流毫伏表	测量交流信号电压	1
5	电工电子综合实验装置	单级共发射极放大电路实验模块	1

五、实验内容

（1）测量放大器的静态工作点，使 $I_{CQ} = 2\ mA$。

（2）分别在空载、带载的情况下，测量电压放大倍数，此时输入信号 $u_i = 10\ mV$，$f = 1\ kHz$，输出波形不能失真。

（3）观察静态工作点对输出波形失真的影响。

（4）测量放大器的输入电阻和输出电阻。

六、实验步骤

为了防止干扰且减小测量误差，各仪器的公共端必须连接在一起，同时信号源、交流毫伏表和示波器的引线应采用专用电缆线，并正确选择信号检测点和公共接地端。

共射极放大
电路实验

1. 调整静态工作点

（1）将电工实验台直流稳压电源的 12 V 和地，连接到实验电路板的电源接入端 U_{CC} 和接地端。

（2）实验电路如图 3.41 所示。调节偏置电位器 R_W，使 $U_E = 2.2\ V$（用数字万用表直流电压挡测量），即得 $I_C = 2\ mA$，用数字万用表测量 U_B、U_C、U_E 及 R_{B2} 的值，测量数据填入表 3.22 中。

表 3.22　静态工作点测试

测 量 值				计 算 值		
U_E/V	U_B/V	U_C/V	$R_{B2}/k\Omega$	U_{BE}/V	U_{CE}/V	I_C/mA

注意：测量电阻 R_{B2} 时应关闭电源，断开电路（开关处于断开位置）。

2. 电压放大倍数的测量

（1）保持 $I_C = 2\ mA$ 时的静态工作点。

（2）将信号源输出通过电缆接到图 3.41 所示的输入端"B"和接地端"C"，用交流毫伏表（或示波器）监测输入电压 u_i。

（3）打开信号源，调节其信号频率为 1 kHz，调节输出电压使 $u_i = 10$ mV。

（4）用示波器观察输出电压波形，在其不失真的情况下，测量放大器在不同带载情况下的输出电压，将所测结果记录在表 3.23 中。

表 3.23　放大倍数测量

输入电压 u_i	负　载	输出电压 u_o/mV	放大倍数 A
10 mV	$R_L = 10$ kΩ		
	$R_L = 2.4$ kΩ		

3. 测量放大器的输入电阻和输出电阻

1）输入电阻的测量

（1）将信号源输出通过电缆接到图 3.41 所示的输入端"B"和接地端"C"，调整信号源输出，用示波器观察放大器的输出，使输出波形不失真。

（2）用交流毫伏表（或示波器）测量电阻 R 两端的对地电压 u_S 和 u_i，将所测结果记录在表 3.24 中，则

$$R_i = \frac{u_i}{i_i} = \frac{u_i}{\dfrac{u_R}{R}} = \frac{u_i}{u_S - u_i} R \quad （本实验 R = 10 \text{ k}\Omega）$$

2）输出电阻的测量

（1）保持放大器正常工作，使 $R_L = \infty$，用交流毫伏表（或示波器）测量输出端的开路电压 u_o。

（2）使 $R_L = 2.4$ kΩ，用交流毫伏表（或示波器）测量 R_L 端的电压 u_L，将所测结果记录在表 3.24 中，则 $R_o = (u_o/u_L - 1)R_L$。

表 3.24　输入、输出电阻测量

u_s/mV	u_i/mV	R_i/kΩ	u_o/mV	u_L/mV	R_o/kΩ	输入、输出波形相位关系

4. 观察静态工作点对输出波形失真的影响

（1）维持静态工作点不变，逐渐增大 u_i 幅值，直到 u_o 波形的正半周或负半周刚要出现失真，记下此时的 u_i 和 u_o。

（2）将 R_W 值逐渐调小，用示波器观察 u_o 的波形变化，直至 u_o 的负半周出现失真（饱和失真），将波形记录在表 3.25 中。

（3）将 R_W 值逐渐调大，用示波器观察 u_o 的波形变化，可以看到 u_o 的幅值逐渐减小（当截止失真不明显时可适当加大输入信号），直至 u_o 的正半周出现明显的失真为止，并将波形记录在表 3.25 中。

表 3.25　失真波形分析

种　类	内　容		
	失真波形	失真原因	解决办法
饱和失真			
截止失真			

七、知识拓展

1. 放大器的频率特性

放大器的频率特性是指放大器的电压放大倍数 A，以及输入、输出信号相位差与输入信号频率 f 之间的关系曲线。单管阻容耦合放大电路的幅频特性曲线如图 3.45 所示，A_m 为中频电压放大倍数(如 $f_0=1$ kHz)，通常规定电压放大倍数随频率变化下降到中频放大倍数的 $1/\sqrt{2}$ 倍，即 $0.707A_m$ 所对应的频率分别称为下限频率 f_L 和上限频率 f_H，则通频带 $BW=f_H-f_L$。

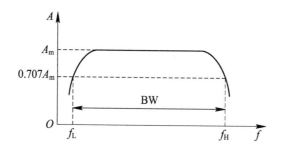

图 3.45　单管阻容耦合放大电路的幅频特性曲线

放大器的幅频特性就是测量不同频率信号时的电压放大倍数 A。实验采用逐点测试法，输入信号每设置一个频率，则测量一次对应的电压放大倍数 A。测量时应注意取点要恰当，通常测量 f_0、f_L、$f_L/5$、f_H、$5f_H$ 等几个关键频率点，在低频段与高频段应多测几个点，在中频段可以少测量几个点，以便于绘制幅频特性曲线。

注意：在改变放大器的频率时，要保持输入信号的幅度不变(通常 $u_i=10$ mV)，且输出波形不失真。

放大器的相频特性的测试是通过双踪示波器测量输入、输出波形的时间差来计算相位差的。将两个正弦波形同时显示在示波器屏上，其正弦波周期为 T，两波形时间差为 τ，则相位差 $\varphi=\dfrac{\tau}{T}\times360°$。正确选择频率测试点，通常在测量幅频特性的同时，用示波器监测不同频率点的 φ，即可绘出相频特性曲线。

2. 测量幅频特性曲线

设置 $R_c=2.4$ kΩ，$R_L=2.4$ kΩ，$I_c=2$ mA。保持输入信号 u_i 的幅度不变，改变信号源频率 f，逐点测量出相应的输出电压 u_o，将测量数据记入表 3.26 中。

表 3.26 $u_i = 10 \text{ mV}$ 时的测量数据

	f/kHz				
	$f_L/5$	f_L	f_0	f_H	$5f_H$
f/kHz					
u_o/V					
$A = u_o/u_i$					

注意：为了使信号源频率取值合适，可先粗略测一下 f_0，找出中频范围，然后再仔细测绘找出 f_L 和 f_H。同时可用示波器监测输入、输出信号相位差，测量相频特性。

八、思考题

(1) 放大器在加入交流信号后，若输出波形出现负半周削底的现象，这是什么原因引起的？

(2) 仪器没有共地连接会出现什么问题？

(3) 分析图 3.46 所示的波形是什么类型的失真？是什么原因引起的？如何解决？

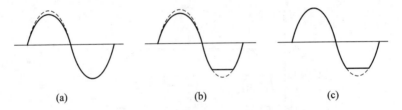

(a)   (b)   (c)

图 3.46   输出波形失真

(4) 负载电阻 R_L 对电路的哪些参数有影响？分别有什么影响？

九、实验报告

(1) 列表整理测量结果，把实测的静态工作点、电压放大倍数、输入电阻、输出电阻的值与理论计算的值进行比较(取一组数据进行比较)，分析误差产生的原因。

(2) 总结 R_C、R_L，以及静态工作点对放大器电压放大倍数、输入电阻、输出电阻的影响，讨论静态工作点变化对放大器输出波形的影响。

3.10   集成运算放大器的基本应用

一、实验目的

(1) 熟悉集成运算放大器的 LM324 的基本性质和特点，并掌握其使用方法。

(2) 研究集成运算放大器的构成比例，加法、减法、积分和微分运算电路的方法。

（3）了解集成运算放大器在实际应用时应考虑的一些问题。

二、预习要求

（1）预习集成运算放大器的内容，分析集成运算放大器基本电路的工作原理。

（2）写出各种运算电路的 u_i 和 u_o 关系表达式，计算出实验内容的有关理论值。

（3）为了不损坏集成放大器，实验中应注意什么问题？

（4）应用仿真软件 Multisim，设计反相比例运算电路，进行集成放大器性能分析。

三、实验原理

集成运算放大器是具有高增益、高输入阻抗的直接耦合放大器。本实验采用 LM324 集成运算放大器、外接电阻、电容等构成基本的运算电路。在运算电路中，以输入电压作为自变量，输出电压作为函数。当输入电压变化时，输出电压将按一定的规律变化，即输出电压反映输入电压的某种运算结果。集成运算放大器需要工作在线性区，在深度负反馈的条件下，利用反馈网络实现各种数学运算，如本实验所讨论的加、减、积分等运算。

1. 基本运算电路

1）反相比例运算电路

反相比例运算电路如图 3.47 所示。对于理想运放，该电路的输出电压与输入电压之间的关系为

$$u_o = -\frac{R_f}{R_1} u_i$$

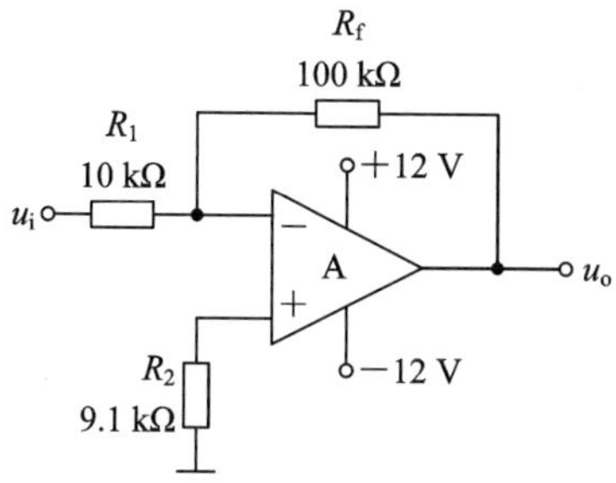

图 3.47　反相比例运算电路

反相比例运算电路电压放大倍数为

$$A = -\frac{R_f}{R_1}$$

为了减小输入级偏置电流引起的运算误差，在同相输入端应接入平衡电阻 R_2，且有 $R_2 = R_1 // R_f$。

2）同相比例运算电路

同相比例运算电路原理图如图 3.48 所示，它的输出电压与输入电压之间的关系为

$$u_o = \left(1 + \frac{R_f}{R_1}\right) u_i$$

同相比例运算电路电压放大倍数为

$$A = 1 + \frac{R_f}{R_1}$$

同样，电路中接入平衡电阻 R_2 为 $R_2 = R_1 // R_f$。

注意：图 3.48 所示的电路中，当 $R_1 \rightarrow \infty$ 时，$u_o = u_i$，即得到如图 3.49 所示的电压跟随器。

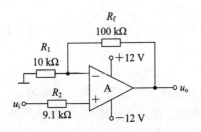

图 3.48　同相比例运算电路

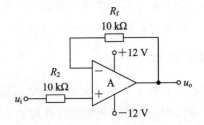

图 3.49　电压跟随器

3）反相加法运算电路

反相加法运算电路如图 3.50 所示，输出电压与输入电压之间的关系为

$$u_o = -\left(\frac{R_f}{R_1}u_{i1} + \frac{R_f}{R_2}u_{i2}\right)$$

实际电路中，一般取 $R_1 = R_2$，$R_3 = R_1 // R_2 // R_f$。

4）减法运算电路

减法运算电路（减法器）原理图如图 3.51 所示，当 $R_1 = R_2$，$R_3 = R_f$ 时，有如下关系式：

$$u_o = \frac{R_f}{R_1}(u_{i2} - u_{i1})$$

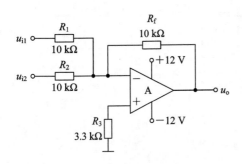

图 3.50　反相加法运算电路图

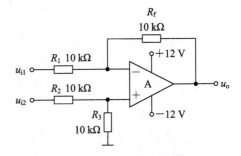

图 3.51　减法运算电路

2. LM324 集成运算放大器

LM324 是四运放集成电路，它采用 14 脚双列直插塑料封装，外形如图 3.52(a) 所示。它的内部包含四组形式完全相同的运算放大器，除电源共用外，四组运放相互独立。每一组运算放大器可用图 3.52(c) 所示的符号来表示，它有 5 个引出脚，其中 ＋、－ 为两个信号输入端，U_+、U_- 为正、负电源端，u_o 为输出端。两个信号输入端中，$u_i(-)$ 为反相输入端，表示运放输出端 u_o 的信号与该输入端的信号相位相反；$u_i(+)$ 为同相输入端，表示运放输出端 u_o 的信号与该输入端的信号相位相同。LM324 的引脚排列见图 3.52(b)。

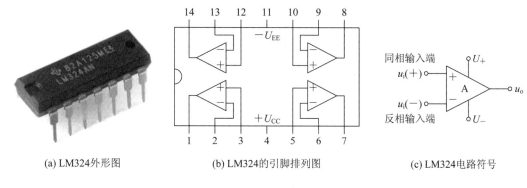

(a) LM324外形图　　　　(b) LM324的引脚排列图　　　　(c) LM324电路符号

图 3.52　LM324 集成运放

由于 LM324 四运放集成电路具有电源电压范围宽、静态功耗小、可单电源使用、价格低廉等优点，因此被广泛应用在各种电路中。

四、实验设备

本次实验需要的实验设备如表 3.27 所示。

表 3.27　实 验 设 备

序号	设备名称	功能作用	数量
1	双踪示波器	观测输入、输出波形	1
2	函数信号发生器	提供输入信号	1
3	数字万用表	测量电阻、电压	1
4	交流毫伏表	测量交流信号电压	1
5	电工电子综合实验装置	模拟电路模块、集成运算放大器、电阻器、电容器	若干

五、实验内容

（1）反相比例运算电路的研究。

（2）同相比例运算电路的研究。

（3）反相加法运算电路的研究。

（4）减法运算电路的研究。

六、实验步骤

实验前，看清运放组件的各个管脚，切忌将正、负电源极性接反或输出端短路，每次改变实验电路时，都必须先关闭电源，否则将会损坏集成块。

集成运算放大器
的应用实验

1. 反相比例运算电路

（1）按照图 3.47 所示连接电路，检查无误后，接通±12 V 电源。

（2）在输入端加入有效值为 0.5 V、频率为 1 kHz 的正弦交流信号 u_i，用示波器测量

输出电压 u_o，将测量数据填入表 3.28 中，并绘出输入、输出的波形。

表 3.28　反相比例运算实验数据

u_i/V	u_o/V	A		输入波形(交流)	输出波形(交流)
		实测值	理论值		

2. 同相比例运算电路

（1）按照图 3.48 所示连接电路，检查无误后，接通±12 V 电源。

（2）在输入端加入有效值为 0.5 V、频率为 1 kHz 的正弦交流信号 u_i，用交流毫伏表（或示波器）测量输出电压 u_o，将测量数据填入表 3.29 中，并绘出输入、输出的波形。

表 3.29　同相比例运算实验数据

u_i/V	u_o/V	A		输入波形(交流)	输出波形(交流)
		实测值	理论值		

3. 反相加法运算电路

（1）按照图 3.50 所示连接电路，检查无误后，接通±12 V 电源。

（2）输入信号为直流电压。实验时要注意选择合适的直流电压值，以确保集成运放工作在线性区。用直流电压表测量输入电压 u_{i1}、u_{i2} 及输出电压 u_o，并将结果填入表 3.30 中。

表 3.30　反相加法运算实验数据

u_{i1}/V	5	5	5	5	5
u_{i2}/V	1	1.5	2	2.5	3
u_o/V					

4. 减法运算电路

（1）按照图 3.51 所示连接电路，检查无误后，接通±12 V 电源。

（2）输入信号为直流电压。实验时要注意选择合适的直流电压值，以确保集成运放工作在线性区。用直流电压表测量输入电压 u_{i1}、u_{i2} 及输出电压 u_o，并将结果填入表 3.31 中。

表 3.31　减法运算实验数据

u_{i1}/V	1	1.5	2	2.5	3
u_{i2}/V	5	5	5	5	5
u_o/V					

七、知识拓展

集成运算放大器的应用实例。

1. 反相交流放大器

反相交流放大器电路图如图 3.53 所示。此放大器可代替晶体管进行交流放大，可用于扩音机前置放大。此电路无需调试，放大器采用单电源供电，由 R_1、R_2 组成 $(1/2)U_+$ 偏置，C_1 是消振电容。

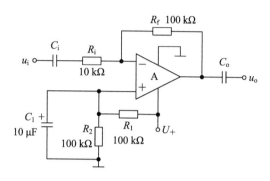

图 3.53　反相交流放大器

放大器电压放大倍数 A 仅由外接电阻 R_i、R_f 决定，$A = -(R_f/R_i)$，其中负号表示输出信号与输入信号相位相反。按图 3.53 中所给数值得到 $A = -10$。此电路输入电阻为 R_i，一般情况下，先取 R_i 与信号源内阻相等，然后根据要求的放大倍数再选定 R_f，C_o 和 C_i 为耦合电容。

2. 交流信号三分配放大器

交流信号三分配放大器电路图如图 3.54 所示。此电路可将输入交流信号分成三路输出，三路信号可分别用作指示、控制、分析等用途，而对信号源的影响极小。因为运放 A_1 的输入电阻高，运放 $A_2 \sim A_4$ 均把输出端直接接到反相输入端，信号输入至同相输入端，相当于同相放大状态时 $R_f = 0$ 的情况，故各放大器电压放大倍数均为 1，与分立元件组成的射极跟随器作用相同。R_1、R_2 组成 $(1/2)U_+$ 偏置，静态时 A_1 输出端电压为 $(1/2)U_+$，故运放 $A_2 \sim A_4$ 输出端亦为 $(1/2)U_+$，通过输入、输出电容的隔直作用，取出交流信号，形成三路分配输出。

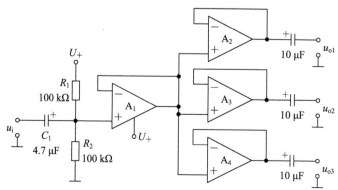

图 3.54　交流信号三分配放大器电路图

3. 单稳态触发器

单稳态触发器如图 3.55(a)所示，此电路可用在一些自动控制系统中。电阻 R_1、R_2 组成分压电路，为运放 A_1 反相输入端提供偏置电压 u_1，作为比较电压基准。静态时，电容 C_1 充电完毕，运放 A_1 正输入端电压 u_2 等于电源电压 U_+，故 A_1 输出高电平。当输入电压 u_i 变为低电平时，二极管 VD_1 导通，电容 C_1 通过 VD_1 迅速放电，使 u_2 突然降至低电平，此时因为 $u_1 > u_2$，故运放 A_1 输出低电平。当输入电压变高时，二极管 VD_1 截止，电源电压经 R_3 给电容 C_1 充电，当 C_1 上充电电压大于 u_1 时，即 $u_2 > u_1$，A_1 输出又变为高电平，从而结束了一次单稳态触发。显然，提高 u_1 或增大 R_2、C_1 的数值，都会使单稳态延时增长；反之，则缩短。如果将二极管 VD_1 去掉，则此电路具有加电延时功能。刚加电时，$u_1 > u_2$，运放 A_1 输出低电平，随着电容 C_1 不断充电，u_2 不断升高；当 $u_2 > u_1$ 时，A_1 输出才变为高电平，参考图 3.55(b)所示。

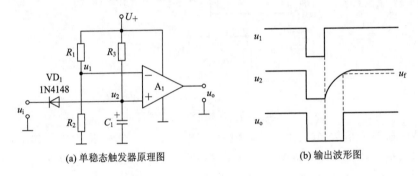

(a) 单稳态触发器原理图　　　　(b) 输出波形图

图 3.55　单稳态触发器

八、思考题

(1) 理想运算放大器在线性应用时的两个重要特性是什么？

(2) 反相比例运算放大器应该怎么接？

(3) 为了让运算放大器在线性区工作应该采取什么措施？

(4) LM324 型集成运放的功能引脚的顺序是否可随意更换？为什么？

九、实验报告

(1) 比较各实验电路的测量数据与理论计算值是否符合，如不符合时请分析其原因。

(2) 分析比较各电路的输出波形，并按比例描绘 u_i 和 u_o 的波形。

3.11　集成直流稳压电源

一、实验目的

(1) 了解单相交流变压、桥式整流、电容滤波等电路的特性。

（2）掌握集成稳压器的特点、基本应用，以及性能指标的测试方法。

（3）了解集成稳压器扩展性能的方法。

二、预习要求

（1）复习变压、整流、滤波和稳压电源的内容，了解集成稳压电路的特点和工作原理。

（2）查阅集成稳压器资料，了解其主要技术指标和典型应用电路。

（3）了解稳压电源在现代电子设备、仪器仪表等中的应用。

三、实验原理

电子设备一般都需要直流电源供电，这些直流电除了少数直接利用干电池和直流发电机提供外，大多数是采用直流稳压电源把交流电（市电）转换为直流电。直流稳压电源由电源变压器、整流、滤波和稳压电路四部分组成，其原理框图如图 3.56 所示。电网供给的交流电压 u_1（220 V，50 Hz）经电源变压器降压后，得到符合电路需要的交流电压 u_2；然后由整流电路变换成方向不变、大小随时间变化的脉动电压 u_3；再用滤波器滤去其交流分量，就可得到比较平直的直流电压。但这样的直流输出电压，会随交流电网电压的波动或负载的变动而变化，在对直流供电要求较高的场合，还需要使用稳压电路保证输出直流电压 U_o 更加稳定。

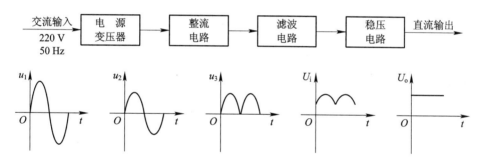

图 3.56　直流稳压电源框图

稳压部分电路是直流稳压电源的核心，集成稳压器具有外接线路简单、使用方便、工作可靠和通用性强等优点，基本上取代了由分立元器件构成的稳压电路，在各种电子设备中广泛应用。集成稳压器的种类有很多，常用的有串联线性集成稳压器，它是采用三端式固定输出和可调输出稳压器设计的，能够满足设备对直流电源的性能要求。

1. 稳压电源的主要性能指标

（1）输出电压 U_o 调节范围。

（2）最大负载电流 I_{om}。

（3）输出电阻 R_o。输出电阻 R_o 定义为：当输入电压 U_i（指稳压电路输入电压）保持不变时，负载变化引起的输出电压变化量与输出电流变化量之比，即

$$R_o = \frac{\Delta U_o}{\Delta I_o}\bigg|_{R_L = \text{常}}$$

（4）稳压系数 S（电压调整率）。稳压系数定义为：当负载保持不变时，输出电压相对变化量与输入电压相对变化量之比，即

$$S = \frac{\dfrac{\Delta U_{\mathrm{o}}}{U_{\mathrm{o}}}}{\dfrac{\Delta U_{\mathrm{i}}}{U_{\mathrm{i}}}}\Bigg|_{R_{\mathrm{L}}=\text{常}}$$

由于工程上常把电网电压波动±10%作为极限条件，因此也可以将此时输出电压的相对变化 $\Delta U_{\mathrm{o}}/U_{\mathrm{o}}$ 作为衡量指标，称为电压调整率。

（5）纹波电压。输出纹波电压是指在额定负载条件下，输出电压中所含交流分量的有效值（或峰值）。

2. 三端式固定输出集成稳压器

典型的三端式集成稳压器 W7800、W7900 系列的输出电压是固定的，在使用中不能进行调整。W7800 系列输出正极性电压一般有 5 V、6 V、9 V、12 V、15 V、18 V、24 V 七个挡位，输出电流最大可达 1.5 A（加散热片）。同类型 78M 系列稳压器的输出电流为 0.5 A，78L 系列稳压器的输出电流为 0.1 A。若要求负极性输出电压，则可选用 W7900 系列稳压器。

图 3.57 所示为 W7800 系列和 W7900 系列稳压器的外形和接线图。它们有三个引出端，分别是输入端（不稳定电压输入端）标以"IN"、输出端（稳定电压输出端）标以"OUT"、公共端标以"GND"。除固定输出三端稳压器外，还有可调式三端稳压器，后者可通过外接元器件对输出电压进行调整，以适应不同的需要。

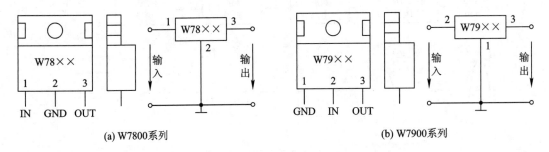

(a) W7800系列　　　　　　　　　　　　　　　　(b) W7900系列

图 3.57　W7800 系列和 W7900 系列稳压器的外形及接线图

本实验所用的集成稳压器为三端固定式稳压器 W7815，它的主要参数有输出直流电压为 +15 V、输出电流为 1 A（L 系列为 0.1 A，M 系列为 0.5 A）、电压调整率为 10 mV/V、输出电阻为 0.15 Ω、输入电压范围为 18～20 V。一般 U_{i} 要比 U_{o} 大 3～5 V 才能保证集成稳压器工作在线性区。

图 3.58 所示是用三端式稳压器 W7815 构成的单电源电压输出串联型稳压电源的实验电路图。其中，整流部分采用四个二极管组成的桥式整流器成品（又称桥堆），内部接线和外部管脚引线如图 3.59 所示。滤波电容 C_1、C_2 的取值一般为几百至几千微法。当稳压器距离整流滤波电路比较远时，在输入端必须接入电容器 C_3（数值为 0.33 μF），以抵消线路的电感效应，防止产生自激振荡。输出端电容 C_4（数值为 0.1 μF）用于滤除输出端的高频信号，以改善电路的暂态响应。

图 3.60 所示为正、负双电压输出电路，如需要 $U_{\mathrm{o}1} = +12$ V，$U_{\mathrm{o}2} = -12$ V，则可选用 W7812 和 W7912 三端稳压器，这时的 U_{i} 应为单电压输出时的两倍。

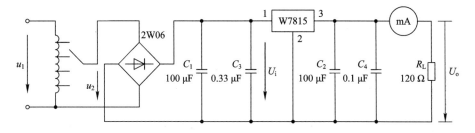

图 3.58　W7815 构成的稳压电路

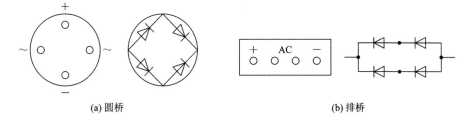

(a) 圆桥　　　　　　　　　　　　　　　(b) 排桥

图 3.59　桥式整流器管脚图

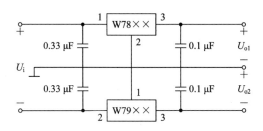

图 3.60　正、负双电压输出电路

3. 三端式可调输出集成稳压器

图 3.61 所示为可调输出正电压三端稳压器 W317 外形及接线图。输出电压为

$$U_o \approx \left(1 + \frac{R_2}{R_1}\right) \times U_{REF}$$

其中：$U_{REF} \approx 1.25$ V，所以

$$U_o \approx 1.25\left(1 + \frac{R_2}{R_1}\right)$$

最大输入电压 $U_{inm} = 40$ V，输出电压范围 $U_o = 1.2 \sim 37$ V。

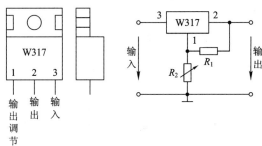

图 3.61　W317 外形及接线图

四、实验设备

本次实验需要的实验设备如表 3.32 所示。

表 3.32　实 验 设 备

序　号	设备名称	功能作用	数　量
1	双踪示波器	观测输入、输出波形	1
2	数字万用表	测量电压	1
3	电工电子综合实验装置	直流稳压模块等	1

五、实验内容

（1）测试整流滤波电路。

（2）测试集成稳压器性能。

六、实验步骤

1. 测试整流滤波电路

（1）按照图 3.62 所示连接电路，检查无误后，变压器输出 17 V 电压作为整流电路输入电压 u_2。

（2）接通电源，测量输出端直流电压 U_L 及纹波电压 $u_{LP\text{-}P}$（交流分量峰峰值）。

（3）用示波器观察 u_2 和 U_L 的波形，把测量数据及波形记入自拟表格中。

直流稳压
电源实验

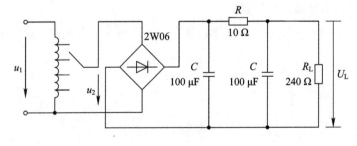

图 3.62　整流滤波电路

2. 测试集成稳压器性能

断开电源，在图 3.62 所示的整流滤波后加入稳压器，取负载电阻 $R_L = 120$ Ω，如图 3.63 所示。

1）初测

接入交流电压 u_1（220 V，50 Hz），测量 u_2 的值；测量滤波电路输出电压 U_i（稳压器输入电压）、集成稳压器输出电压 U_o，它们的数值应与理论值大致符合，否则说明此电路出了故障。如果电路出现故障，则查找故障并排除。

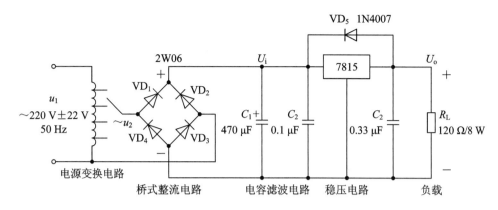

图 3.63 性能指标测试实验电路

注意：电路经初测进入正常工作状态后，才能进行各项指标的测试。

2）各项性能指标测试

（1）测量输出电压 U_o 和最大输出电流 I_{omax}。

在输出端接负载电阻 $R_L=120\ \Omega$，由于 W7815 输出电压 $U_o=15\ V$，因此流过 R_L 的电流 $I_{omax}=15\ V/120\ \Omega=125\ mA$。这时 U_o 应基本保持不变，若变化较大则说明集成块性能不良。

（2）测量稳压系数 S（以下参数自拟测试方法把测量结果填入自拟表格中）。

（3）测量输出电阻 R_o。

（4）测量输出纹波电压。

七、知识拓展

集成稳压器的扩展应用。

当集成稳压器本身的输出电压或输出电流不能满足要求时，可通过外接电路来对其进行性能扩展。图 3.64 所示是一种简单的输出电压扩展电路，如果 W7812 稳压器的 3、2 端间输出电压为 12 V，则只要选择适当的 R 值，使稳压管 VD_W 工作在稳压区，就可以使输出电压 $U_o=12+U_z$，从而可以高于稳压器本身的输出电压。

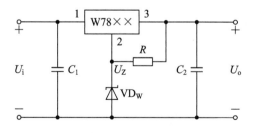

图 3.64 输出电压扩展电路

图 3.65 所示是通过外接晶体管 VT 及电阻 R_1 来进行电流扩展的电路。电阻 R_1 的阻值由外接晶体管的发射结导通电压 U_{BE}、三端式稳压器的输入电流 I_i（近似等于三端稳压器的输出电流 I_{o1}）和 VT 的基极电流 I_{B1} 来决定，即

$$R_1 = \frac{U_{BE}}{I_R} = \frac{U_{BE}}{I_i - I_{B1}} = \frac{U_{BE}}{I_{o1} - \dfrac{I_C}{\beta}}$$

其中：I_C 为晶体管 VT 的集电极电流，$I_C = I_o - I_{o1}$；β 为 VT 的电流放大系数；对于锗管 U_{BE} 可按 0.3 V 估算，对于硅管 U_{BE} 按 0.7 V 估算。

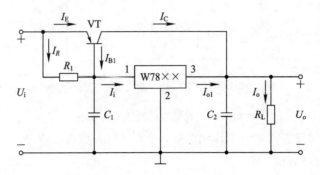

图 3.65　输出电流扩展电路

八、思考题

（1）直流稳压电源包含哪几个部分？每个部分的作用是什么？

（2）滤波电路有哪些形式？各有什么特点？

（3）图 3.66 所示波形是经过哪个电路后的输出电压波形？

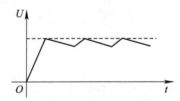

图 3.66　电路输出电压波形

九、实验报告

（1）整理实验数据，计算 R_o，并与手册上的典型值进行比较。

（2）分析、讨论实验中的现象和问题。

3.12　门电路和组合逻辑电路

一、实验目的

（1）掌握门电路逻辑功能的测试方法。

（2）掌握组合逻辑电路的功能测试和分析方法。

（3）掌握集成芯片管脚的识别方法。

（4）熟悉电工电子实验装置的基本功能和使用方法。

二、预习要求

（1）学习与非门电路的工作特点和逻辑功能。

（2）了解组合逻辑电路的设计步骤和分析方法。

（3）阅读附录电工技术实验装置的使用方法。

三、实验原理

1. 与非门的逻辑功能

74LS00 与 CD4011 均是四 2 输入与非门，其外引线排列图如图 3.67 所示。当输入端有一个或一个以上是低电平时，输出端为高电平；只有当输入端全部为高电平时，输出端才为低电平。

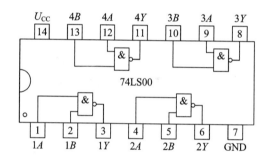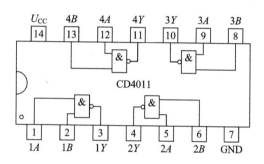

图 3.67 74LS00 与 CD4011 的外引线排列图

与非门的逻辑表达式为

$$Y = \overline{AB}$$

2. TTL 集成电路使用规则

（1）认清集成电路的定位标记，不得插反。

（2）TTL 电路对电源电压要求较严。电源电压 U_{CC} 只允许在 +5 V±10% 的范围工作。当电源电压超过 5.5 V 时，将损坏器件；当电源电压低于 4.5 V 时，元器件的逻辑功能则不正常。

（3）闲置输入端处理方法：

① 悬空相当于正逻辑"1"。对于一般小规模集成电路的数据输入端，实验室允许悬空处理；但是对于接有长线的输入端、中规模以上的集成电路和使用集成电路较多的复杂电路，所有控制输入端必须按照逻辑要求接入电路，不允许悬空。

② 直接接电源电压（也可串入一个 1～10 kΩ 的固定电阻）或接某一个固定电压（2.4～4.5 V），或与输入端为接地的多余与非门的输出端相接。

③ 若前级驱动能力允许，则可以与使用的输入端并联。

（4）输出端不允许并联使用（集电极开路门（OC）和三态输出门电路（3S）除外），否则不仅会使电路逻辑功能混乱，而且会导致器件损坏。

（5）输出端不允许直接接地或直接接+5 V电源，否则将损坏器件。有时为了使后级电路获得较高的输出电平，允许输出端通过电阻 R 接至 U_{CC}，一般取 $R=3\sim5.1$ kΩ。

（6）输入端通过电阻接地，电阻值的大小将直接影响电路所处的状态。当 $R<680$ Ω 时，输入端相当于逻辑"0"；当 $R\geqslant4.7$ kΩ 时，输入端相当于逻辑"1"。对于不同系列的器件，要求的电阻不同。

3. 实验电路的布线

（1）连接电路或插接元器件前，须先切断电源。

（2）插接元器件前应先校准集成元器件两排管脚的距离，使之与集成电路插座或面包板上的行距相等。插接集成电路时，用力要轻而且均匀，不要一下子插紧，待确定集成元器件的管脚和插孔位置一致后，再稍用力将其插牢，这样可以避免集成元器件的管脚弯曲或折断。如果发现管脚弯曲，应用工具将管脚校直后，再将集成芯片正确地、轻轻地插入对应的插孔中。拔起元器件前，须先切断电源，并应借助起拔器或工具将元器件从两侧小心拔起。

（3）插接集成元器件时要认清方向，不要插反。双列直插式集成元器件一般都有定位标记，在使用时必须注意。

（4）布线用的导线直径应和插孔直径相一致，根据布线的距离以及插孔的长度剪断导线。要求线头剪成45°斜口，线头剥离长度约为 6 mm；要求插接元器件全部插入底板以保证其接触良好，裸线不宜露在外面，防止与其他导线短路。

（5）导线最好分颜色，以区分不同的用途。红色一般用于正电源接线，黑色用于地线连线，其余接线可采用其他颜色。

（6）布线最好有顺序地进行，不要随意接线，以免造成漏接。布线时先将固定电平的端点连接好，例如，电源的正极线、地线、集成元器件输入、输出端的连线，再按信号流向顺序依次布线。这些连线尽可能使用短线，线路简洁，尽可能减少交叉。

（7）实验线路连接完毕，应再仔细检查线路是否有误接或漏接。线路连接经检查无误后方可通电进行实验。

四、实验设备

本实验需要的实验设备、元器件如表3.33所示。

表3.33　实验设备、元器件

序　号	设备名称	功能作用	数　量
1	数字电路实验模块	提供实验电源、逻辑电平、显示器	1
2	74LS00/CD4011	四2输入与非门	2
3	74LS20/CD4012	双4输入与非门	1
4	74LS138	3线-8线译码器	1
5	74LS153	双四选一数据选择器	1

五、实验内容

（1）测试与非门的逻辑功能。

（2）测试与非门构成的组合逻辑电路的逻辑功能。

六、实验步骤

门电路和组合
逻辑电路实验

1. 测试与非门的逻辑功能

（1）按图 3.68 所示接线，将 74LS00 的 7 脚接地，14 脚接 5 V 电源，任选其中一个与非门进行实验。将与非门的两个输入端分别接入逻辑电平开关输出插口，输出端接发光二极管。

（2）按表 3.34 所示的要求分别改变输入信号，观察输出指示灯的变化，并将结果填入表 3.34 中，根据测试结果写出逻辑表达式。

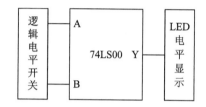

图 3.68　测试与非门逻辑功能接线图

表 3.34　与非门真值表

A	B	Y
0	1	
1	0	
1	1	
0	0	

2. 分析组合逻辑电路的逻辑功能

（1）图 3.69 所示为一楼道照明灯控制电路，测试其逻辑功能并分析控制电路的工作原理。

① 按图 3.69 所示搭接电路，其中输入 A、B 接实验台逻辑电平开关，输出 Q 接发光二极管。

② 测试电路的逻辑功能并将其填入表 3.35 中。

③ 根据测试结果写出逻辑表达式。

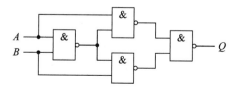

图 3.69　组合逻辑电路

表 3.35   真　值　表

A	B	Q
0	1	
1	0	
1	1	
0	0	

（2）分析图 3.70 所示电路的逻辑功能。

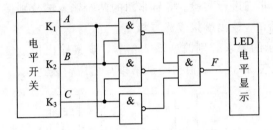

图 3.70   电路的逻辑功能

① 按图 3.70 所示搭接电路，其中输入 A、B、C 接实验台逻辑电平开关，输出 F 接发光二极管。

② 测试电路的逻辑功能并将其填入表 3.36 中。

③ 根据测试结果写出逻辑表达式，归纳电路的逻辑功能。

表 3.36   真　值　表

A	B	C	F
0	0	0	
0	0	1	
0	1	0	
0	1	1	
1	0	0	
1	0	1	
1	1	0	
1	1	1	

七、知识扩展

四输入与非门的逻辑功能。74LS20 与 CD4012 均是双四输入与非门，其外引线排列图如图 3.71 所示。当输入端有一个或几个以上是低电平时，输出端为高电平；只有当输入端全部为高电平时，输出端才为低电平。

四输入与非门的逻辑表达式为

$$Y = \overline{ABCD}$$

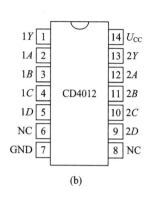

图 3.71 74LS20 与 CD4012 的外引线排列图

八、思考题

(1) 怎样判断门电路逻辑功能是否正常?

(2) 与非门在什么情况下输出为高电平? 什么情况下输出为低电平? 不用的输入端如何处理?

九、实验报告

(1) 按实验要求记录实验数据,分析实验结果,总结与非门电路的特点。

(2) 通过功能测试,总结组合逻辑电路的一般分析方法。

3.13 常用 MSI 组合逻辑器件及应用

一、实验目的

(1) 熟悉常用 MSI(Medium-Scale Integration,中规模集成电路)组合器件的逻辑功能和引脚功能。

(2) 学会数据选择器、集成译码器和显示译码器的一般应用。

(3) 了解 7 段数码管的使用方法。

二、预习要求

(1) 复习数据选择器、译码器、数码管的工作原理。

(2) 熟悉显示译码器和 7 段数码管的逻辑功能及引脚排列。

三、实验原理

MSI 器件,如译码器、数据选择器等,它们本身是为实现某种逻辑功能而设计的,在组合逻辑电路设计中比采用 SSI 门电路更具优越性，其设计的电路具有电路简洁、接线方便、工作可靠等特点，而且可以用它们来实现任意逻辑函数。

1. 数据选择器

数据选择器除了能够实现数据选择外，在数字系统中还有其他功能，例如可以实现任何一种组合逻辑函数、完成数码的并/串行转换、进行数码比较等。

本实验选用 8 选 1 数据选择器 74LS151，其外引脚排列见图 3.72，表 3.37 为其功能表。

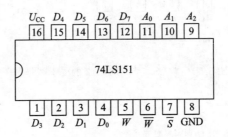

图 3.72　74LS151 外引脚排列图

表 3.37　74LS151 功能表

$\overline{S}$	A_2	A_1	A_0	Y
1	$\times$	$\times$	$\times$	0
0	0	0	0	D_0
0	0	0	1	D_1
0	0	1	0	D_2
0	0	1	1	D_3
0	1	0	0	D_4
0	1	0	1	D_5
0	1	1	0	D_6
0	1	1	1	D_7

由表 3.37 可以看出

$$Y = \sum_{i=0}^{7} m_i D_i$$

式中：m_i 是 A_2、A_1、A_0 构成的最小项。当 $D_i = 1$ 时，其对应的最小项 m_i 在与或表达式中出现；当 $D_i = 0$ 时，其对应的最小项 m_i 就不出现。利用这一点，可以实现组合逻辑函数。

将数据选择器的地址选择输入信号 A_2、A_1、A_0 作为函数的输入变量，数据输入 $D_0 \sim D_7$ 作为控制信号，控制各最小项在输出逻辑函数中是否出现，选通输入端 $\overline{S}$ 始终保持低电平，这样 8 选 1 数据选择器就成了一个三变量的函数发生器。

2. 二进制译码器

任何一种组合逻辑函数均可以用最小项之和的形式(标准与或式)表示，而二进制译码器的输出提供了其输入变量所有不同的最小项，因此可以用译码器来实现组合逻辑函数，尤其对多输出函数，比采用小规模的集成逻辑门电路更加方便且节省器件。

本实验选用 3 线 - 8 线译码器 74LS138，外引脚排列见图 3.73，其功能表见表 3.38。

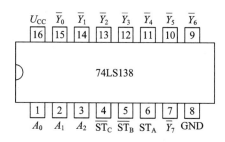

图 3.73　74LS138 外引脚排列图

表 3.38　74LS138 的功能表

ST_A	$\overline{ST_B}+\overline{ST_C}$	A_2	A_1	A_0	$\overline{Y_0}$	$\overline{Y_1}$	$\overline{Y_2}$	$\overline{Y_3}$	$\overline{Y_4}$	$\overline{Y_5}$	$\overline{Y_6}$	$\overline{Y_7}$
$\times$	1	$\times$	$\times$	$\times$	1	1	1	1	1	1	1	1
0	0	$\times$	$\times$	$\times$	1	1	1	1	1	1	1	1
1	0	0	0	0	0	1	1	1	1	1	1	1
1	0	0	0	1	1	0	1	1	1	1	1	1
1	0	0	1	0	1	1	0	1	1	1	1	1
1	0	0	1	1	1	1	1	0	1	1	1	1
1	0	1	0	0	1	1	1	1	0	1	1	1
1	0	1	0	1	1	1	1	1	1	0	1	1
1	0	1	1	0	1	1	1	1	1	1	0	1
1	0	1	1	1	1	1	1	1	1	1	1	0

3. LED 数码管

由多个发光二极管封装在一起组成"8"字型的器件，引线已在其内部连接完成，只引出它们的各个笔划的公共电极。数码管实际上是由 7 个发光管组成 8 字形构成的，加上小数点就是 8 个。这些段分别由字母 a、b、c、d、e、f、g、dp 来表示。当数码管特定的段加电后，其就会发亮，以形成我们看到的字样了。单个发光二极管的管压降为 1.8 V 左右，电流不超过 30 mA。发光二极管的阳极连接在一起连接到电源正极的称为共阳数码管，发光二极管的阴极连接在一起连接在电源负极的称为共阴数码管。

图 3.74(a)、(b)所示分别是 7 段显示器的外引脚排列和内部共阳极接法示意图，图中 dp 表示显示器的小数点。

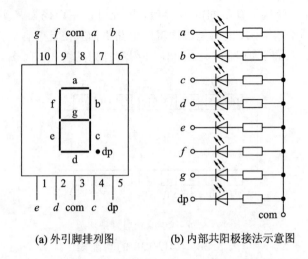

(a) 外引脚排列图　　　　　(b) 内部共阳极接法示意图

图 3.74　共阳极 7 段发光二极管显示器

4. 显示译码器

74LS47 是显示译码器，外引脚排列图见图 3.75，它可以输出 7 位驱动信号，用来驱动共阳极数码显示管各段，分别用 a、b、c、d、e、f、g 表示。图 3.76 所示是用 74LS47 构成的译码、显示电路。显示译码器的 4 个输入 A、B、C、D 为 8421BCD 码，共阳极 7 段显示数码管就会显示相应的数字，其功能表如表 3.39 所示。

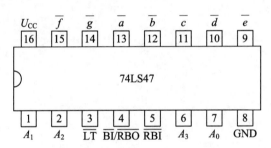

图 3.75　74LS47 外引脚排列图

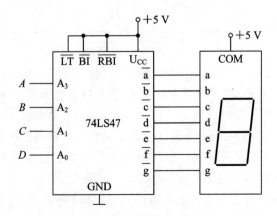

图 3.76　译码、显示电路

表 3.39　74LS47 功能表

输　入							输　　出							字形
$\overline{LT}$	$\overline{RBI}$	A_3	A_2	A_1	A_0	$\overline{BI}/\overline{RBO}$	$\bar a$	$\bar b$	$\bar c$	$\bar d$	$\bar e$	$\bar f$	$\bar g$	
1	1	0	0	0	0	1	0	0	0	0	0	0	1	0
1	×	0	0	0	1	1	1	0	0	1	1	1	1	1
1	×	0	0	1	0	1	0	0	1	0	0	1	0	2
1	×	0	0	1	1	1	0	0	0	0	1	1	0	3
1	×	0	1	0	1	1	1	0	0	1	1	0	0	4
1	×	0	1	0	0	1	0	1	0	0	1	0	0	5
1	×	0	1	1	1	1	1	1	0	0	0	0	0	6
1	×	0	1	1	0	1	0	0	0	1	1	1	1	7
1	×	1	0	0	1	1	0	0	0	0	0	0	0	8
1	×	1	0	0	0	1	0	0	0	1	1	0	0	9
1	×	1	0	1	1	1	1	1	1	0	0	1	0	
1	×	1	0	1	0	1	0	0	0	0	1	1	0	
1	×	1	1	0	1	1	1	1	0	1	0	0	0	
1	×	1	1	0	0	1	0	1	1	0	1	0	0	
1	×	1	1	1	1	1	1	1	1	0	0	0	0	
1	×	1	1	1	0	1	1	1	1	1	1	1	1	全灭
×	×	0	0	0	0	0	1	1	1	1	1	1	1	全灭
1	0	0	0	0	0	0	1	1	1	1	1	1	1	全灭
0	×	0	0	0	0	1	0	0	0	0	0	0	0	全点亮

四、实验设备

本实验需要的实验设备、元器件如表 3.40 所示。

表 3.40　实验设备、元器件

序　号	设备名称	功能作用	数　量
1	数字电路实验模块	提供实验电源、逻辑电平、显示器	1
2	74LS00/CD4011	四 2 输入与非门	1
3	74LS151	8 选 1 数据选择器	1
4	74LS138	3 线-8 线译码器	1
5	74LS47	显示译码器	1
6	七段数码管	显示数码	1

五、实验内容

（1）用数据选择器实现逻辑函数。

（2）用74LS138实现流水灯功能。

（3）验证译码显示电路的逻辑功能。

六、实验步骤

（1）利用8选1数据选择器产生逻辑函数 $Y = \sum m(0, 2, 5, 6, 7)$，由于式中没有出现最小项 m_1、m_3、m_4，只需令 $D_1 = D_3 = D_4 = 0$，$D_0 = D_2 = D_5 = D_6 = D_7 = 1$，即可实现该逻辑函数的逻辑电路，按如图3.77所示电路验证电路的逻辑功能。

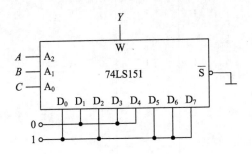

图3.77 74LS151实现逻辑函数

（2）用74LS138控制8个发光二极管实现流水灯的功能，参考电路如图3.78所示，输入端用实验箱的逻辑电平开关输入，8只发光二极管利用实验箱上的逻辑电平显示的发光二极管。

① 三输入 ABC 循环送出逻辑电平000、001、…、111，观察8个发光二极管流水的静态过程。

② 三输入 ABC 分别接实验挂箱固定脉冲1 Hz、2 Hz、4 Hz输出端，观察8个发光二极管流水的动态过程。

3线-8线译码器
实现流水灯仿真

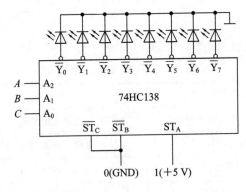

图3.78 用74LS138构成的流水灯

（3）用显示译码器74LS47实现译码显示电路，如图3.76所示。74LS47逻辑电平输入端 A、B、C、D（A_3、A_2、A_1、A_0）依次输入为0000、0001、…、1001、1010、…、1111，观

察数码管显示的数字和图形,并与表 3.39 所示的字形部分相比较。

七、知识扩展

设计 1 位全加器的逻辑电路,并进行实验验证。

(1) 试用 74LS153 双 4 选 1 数据选择器与门电路进行设计,其参考电路图如图 3.79 所示。

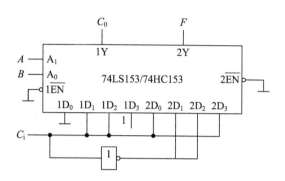

图 3.79 1 位全加器逻辑电路图

(2) 用 3 线 - 8 线译码器与门电路进行设计。

八、思考题

(1) 如果 74LS151 的 $\overline{S}$ 没有接地,将会产生什么现象?

(2) 设高电平为 5 V,数码管每段 LED 工作电流为 10 mA,限流电阻的阻值是多少?

(3) 在使用 MSI 组合功能件时,器件的各控制输入端能否悬空,为什么?

九、实验报告

(1) 画出实验电路图,并按照要求将测量的结果填入表格。

(2) 写出实验心得体会。

3.14 触发器、计数器的逻辑功能验证

一、实验目的

(1) 掌握 RS 触发器、JK 触发器和 D 触发器的测试方法及应用。

(2) 掌握同步计数器 74LS161 的逻辑功能及应用。

(3) 了解计数器的设计方法及应用。

二、预习要求

(1) 预习教材中有关触发器的内容,掌握基本 RS 触发器、JK 触发器、D 触发器的逻辑

功能、触发方式及其真值表。

（2）掌握触发器异步置位、复位端的作用。

（3）查找相关资料，熟悉所选用集成触发器的逻辑功能，理解电平触发和边沿触发的内涵。

（4）复习教材中有关计数器、译码器、数码管的工作原理。

（5）熟悉教材中有关集成计数器 74LS161 的逻辑电路图及其功能。

（6）复习有关用集成计数器构成 N 进制计数器的方法。

三、实验原理

1. 触发器

触发器是一个具有记忆功能的二进制信号存储器件，是构成各种时序电路的最基本逻辑单元。触发器具有两个基本特征：一是其具有两个稳定状态，用以表示逻辑状态"1"和"0"；二是在输入信号的作用下，可以从一个稳定状态翻转到另一个稳定状态，当输入信号消失后，已转换的稳定状态可以长期保存下来。

1）基本 RS 触发器

图 3.80 所示是由两个与非门交叉耦合构成的基本 RS 触发器，它是无时钟控制、低电平直接触发的触发器。基本 RS 触发器有置 0、置 1 和保持三种功能。通常称 $\overline{S}_\mathrm{D}$ 为置 1 端，因为 $\overline{S}_\mathrm{D}=0$ 时，触发器被置 1；$\overline{R}_\mathrm{D}$ 为置 0 端，因为 $\overline{R}_\mathrm{D}=0$ 时，触发器被置 0；当 $\overline{S}_\mathrm{D}=\overline{R}_\mathrm{D}=1$ 时，其状态保持。

基本 RS 触发器也可以用两个"或非门"构成，此时为高电平触发有效。

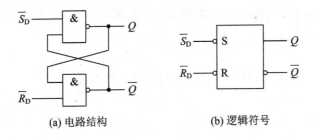

(a) 电路结构　　　　　　　　(b) 逻辑符号

图 3.80　与非门组成的基本 RS 触发器

2）JK 触发器

在输入信号为双端的情况下，JK 触发器是功能完善、使用灵活、通用性强的一种触发器，它具有置 0、置 1、保持和翻转四种功能。

JK 触发器的状态方程为

$$Q_{n+1} = J\overline{Q}_n + \overline{K}Q_n$$

J 和 K 是数据输入端，是触发器状态更新的依据，当 J、K 有两个或两个以上输入端时，组成"与"的关系。Q 与 $\overline{Q}$ 为两个互补输出端。通常把 $Q=0$，$\overline{Q}=1$ 的状态定义为触发器"0"状态；把 $Q=1$，$\overline{Q}=0$ 的状态定义为触发器"1"状态。

本实验采用 74LS76 双 JK 触发器，是下降边沿触发的边沿触发器，其外引线排列及逻辑符号如图 3.81 所示。

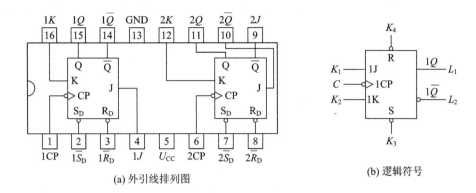

图 3.81 74LS76 型 JK 触发器

3）D 触发器

在输入信号为单端的情况下，D 触发器用起来最为方便，其状态方程为

$$Q_{n+1} = D$$

其输出状态的更新发生在 CP 脉冲的上升沿，触发器的状态只取决于时钟到来前 D 端的状态。D 触发器的应用很广，可用作数字信号的寄存、移位寄存、分频和波形发生等。本实验采用 74LS74 双 D 触发器，其外引线排列及逻辑符号如图 3.82 所示。

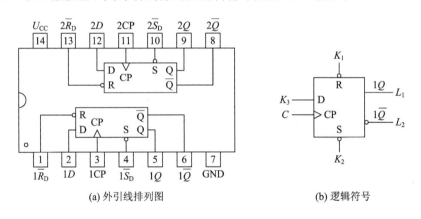

图 3.82 74LS74 型 D 触发器

2. 计数器

计数器是一个用以实现计数功能的时序器件，它不仅可用来计脉冲数，还常用作数字系统的定时、分频、执行数字运算，以及其他特定的逻辑功能。

计数器的种类很多。按构成计数器的触发器是否使用同一个时钟脉冲源来分，计数器可分为同步计数器和异步计数器；根据计数制的不同，计数器可分为二进制计数器、十进制计数器和任意进制计数器；根据计数的增减趋势的不同，计数器可分为加法、减法和可逆计数器；还有可预置数和可编程计数器等。目前，无论是 TTL 还是 CMOS 集成电路，都有品种较齐全的中规模集成计数器，使用者只要借助于器件手册提供的功能表、工作波形图和引出端的排列，就能正确地运用这些器件。

本实验选用可编程 4 位二进制同步计数器 74LS161，它除了具有普通 4 位二进制同步计数器的功能外，还具有可编程计数器的编程功能。可编程计数器的编程方法有两种：一种是由计数器的不同输出组合来控制计数器的模；另一种是通过改变计数器的预置输入数据来改变计数器的模。这两种编程方法也同样适用于其他可编程计数器。

74LS161 型计数器外引线排列图如图 3.83 所示，功能表如表 3.41 所示。

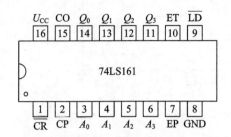

图 3.83 74LS161 型计数器外引线排列图

表 3.41 74LS161 型计数器功能表

输　　入									输　　出			
$\overline{CR}$	$\overline{LD}$	EP	ET	CP	A_3	A_2	A_1	A_0	Q_3	Q_2	Q_1	Q_0
0	×	×	×	×	×	×	×	×	0	0	0	0
1	0	×	×	↑	d	c	b	a	d	c	b	a
1	1	1	1	↑	×	×	×	×	计数			
1	1	×	0	×	×	×	×	×	保持，CO＝0			
1	1	0	×	×	×	×	×	×	保持			

74LS161 具有异步清零、同步置数的功能。其中，$\overline{CR}$ 是异步清零输入端，低电平有效；$\overline{LD}$ 是同步并行置数控制端，低电平有效；EP 和 ET 具有保持和禁止计数的功能，只要 EP 和 ET 两端中有一端为零，计数器即为保持状态，要正常计数，它们必须都为高电平；CO 是进位输出端，其平时为低电平，当 74LS161 计数计到最大值时，翻转为高电平，宽度为一个时钟周期；A_3、A_2、A_1、A_0 是并行数据输入端，Q_3、Q_2、Q_1、Q_0 是数据输出端。

四、实验设备

本实验需要的实验设备、元器件如表 3.42 所示。

表 3.42 实验设备、元器件

序　号	设备名称	功能作用	数　量
1	数字电路实验模块	提供实验电源、逻辑电平、显示器、脉冲源	1
2	74LS00	四 2 输入与非门	1
3	74LS74	双 D 触发器	1
4	74LS76	双 JK 触发器	1
5	74LS161	四位二进制同步计数器	2

五、实验内容

（1）测试双 JK 触发器 74LS76 的逻辑功能。

（2）测试双 D 触发器 74LS74 的逻辑功能。

（3）测试计数器 74LS161 的逻辑功能。

（4）设计一个十进制计数器。

六、实验步骤

1. 测试双 JK 触发器 74LS76 的逻辑功能

集成 JK 触发器 74LS76 接入电源和地，取其中一个 JK 触发器，$\overline{S}_D$、$\overline{R}_D$、J、K 分别接入逻辑电平开关输出插口，CP 端接单次脉冲源，输出端 Q、$\overline{Q}$ 分别接发光二极管，如图 3.84 所示。

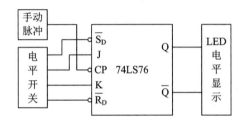

图 3.84　JK 触发器逻辑功能测试接线图　　　　触发器计数器功能测试实验

（1）测试异步置位端 $\overline{S}_D$ 和复位端 $\overline{R}_D$ 的功能。使 J、K、CP 为任意状态，并按要求改变 $\overline{S}_D$ 和 $\overline{R}_D$ 的值，观察输出端 Q、$\overline{Q}$ 的状态，并将结果记入表 3.43 中。

表 3.43　异步置位和复位功能表

J	K	CP	$\overline{S}_D$	$\overline{R}_D$	Q	$\overline{Q}$
$\times$	$\times$	$\times$	1	0		
$\times$	$\times$	$\times$	0	1		

（2）测试 JK 触发器的逻辑功能。按要求改变 J、K、CP 端状态，观察输出端 Q 的状态，并将结果记入表 3.44 中。

表 3.44　JK 触发器逻辑功能表

J	K	CP	Q_{n+1}	
			$Q_n=0$	$Q_n=1$
0	0	0→1		
		1→0		
0	1	0→1		
		1→0		

J	K	CP	Q_{n+1}	
			$Q_n=0$	$Q_n=1$
1	0	0→1		
		1→0		
1	1	0→1		
		1→0		

（3）方法提示。74LS76 为下降沿触发的双 JK 触发器，测试其逻辑功能时，$\overline{S}_D$、$\overline{R}_D$ 为低电平有效，当不用强迫置"0"、置"1"时，$\overline{S}_D$、$\overline{R}_D$ 端应接高电平。

2. 测试双 D 触发器 74LS74 的逻辑功能

集成 D 触发器 74LS74 接入电源和地，取其中一个 D 触发器，$\overline{S}_D$、$\overline{R}_D$、D 分别接入逻辑电平开关输出插口，CP 端接单次脉冲源，输出端 Q、$\overline{Q}$ 分别接发光二极管，如图 3.85 所示。

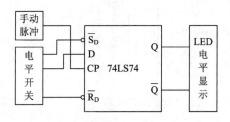

图 3.85　D 触发器逻辑功能测试接线图

（1）测试异步置位端 $\overline{S}_D$ 和复位端 $\overline{R}_D$ 的功能。使 D、CP 为任意状态，并按要求改变 $\overline{S}_D$ 和 $\overline{R}_D$ 的值，观察输出端 Q、$\overline{Q}$ 的状态，并将结果记入表 3.45 中。

表 3.45　异步置位和复位功能表

D	CP	$\overline{S}_D$	$\overline{R}_D$	Q	$\overline{Q}$
×	×	1	0		
×	×	0	1		

（2）测试 D 触发器的逻辑功能。按要求改变 D、CP 端状态，观察输出端 Q 的状态，并将结果记入表 3.46 中。

表 3.46　D 触发器逻辑功能表

D	CP	Q_{n+1}	
		$Q_n=0$	$Q_n=1$
0	0→1		
	1→0		
1	0→1		
	1→0		

注意：测试触发器功能的时序，同步或异步清零、置位及进位功能与 CP 脉冲的关系。

（3）方法提示。在 74LS74 中，$\overline{S}_D$ 和 $\overline{R}_D$ 为低电平有效，它们的作用优先于 D 端而起作用。当不用强迫置"0"和置"1"时，$\overline{S}_D$ 和 $\overline{R}_D$ 都应接高电平。

3. 测试集成计数器 74LS161 的逻辑功能

根据引脚图将集成计数器 74LS161 的输入引脚分别接实验箱的逻辑电平开关，输出引脚分别接发光二极管，按表 3.47 的要求填表。

表 3.47 74LS161 功能测试

输 入									输 出			
$\overline{CR}$	$\overline{LD}$	EP	ET	CP	A_3	A_2	A_1	A_0	Q_3	Q_2	Q_1	Q_0
0	×	×	×	×	×	×	×	×				
1	0	×	×	↑	1	1	1	1				
1	1	1	1	↑	1	1	0	1				
1	1	×	0	×	0	1	0	0				
1	1	0	×	×	0	0	1	0				

注意：认清集成块的定位标记，不得插反。电源电压只允许在 $+5$ V$\pm10\%$ 的范围内工作，超过 5.5 V，将损坏器件；低于 4.5 V，器件的逻辑功能不正常。

4. 设计一个十进制计数器

用 4 位二进制同步计数器设计一个 1 位十进制计数器，将输出结果接至二极管或数码管进行观测，参考电路如图 3.86 所示。

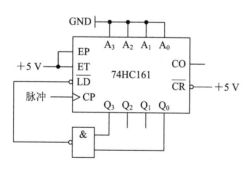

图 3.86 十进制计数器

十进制计数器实验

七、知识扩展

1. 触发器的相互转换

在集成触发器的产品中，每一种触发器都有自己固定的逻辑功能，但可以利用转换的方法获得具有其他功能的触发器。例如，将 JK 触发器的 J、K 两端连在一起，作为 T 端，就得到 T 触发器，其状态方程为 $Q_{n+1}=T\overline{Q}_n+\overline{T}Q_n$。若将 T 触发器的 T 端置 1，即得到 T' 触发器，其状态方程为 $Q_{n+1}=\overline{Q}$，即对于每一个 CP 脉冲信号，触发器状态翻转一次，故又称翻转触发器。T' 触发器广泛应用于计数电路中。JK 触发器转换为 T、T' 触发器如图

3.87(a)、(b)所示，表 3.48 为 T 触发器功能表。

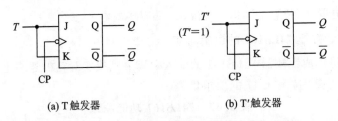

(a) T 触发器　　　　　　　　(b) T′触发器

图 3.87　JK 触发器转换为 T、T′触发器

表 3.48　T 触发器功能表

输　　　　　　入				输　　出
$\overline{S}_D$	$\overline{R}_D$	CP	T	Q_{n+1}
0	1	×	×	1
1	0	×	×	0
1	1	↓	0	Q_n
1	1	↓	1	$\overline{Q_n}$

同样，若将 D 触发器的 $\overline{Q}$ 端与 D 端相连，便可将其转换成 T′触发器，如图 3.88 所示；JK 触发器也可以转换为 D 触发器，如图 3.89 所示。

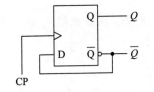
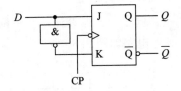

图 3.88　D 触发器转换为 T′触发器图　　　图 3.89　JK 触发器转换为 D 触发器

2. JK 触发器转换 D 触发器、T 触发器

(1) 用 74LS00 和 74LS76 按图 3.89 所示连接电路组成 D 触发器，对照 D 触发器功能测试表，并验证其电路功能。

(2) 用 74LS76 按图 3.87(a)所示连接电路组成 T 触发器，在 CP 端输入 1 Hz 连续脉冲，用双踪示波器观察 CP、Q 端的变化。

八、思考题

(1) JK 触发器和 D 触发器的逻辑功能和触发方式有何不同？

(2) 用 JK 触发器组成同步五进制加法计数器，试画出电路图。

九、实验报告

(1) 总结异步置位端 $\overline{S}_D$ 和复位端 $\overline{R}_D$ 的作用，并说明使用条件。

(2) 记录各种触发器的逻辑功能，并说明触发方式。

(3) 总结计数器 74LS161 的使用特点。

第4章 设计性实验

电工电子技术设计性实验是学生完成基础实验后,运用所学的理论知识进行的单元电路设计,是对基础验证性实验内容的巩固和拓展。通过电工电子技术设计性实验不仅能使学生学到电路设计的基本理论知识,同时又能加深对理论知识的理解。

4.1 RC 滤波电路的设计

一、设计目的

(1) 学习用电容、电阻元件和集成运放构成有源滤波电路。
(2) 学习测量有源滤波器的幅频特性。

二、设计任务

设计一个多功能有源滤波电路,具体技术指标要求如下:
(1) 高通、低通滤波器的截止频率为 10 kHz,通带增益为 1,品质因素 Q 为 2/3。
(2) 带通滤波器的中心频率为 10 kHz,通带增益为 1,品质因素 Q 为 1.5。
(3) 设计电路所需的电源电路。

三、设计要求

(1) 设计任务中的第一项内容,有条件也可选第二项来设计。
(2) 自行设计电路,并在设计说明书中论述设计方法和过程。
(3) 将设计的电路在计算机上进行仿真验证,仿真成功后再进行实际电路的连接和调试。

四、实验条件

1. 实验室常备仪器仪表

实验室常备仪器仪表如表 4.1 所示。

表 4.1   实验室常备仪器仪表

名　　称	数量(台)
电工电子实验台	1
函数信号发生器	1
示波器	1
数字三用表	1

2. 实验室常备元器件

实验室常备元器件如表 4.2 所示。

表 4.2   实验室常备元器件

型　　号	名称及作用	数　　量
TL084	四运放集成块	1
电位器	10 kΩ 线绕电位器	若干
电阻	色环电阻	若干
电容	瓷介电容	若干

五、设计报告要求

1. 设计方案

电路设计的原理,原理方框图,并进行方案说明。

2. 设计电路

电路原理图,实验连线图,电路原理说明。

3. 选用器材

列出元器件清单。

4. 实验方案

(1) 实验设备;

(2) 实验步骤;

(3) 绘制测试表格;

(4) 总结。

六、参考电路

多功能有源滤波器的参考功能框图如图 4.1 所示,多功能有源滤波器原理图如图 4.2 所示。

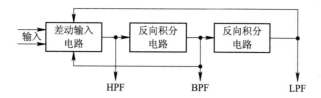

图 4.1 多功能有源滤波器参考方框图

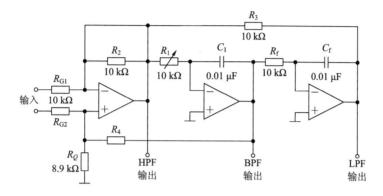

图 4.2 多功能有源滤波器原理图

电路的高通和低通截止频率为

$$f_0 = \frac{1}{2R_f C_f}$$

品质因数为

$$Q = \frac{1 + \dfrac{R_4}{R_Q}}{2} + \frac{R_2}{R_{G1}} \quad (\text{输入信号从反相输入端输入})$$

带通中心频率为

$$f_0 = \frac{1}{2R_f C_f}$$

品质因数为

$$Q = 1 + \frac{R_2}{R_{G2}} + \frac{R_4}{R_Q} \quad (\text{输入信号从同相输入端输入})$$

4.2 波形发生电路的设计

一、设计目的

(1) 学习用集成运放构成方波和三角波发生器。

（2）学习波形发生器的调整和主要性能指标的测试方法。

二、设计任务

1. 设计方波发生器

用集成运放 LM324、稳压管、电位器、电容、电阻等元器件设计方波发生器，并要求：

（1）输出线性较好的方波。

（2）输出方波的频率在一定范围内可调。

2. 设计三角波和方波发生器

用集成运放 LM324、稳压管、电位器、电容、电阻等元器件设计方波发生器，并要求：

（1）输出线性较好的方波。

（2）输出线性较好的三角波。

（3）输出方波、三角波频率在一定范围内可调。

（4）输出三角波的幅值在一定范围内可调。

三、设计要求

（1）设计任务中的两项内容，可任选一项来设计。

（2）自行设计电路，并在设计说明书中论述设计方法和过程。

（3）将设计电路在计算机上进行仿真验证，仿真成功后再进行实际电路的连接和调试。

四、设计条件

1. 实验室常备仪器仪表

实验室常备仪器仪表如表 4.3 所示。

表 4.3　实验室常备仪器仪表

名　称	数量（台）
电工电子实验台	1
函数信号发生器	1
示波器	1
数字三用表	1

2. 实验室常备元器件

实验室常备元器件如表 4.4 所示。

表 4.4　实验室常备元器件

型　号	名称及作用	数　量
LM324	四运放集成块	1
电位器	10 kΩ 线绕电位器	1

续表

型 号	名称及作用	数 量
2CW231	稳压管	1
电阻	色环电阻	若干
电容	瓷介电容	若干

五、设计报告要求

1. 设计方案

电路设计的原理,原理方框图,并进行方案说明。

2. 设计电路

电路原理图,实验连线图,电路原理说明。

3. 选用器材

列出元器件清单。

4. 实验方案

（1）实验设备；

（2）实验步骤；

（3）绘制测试表格；

（4）总结。

六、参考电路

1. 方波发生器

集成运放构成的方波发生器和三角波发生器,一般均包括比较器和 RC 积分器。图 4.3 所示为由滞回比较器及简单 RC 积分电路组成的方波-三角波发生器。它的特点是电路简单,但三角波的线性度较差,主要用于产生方波,或对三角波要求不高的场合。

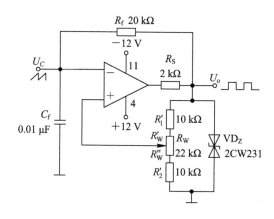

图 4.3   方波-三角波发生器

电路振荡频率：

$$f_\circ = \frac{1}{2R_f C_f \ln\left(1 + \dfrac{2R_2}{R_1}\right)}$$

式中：

$$R_1 = R_1' + R_w' \qquad R_2 = R_2' + R_w''$$

方波输出幅值：

$$U_{om} = \pm U_Z$$

三角波输出幅值：

$$U_{om} = \frac{R_2}{R_1 + R_2} U_Z$$

调节电位器 R_w（即改变 R_2/R_1），可以改变振荡频率，但三角波的幅值也随之变化。如果要互不影响，则可通过改变 R_f（或 C_f）来实现振荡频率的调节。

2. 三角波和方波发生器

如把滞回比较器和积分器首尾相接形成正反馈闭环系统，如图 4.4 所示，则比较器 A_1 输出的方波经积分器 A_2 积分可得到三角波，三角波又触发比较器自动翻转形成方波，这样即可构成三角波、方波发生器。图 4.5 所示为方波、三角波发生器输出波形图。由于采用运放组成的积分电路，因此可实现恒流充电，使三角波线性大大改善。

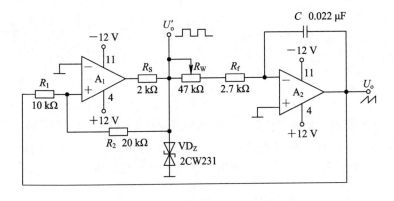

图 4.4　三角波、方波发生器　　　　　　　　　　方波三角波仿真

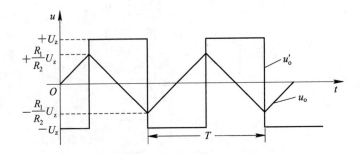

图 4.5　方波、三角波发生器输出波形图

电路振荡频率：

$$f_0 = \frac{R_2}{4R_1(R_f + R_w)C_f}$$

方波幅值：

$$U'_{om} = \pm U_Z$$

三角波幅值：

$$U_{om} = \frac{R_1}{R_2}U_Z$$

调节 R_w 可以改变振荡频率，改变比值 R_1/R_2 可调节三角波的幅值。

4.3 呼吸灯电路的设计与实现

一、设计目的

(1) 熟悉集成运算放大器的使用。

(2) 了解呼吸灯的工作原理。

二、设计任务

设计一个呼吸灯电路，具体要求如下：

(1) 实现 8 个发光二极管在电路的控制下由亮到暗，再从暗到亮，逐渐变化的过程。

(2) 要求发光二极管亮暗变化的频率可以进行调节。

三、设计要求

(1) 自行设计电路，并在设计说明书中论述设计方法和过程。

(2) 将设计电路使用仿真软件 Multisim 进行仿真验证，仿真成功后再进行实际电路的连接和调试。

四、实验条件

1. 实验室常备仪器仪表

实验室常备仪器仪表如表 4.5 所示。

表 4.5　实验室常备仪器仪表

名　　称	数量（台）
电工电子实验台	1
函数信号发生器	1
示波器	1
数字三用表	1

2. 实验室常备元器件

实验室常备元器件如表 4.6 所示。

表 4.6　实验室常备元器件

型　　号	名称及作用	数　　量
LM358	双运放集成块	1 块
电位器	线绕电位器	若干
电阻	色环电阻	若干
电容	瓷介电容	若干

五、设计报告要求

1. 设计方案

电路设计的原理，原理方框图，并进行方案说明。

2. 设计电路

电路原理图，实验连线图，电路原理说明。

3. 选用器材

列出元器件清单。

4. 实验方案

（1）实验设备；

（2）实验步骤；

（3）总结。

六、参考电路

呼吸灯参考电路如图 4.6 所示。

呼吸灯效果

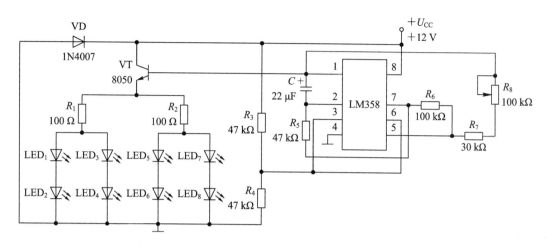

图 4.6　由 LM358 构成的呼吸灯电路原理图

4.4　直流稳压电源的设计

一、设计目的

（1）研究集成稳压器的特点和性能指标的测试方法。

（2）研究单相桥式整流、电容滤波电路的特性。

（3）了解集成稳压器扩展性能的方法。

二、设计任务

1. 设计固定输出电压的稳压电源

用集成稳压电路 W7800 系列构成串联稳压电源，并要求：

（1）输出 +15 V 直流稳压电源。

（2）输出 $I_{omax}=80$ mA，$\Delta U_{op\text{-}p}\leqslant 5$ mV，$S_V\leqslant 3\times 10^{-3}$。

2. 设计输出电压可调的稳压电源

用三端集成稳压器 CW317 构成输出电压可调的串联稳压电源，并要求：

（1）输出电压 $U_o=3\sim 9$ V。

（2）输出 $I_{omax}=80$ mA，$\Delta U_{op\text{-}p}\leqslant 5$ mV，$S_V\leqslant 3\times 10^{-3}$。

三、设计要求

（1）设计任务中的两项内容，可任选一项来设计。

（2）自行设计电路，并在设计说明书中论述设计方法和过程。

（3）将设计电路在计算机上进行仿真验证，仿真成功后再进行实际电路的连接和调试。

四、设计条件

1. 实验室常备仪器仪表

实验室常备仪器仪表如表 4.7 所示。

表 4.7　实验室常备仪器仪表

名　称	数量（台）
电工电子实验台	1
函数信号发生器	1
示波器	1
数字三用表	1

2. 实验室常备元器件

实验室常备元器件如表 4.8 所示。

表 4.8　实验室常备元器件

型　号	名称及作用	数　量
变压器	6 V、10 V、14 V、17 V 输出	1 个
W7815	三端集成稳压器	1 个
电位器	10 kΩ 线绕电位器	1 个
CW317	三端集成稳压器	1 个
2W06	桥堆	1 个
470 μF/25 V	电解电容	1 个
100 μF/25 V	电解电容	1 个
120 Ω/8 W	大功率电阻	1 个
0.33 μF、0.1μF	独石电容	若干

五、设计报告要求

1. 设计方案

电路设计的原理，原理方框图，并进行方案说明。

2. 设计电路

电路原理图，实验连线图，电路原理说明。

3. 选用器材

列出元器件清单。

4. 实验方案

（1）实验设备；

（2）实验步骤；

（3）绘制测试表格；

（4）总结。

六、参考电路

输出电压固定的稳压电源电路如图 4.7 所示，输出电压可调的稳压电源电路如图 4.8 所示。

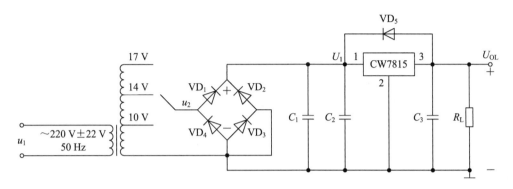

图 4.7　输出电压固定的稳压电源电路

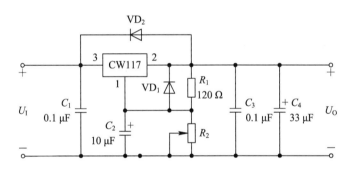

图 4.8　输出电压可调的稳压电源电路

<table>
<tr><td>**4.5**</td><td>**组合逻辑电路的设计**</td></tr>
</table>

一、设计目的

（1）研究组合逻辑电路的设计方法。

（2）熟悉集成数据选择器和译码器的使用方法。

二、设计任务

交通信号灯的每一组信号都由红、黄、绿三盏灯组成。正常情况下，任何时刻必有一盏灯亮，而且只允许一盏灯亮。若某一时刻无灯亮或两盏以上灯同时亮，则表示电路发生了故障，这时要求电路发出故障信号，以提醒维护人员。

三、设计要求

设计一个交通灯故障检测电路：

（1）用数据选择器实现该逻辑电路，并进行实验验证。

（2）试用 3 线-8 线译码器设计该逻辑电路，并进行实验验证。

四、设计条件

1. 实验室常备仪器仪表

实验室常备仪器仪表如表 4.9 所示。

表 4.9　实验室常备仪器仪表

名　称	数量（台）
电工电子实验台	1
数字三用表	1

2. 实验室常备元器件

实验室常备元器件如表 4.10 所示。

表 4.10　实验室常备元器件

型　号	名称及作用	数　量
74LS151	8 选 1 数据选择器	1 块
74LS138	3 线-8 线译码器	1 块

五、设计报告要求

1. 设计电路

电路原理图，实验连线图，电路原理说明。

2. 选用器材

列出元器件清单。

3. 实验方案

（1）实验设备；

（2）实验步骤；

（3）总结。

六、参考电路

交通灯故障检测参考电路如图 4.9 和图 4.10 所示。

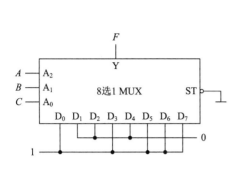

图 4.9 数据选择器设计实现

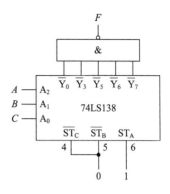

图 4.10 译码器设计实现

4.6 病房呼叫电路的设计

一、设计目的

(1) 掌握病房呼叫系统电路的设计。

(2) 熟悉数字集成电路的设计和使用方法。

二、设计任务

某医院一病房有 1~9 号病床，每个房间的床位都装有呼叫按钮，病人通过按动自己床位的按钮向护士值班室发出呼叫信号，以提醒值班护士。

(1) 护士值班室有相应的显示电路，一旦有病人呼叫，显示器显示呼叫病人的床位号。

(2) 9 号病床的优先级最高，其次是 8 号，以此类推，1 号病床的优先级最低。

(3) 用一位数码管显示呼叫病床的号码，当有多个呼叫信号时，显示优先级最高的病床号码；无呼叫信号时显示 0。

三、设计要求

(1) 自行设计病房呼叫电路。

(2) 使用软件 Multisim 仿真验证设计电路。

四、设计条件

1. 实验室常备仪器仪表

实验室常备仪器仪表如表 4.11 所示。

表 4.11 实验室常备仪器仪表

名　　称	数量(台)
电工电子实验台	1
数字三用表	1

2. 实验室常备元器件

实验室常备元器件如表 4.12 所示。

表 4.12 实验室常备元器件

型　号	名称及作用
74LS147	优先编码器
74LS04	反相器
74LS47、74LS48	译码器
显示器	七段数码管

五、设计报告要求

1. 设计电路

电路原理图，实验连线图，电路原理说明。

2. 选用器材

列出元器件清单。

3. 实验方案

（1）实验设备；

（2）实验步骤；

（3）总结。

病房呼叫电路仿真

六、参考电路

病房呼叫参考电路如图 4.11 所示。

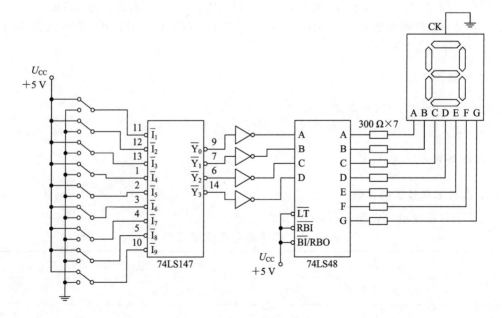

图 4.11　病房呼叫电路的设计

4.7　时序逻辑电路的设计

一、设计目的

(1) 掌握中规模集成计数器的使用方法。

(2) 学习构成 N 进制计数器的方法。

(3) 掌握中规模集成计数器的分析方法、设计方法和测试方法。

(4) 进一步熟悉数字系统的调试与故障排除方法。

二、设计任务

用两片 74LS161 与门电路设计搭建一个可计时 1 分钟的秒表电路并通过译码显示电路进行验证测试。

三、设计要求

(1) 自行设计电路。

(2) 观察电路的计数、显示过程。

四、设计条件

1. 实验室常备仪器仪表

实验室常备仪器仪表如表 4.13 所示。

表 4.13　实验室常备仪器仪表

名　称	数量/台
电工电子实验台	1
数字三用表	1

2. 实验室常备元器件

实验室常备元器件如表 4.14 所示。

表 4.14　实验室常备元器件

型　号	名称及作用
74LS00	与非门
74LS161	计数器

五、设计报告要求

1. 设计电路

电路原理图，实验连线图，电路原理说明。

2. 选用器材

列出元器件清单。

3. 实验方案

（1）实验设备；

（2）实验步骤；

（3）总结。

六、参考电路

计时 1 分钟的秒表参考电路如图 4.12 所示。

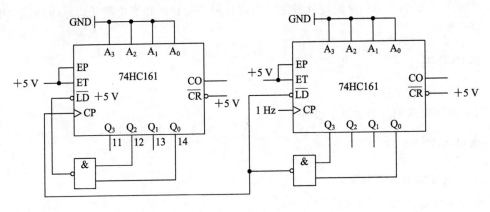

图 4.12　秒表电路

第 5 章　综合性实验

综合性实验是学生完成基本实验后，用于提高自己综合技能的实验项目。这部分实验所涉及的内容较多，包括电子元器件的选用、电子测量仪器设备的使用、电子测量方法、电子实验技术、电子电路设计等。通过电工电子综合性实验不仅能使学生学到电路设计的基本理论知识，加深对理论知识的理解，同时也可以加强实验技能的综合训练。

5.1　负反馈放大电路的研究

一、实验目的

（1）学习两级阻容耦合放大电路静态工作点的调试方法。

（2）进一步掌握放大电路输入电阻及输出电阻的测量方法。

（3）了解负反馈对放大器各项性能指标的影响。

（4）掌握放大器性能指标的测量方法。

二、预习要求

（1）预习负反馈放大器的内容，熟悉电压串联负反馈电路的工作原理以及对放大电路性能的影响。

（2）按实验电路图 5.1 所示估算放大器的静态工作点（取 $\beta_1 = \beta_2 = 100$）。

（3）怎样把负反馈放大器改接成基本放大器？

（4）怎样判断放大器是否存在自激振荡？如何进行消振？

（5）应用仿真软件 Multisim，设计电压串联负反馈电路，进行放大器性能分析。

三、实验原理

实验电路图如图 5.1 所示为带有负反馈的两级阻容耦合放大电路，在电路中通过 R_f 把输出电压 u_o 引回到输入端，加在晶体管 VT_1 的发射极上，在发射极电阻 R_{F1} 上形成反馈电压 u_f。由反馈的判断法可知，它属于电压串联负反馈，对放大器影响主要有以下几点。

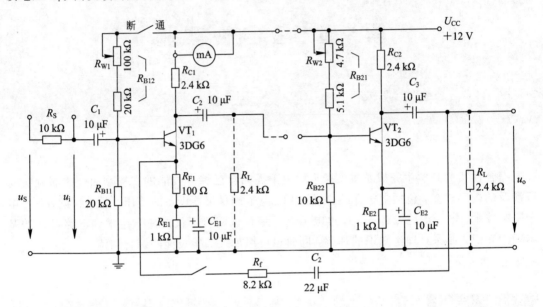

图 5.1 带有电压串联负反馈的两级阻容耦合放大电路

1. 闭环电压放大倍数

闭环电压放大倍数为

$$A_f = \frac{A}{1+AF}$$

其中：$A = \dfrac{u_o}{u_i}$，表示无反馈时基本放大器的电压放大倍数，即开环电压放大倍数；反馈系数 $F = \dfrac{R_{F1}}{R_f + R_{F1}}$。

注意：反馈深度 $1+AF$ 的大小决定了负反馈对放大器性能改善的程度。由上述公式可知，闭环电压放大倍数为 $1/(1+AF)$。

2. 输入电阻

输入电阻为

$$R_{if} = (1+AF)R_i$$

其中：R_i 为基本放大器的输入电阻。由此可见，引入负反馈后，输入电阻增加了 $1+AF$ 倍。

3. 输出电阻

输出电阻为

$$R_{of} = \frac{R_o}{1 + AF}$$

其中：R_o 为基本放大器的输出电阻；A 为基本放大器在 $R_L = \infty$ 时的电压放大倍数。由此可见，引入负反馈后，其输出电阻为基本放大器输出电阻的 $1/(1+AF)$。

4. 通频带

在电路中引入负反馈扩展了放大器的通频带，减少了非线性失真。

四、实验设备

本次实验需要的实验设备如表 5.1 所示。

表 5.1　实 验 设 备

序　号	设备名称	功能作用	数　量
1	双踪示波器	观测输入、输出波形	1
2	函数信号发生器	提供输入信号	1
3	数字万用表	测量静态工作点	1
4	交流毫伏表	测量交流信号电压	1
5	实验板	负反馈放大电路模块	1

五、实验内容

（1）各级静态工作点的调整。

（2）测量总的电压放大倍数并观察负反馈对放大倍数的影响。

（3）测量放大电路中输入电阻及输出电阻。

六、实验步骤

在两级阻容耦合放大电路中，由于级间耦合电容的隔直作用，前、后级放大电路的静态工作点互不影响，因此各级静态工作点可以单独调整。又因前级电压动态工作范围较小，则前级静态工作点应比后级要略低一些。

1. 调整各级静态工作点

（1）将直流稳压电源 12 V 的输出连接到实验电路板的电源接入端，接通负反馈支路。

（2）设置 $u_i = 0$ V，调节实验电路板上的偏置电位器 R_{W1}，使 $I_{C1} = 1$ mA，调节 R_{W2}，使 $I_{C2} = 2$ mA，用直流电压表分别测量第一级、第二级的静态工作点，并将测量值填入表 5.2 中。

表 5.2　$I_{C1} = 1$ mA、$I_{C2} = 2$ mA 时的实验测量数据

	U_B/V	U_E/V	U_C/V	I_C/mA
第一级				
第二级				

注意：测静态工作点时，不加交流信号。

2. 测量电压放大倍数并观察负反馈对放大倍数的影响

（1）将图 5.1 所示改接为基本放大电路，按照图 5.2 所示连接电路。

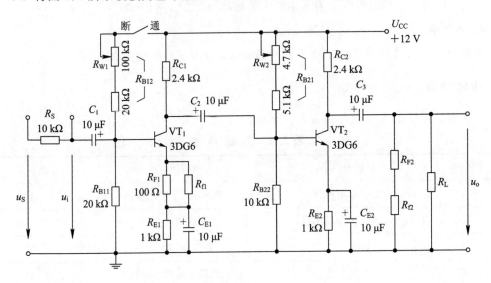

图 5.2　基本放大电路

（2）打开信号源，调节其信号频率为 1 kHz、输出电压幅度 $u_o = 5$ mV 的正弦信号。

（3）将信号源输出通过电缆接到图 5.2 所示的输入端和接地端，用交流毫伏表测量输入电压 u_i。

（4）用示波器观察输出电压的波形，在输出波形不失真的情况下，测量基本放大电路空载和带载情况下的输出电压 u_o，并将所测结果记录在表 5.3 中。

（5）保持输入信号不变的情况下，按照图 5.1 所示连接电路。

（6）用示波器观察输出电压波形，在输出波形不失真的情况下，测量负反馈放大电路空载和带载情况下的输出电压 u_o，并将所测结果记录在表 5.3 中。

表 5.3　放大倍数测量

输入电压 u_i	电路类型	负载情况	u_{o1}/mV	u_{o2}/mV	$A_1 = \dfrac{u_{o1}}{u_i}$	$A_2 = \dfrac{u_{o2}}{u_{o1}}$	总放大倍数 A
5 mV	基本放大器	$R_L = \infty$					
		$R_L = 2.4$ kΩ					
	负反馈放大器	$R_L = \infty$					
		$R_L = 2.4$ kΩ					

注意：A 已经考虑了下一级输入电阻的影响，所以第一级的输出电压 u_{o1} 就是第二级的输入电压 u_{i2}，而不是第一级的开路电压。

3. 测量放大电路输入电阻及输出电阻

1）输入电阻的测量

（1）用示波器观察放大器的输出，使输出波形不失真。

（2）用示波器（或交流毫伏表）测量电阻 R_S 两端的 u_S 和 u_i，则

$$R_i = \frac{u_i}{i_i} = \frac{u_i}{\dfrac{u_R}{R}} = \frac{u_i}{u_S - u_i} R_S$$

电路中，$R_S = 10\ \text{k}\Omega$。

（3）分别按图 5.1 和图 5.2 所示接入信号源，测试负反馈放大电路和基本放大电路在空载时的输入电阻，并将测试结果记入表 5.4 中。

2）输出电阻的测量

（1）保持放大器正常工作，使 $R_L = \infty$，用示波器测量输出端的开路电压 u_o。

（2）使 $R_L = 2.4\ \text{k}\Omega$，用交流毫伏表测量 R_L 端的电压 u_L，则

$$R_o = \left(\frac{u_o}{u_L} - 1 \right) R_L$$

（3）分别按图 5.1 和图 5.2 所示接入信号源，测试负反馈放大电路和基本放大电路的输出电阻，将结果记在表 5.4 中。

表 5.4　放大电路输入电阻及输出电阻

放大电路类型	u_S	u_i	u_o/mV $R_L = \infty$	u_L/mV $R_L = 2.4\ \text{k}\Omega$	R_i	R_o
基本放大电路	10 mV					
负反馈放大电路						

注意：测试负反馈放大电路时，反馈支路的开关要打到"通"的位置。

七、知识拓展

负反馈对通频带的影响是集成运算放大器电路都采用直接耦合和无耦合电容，故其低频特性良好，从而展宽了通频带。引入负反馈后，在高频段和通频带又能得到展宽。为什么负反馈能展宽通频带，可以这样来理解：在中频段，开环放大倍数 $|A|$ 高，反馈信号也较高，因而使闭环放大倍数 $|A_f|$ 降低得较多；而在高频段，$|A|$ 较低，反馈信号也较低，因而使 $|A_f|$ 降低得较少，这样就将放大电路的通频带展宽了。负反馈对通频带的影响如图 5.3 所示。

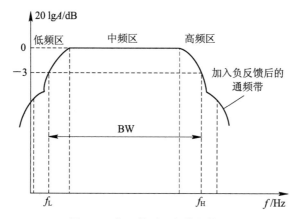

图 5.3　负反馈对通频带的扩展

八、思考题

（1）为什么要在基本放大器中引入负反馈？

（2）在测放大器的通频带时，上限截止频率 f_H 对应的电压与最大输出电压之间的关系是什么？

（3）负反馈放大器中，两级放大器静态工作点之间是否相互影响？

九、实验报告

（1）实验测得的数据说明总的电压放大倍数与各级电压放大倍数之间的关系。

（2）总结电压串联负反馈对放大器性能的影响（包括对放大倍数、放大倍数的稳定性、输入电阻、输出电阻，以及对波形失真的改善情况等）。

5.2　语音功放电路的设计

一、设计目的

（1）学习语音功放电路的设计，掌握集成功放的工作原理和功放电路的设计过程。

（2）学习一般电子电路的设计过程和调试方法。

（3）掌握语音信号的有关知识。

二、设计任务

1. 设计语音功放电路

用运放集成块 TM324、LM386、喇叭、电位器、电容、电阻等元器件设计语音功放电路，并要求：

（1）话筒放大器：输入信号 $u_i \leqslant 10$ mV，输入阻抗 $R_i \geqslant 100$ kΩ，共模抑制比 $K_{CMR} \geqslant 60$ dB。

（2）语音滤波器（带通滤波器）：带通频率范围 300 Hz～3 kHz。

（3）功率放大器：额定输出功率 $P_{om} \leqslant 1$ W，负载阻抗 $R_L = 16$ Ω，电源电压 10 V，频率响应 40 Hz～10 kHz。

2. 设计电源电路

用变压器、集成稳压块、电位器、电容、电阻等元器件设计功放电源电路，并要求：

（1）输出 10 V 直流稳压电源。

（2）输出纹波电压小于 5 mV。

（3）输出电流大于 100 mA。

三、设计要求

（1）设计设计任务中的第一项内容，有条件可将第二项一起设计。

（2）自行设计电路，并在设计说明书中论述设计方案和设计过程。

（3）将设计电路在计算机上进行仿真验证，仿真成功后再进行实际电路的连接和调试。

四、设计条件

1. 实验室常备仪器仪表

实验室常备仪器仪表如表 5.5 所示。

表 5.5　实验室常备仪器仪表

名　　称	数量/台
电工电子实验台	1
函数信号发生器	1
示波器	1
数字三用表	1

2. 实验室常备元器件

实验室常备元器件如表 5.6 所示。

表 5.6　实验室常备元器件

型　　号	名称及作用	数　　量
LM324	运放集成块	1 片
LM386	集成功放	1 片
CW317	集成稳压管	1 个
16 Ω/1 W	负载	1 个
16 Ω 喇叭	—	1 个
47 kΩ 精密电位器	—	1 个
小功率电阻电容	—	若干

五、设计报告要求

1. 设计方案

电路设计的原理，原理方框图，并进行方案说明。

2. 设计电路

电路原理图，实验连线图，电路原理说明。

3. 选用器材

列出元器件清单。

4. 实验方案

(1) 实验设备；

(2) 实验步骤；

(3) 绘制测试表格；

(4) 总结。

六、参考电路

1. 设计思路

首先根据设计要求确定整个语音放大电路的级数,再根据各单元电路的功能及技术指标分配各级的电压增益,最后确定各级电路的元器件参数。语音信号放大器方框图如图 5.4 所示。由于话筒输出的信号一般为 5 mV 左右,因此根据设计要求,当语音放大器的输入信号为 5 mV、输出功率为 1 W 时,系统的总电压放大倍数 $A_u = 566$,考虑到电路损耗的情况,取 $A_u = 600$。所以,系统各级电压放大倍数可分配为:话筒放大器 7.5,语音滤波器 2.5,功率放大器 32。

图 5.4　语音信号放大器方框图

2. 设计说明与提示

1) 话筒放大器

由于话筒输出信号一般只有 5 mV 左右,而共模噪声可能高达几伏,因此放大器的输入漂移、噪声因数和放大器本身的共模抑制比都是在设计中要考虑的重要因素。话筒放大电路应该是一个高输入阻抗、高共模抑制比、低漂移且能与高阻话筒匹配的小信号前置放大器电路,由于受到运放增益带宽的限制,该级增益不宜太大,一般取 $A = 7.5$。话筒放大器电路如图 5.5 所示,其中:R 为均压电阻;C_2 为耦合电容;A_1 组成同相放大器,具有很高的输入阻抗,其放大倍数 A_{u1} 为

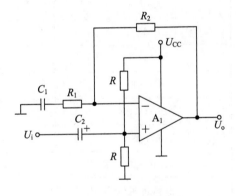

图 5.5　话筒放大器电路

$$A_{u1} = 1 + \frac{R_2}{R_1}$$

2) 语音滤波器

声音在空气中传播时,一般把频率低于 20 Hz 的声波称为次声波,频率高于 20 kHz 的声波称为超声波,这两类声音人耳是听不到的。人耳可以听到的声音频率在 20 Hz~20 kHz 之间,称其为音频信号。人的发音器官可以发出的声音频率在 80 Hz~3.4 kHz 之间,但说话的信号频率通常在 300 Hz~3 kHz 之间,我们把这种频率范围的信号称为语音信号。

语音滤波器实际上是二阶有源带通滤波器,根据语音信号的特点,所设计的带通滤波器的频率范围应在 300 Hz~3 kHz 之间,这个频率范围就是语音滤波电路的带宽(BW)。将低通滤波器电路和高通滤波器电路串联起来就构成带通滤波器,条件是低通滤波器的截止频率 f_H 大于高通滤波器的截止频率 f_L,两者覆盖的带通可形成带通响应,滤波器的最大输出电压峰值出现在中心频率 f_0 的频率点上。带通滤波器的带宽越窄,选择性越好,也

就是电路的品质因数 Q 越高，电路的 Q 值可用如下公式求出：

$$Q = \frac{f_0}{\text{BW}}$$

由公式可知，高 Q 值的滤波器带宽较窄，但输出电压较大，低 Q 值的滤波器有较宽的带宽，但输出电压较小。

可参考的带通滤波器电路如图 5.6 所示，用该方法构成的带通滤波器的通带较宽，通带截止频率易于调整，因此多用于测量信号噪声比（S/N）的音频带通滤波器，它能抑制低于 300 Hz 和高于 3000 Hz 的信号。

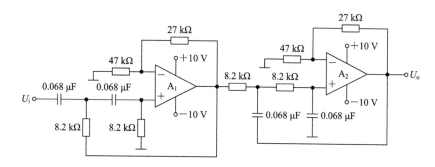

图 5.6　带通滤波器电路原理图

3）功率放大电路

功率放大电路的作用是将前级电路送来的微弱电信号进行放大，从而推动扬声器完成电（信号）～声（信号）的转换过程。要求功率放大电路的输出功率尽可能大，转换效率尽可能高，非线性失真尽可能小。功率放大电路的电路形式有很多，图 5.7 所示中采用电路简单、工作稳定的集成功率放大器 LM386，它的电源电压范围在 4～12 V 之间，最高可到 15 V。消耗静态电流为 4 mA，典型输入阻抗为 50 kΩ。若在 LM386 的脚 1、脚 8 之间接一个较大的电容，电路的增益可达 200 倍；若将脚 1、脚 8 开路，则放大器的负反馈最强，电路的增益为 20 倍。因此，在脚 1、脚 8 之间接电位器和电容，调节电位器，则集成功放的电压增益可在 20～200 之间任意调整。电路中的输入信号经电容接入同相输入端脚 3，反相输入端脚 2 接地。故构成单端输入方式。由于采用单电源工作，须将输出端（脚 5）通过大容量电容 220 μF 输出以构成 OTL 电路，10 Ω 电阻和 0.047 μF 电容构成扬声器补偿网络，可吸收扬声器的反电动势，用以抵消扬声器线圈电感在高频时产生的不良影响，改变功率放大电路的高频特性和防止高频自激。脚 4 为接地端，脚 6 以及所接的电容为正电源端和电源滤波电容，滤波电容可降低电源高频阻抗，防止电路高频自激，其目的是使 LM386 工作稳定。脚 7 接旁路电容，大容量电容 220 μF 还可以隔直耦合输出。

4）语音放大器总体电路

语音放大器总体电路如图 5.8 所示。

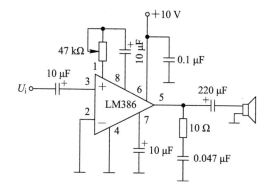

图 5.7　功率放大电路

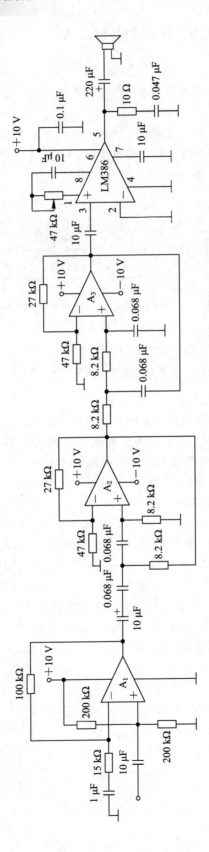

图 5.8 语音放大器总体电路

5.3 直流电动机的串电阻起动仿真实验

一、实验目的

(1) 熟悉直流电动机的串电阻起动的原理。

(2) 掌握直流电动机的串电阻起动的仿真和调试。

(3) 熟悉使用仿真软件建模和仿真的流程。

二、预习要求

(1) 预习直流电动机的内容，理解直流电动机工作的基本原理。

(2) 预习直流电动机的起动方式，掌握直流电动机串电阻起动的基本原理。

(3) 预习直流电动机的起动过程，计算出实验内容的有关理论值。

(4) 应用仿真软件 MATLAB，建模、仿真直流电动机的串电阻起动。

三、实验原理

他励直流电动机电枢串联电阻起动的方式可分为无级起动和有级起动。无级起动应用于额定功率较小的电动机，有级起动一般应用于额定功率较大的电动机，以保证既有比较大的起动转矩，又限制起动电流不会超过允许值。有级起动的具体操作过程很明确：起动前将起动电阻 R_1、R_2、R_3 串联，加上励磁电压 U_f，并保持励磁电流额定值不变，然后加上电枢电压 U_a，此时电动机开始起动并运行，运行到电磁转矩等于切换转矩时，依次切除起动电阻 R_1、R_2、R_3，直到电枢电路的总电阻变为电枢电路自身的电阻 R_a 时，电机起动过程结束。在直流电动机串电阻起动的原理图如图 5.9 所示，起动时先闭合主开关 KM，串电阻起动，然后在起动过程中依次闭合 KM_1、KM_2 和 KM_3。其机械特性如图 5.10 所示。

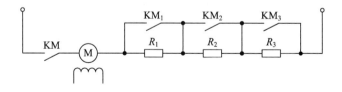

图 5.9　直流电动机串电阻起动的原理图

需要注意的是，电动机起动开始瞬间，电枢回路接入全部起动电阻，此时起动电流达到最大值 I_{max}，起动转矩 T_1 对应的起动电流 I_1 不会超过允许的最大电枢电流 I_{max}，因此一般选取 $I_1 = (1.5 \sim 2)I_{aN}$，而随着电动机转速的不断增加，电枢电流和电磁转矩呈现逐渐减小的趋势，对应的起动转矩 $T_1 = (1.5 \sim 2)T_N$，为保证有一定的加速转矩，减少起动时间，一般选择切换转矩为 $T_2 = (1.1 \sim 1.2)T_L$，对应的切换电流 I_2 为 $I_2 = (1.1 \sim 1.2)I_L$。

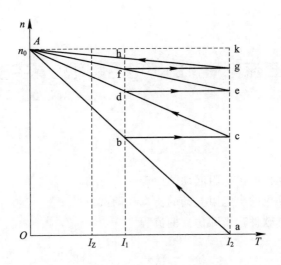

图 5.10 直流电动机的机械特性

四、实验设备

本次实验需要 MATLAB 中的 Simulink 进行建模仿真，具体用到的子模块库和模块如表 5.7 所列。

表 5.7 仿真实验模块

序号	子模块库	模块	描述
1	SimPowerSystems/Extra Library/Control Blocks	Timer	定时器
2	SimPowerSystems/Elements	Ideal Switch	理想开关
3	SimPowerSystems/Power Electronics	DC Voltage Source	直流电压源
4	SimPowerSystems/Elements	Series *RLC* Branch	串联 *RLC* 支路
5	Sources	Step	阶跃信号
6	SimPowerSystems/Elements	Breaker	断路器
7	SimPowerSystems/Elements	Grand	地
8	Signal Routing	Demux	分配器
9	Math Operations	Gain	增益
10	Sinks	Scope	示波器模块
11	Sources	Constant	常数模块

五、实验内容

（1）使用 Simulink 建立直流电动机串联三级电阻起动的仿真模型。

（2）调试、观察并分析起动过程中电枢电流、转速和电磁转矩的变化曲线。

六、实验步骤

（1）在 Simulink 中找到直流电动机模型，输入为负载转矩，输出为 1 个向量，包含转速、电枢电流、励磁电流和电磁转矩 4 个信号。

（2）双击打开电动机参数设置窗口，分别设置 3 个面板的参数。在 Configuration 页面分别设置预设模型、机械输入选项、绕组类型；在 Parameters 页面分别设置电枢电阻和电感、励磁绕组和电枢之间的互感、电动机总转动惯量、粘性摩擦系数、库伦摩擦转矩和初始角速度。

直流电动机的串电阻
起动仿真实验

（3）在 PowerSystems 库中找到 powergui 模块，放置到任意位置，并按照图 5.9 所示开始连接电路模型。

（4）使用 Ideal Switch 模块，找到模拟的理想开关 KM，设置闭合时间为 0.5 s。使用 Breaker 模块，找到实际开关 KM$_1$、KM$_2$ 和 KM$_3$，并使用阶跃信号 Step 模块设置使得 KM$_1$、KM$_2$ 和 KM$_3$ 分别在 2.5 s、4.5 s、6.5 s 的时候闭合。

（5）使用 Demux 模块，将直流电动机的输出信号 m 分离成 4 个分量，并增加增益模块 gain 将输出的转速信号的单位 rad/s 转换成 r/min 。并使用 Scope 模块对直流电动机的 4 个输出信号进行显示观测，用以分析电路。

（6）负载输入使用 Constant 常数模块，输入负载为 10。其他剩余各实验模块的名称和参数设置如表 5.8 所示。将所有元器件模块按照图 5.9 所示进行连接，得到仿真模型图，如图 5.11 所示。

表 5.8　各实验模块的参数设置

模块	模块名	参数名	参数值	表征物理量
Timer	Timer	Time	[0 0.5]	在 0.5 s 时幅值为 1
		Amplitude	[0 1]	内部导通电阻
Ideal Switch	Ideal Switch	Internal resistance Ron	1e − 5	吸收电阻
		Snubber resistance Rs	inf	吸收电容
		Snubber capacitance	0	电压幅值
DC Voltage Source	Ua、Uf	Amplitude	240	支路类型
Series *RLC* Branch	R,R1,R2,R3	Branch type	R	电阻值
	R	Resistance	10 000	电阻值
	R1	Resistance	3.68	电阻值
	R2	Resistance	1.66	电阻值
	R3	Resistance	0.76	上升时间
Step	Step1	Step time	2.5	上升时间
	Step2	Step time	4.5	上升时间
	Step3	Step time	6.5	上升时间
Breaker	Breaker	Breaker resistance Ron	0.01	电阻

模块	模块名	参数名	参数值	表征物理量
Grand			默认值	接地
Demux	Demux	Number of outputs	4	输出端口
Gain	Gain	Gain	30/pi	增益
Scope	Scope	Number of axes	4	示波器
Constant	Constant	Constant value	10	常数

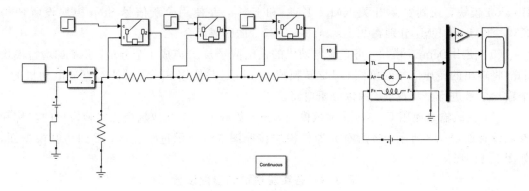

图 5.11　仿真模型图

（7）设置模型的仿真解法 Solver 为 ode23 s。设置 relative tolerance 为 1e−5，设置最大步长 Max step size 为 0.2。点击"运行"，然后双击"示波器"，可以看到示波器的运行波形，观察并分析启动过程中电枢电流、转速和电磁转矩的变化曲线，如图 5.12 所示。

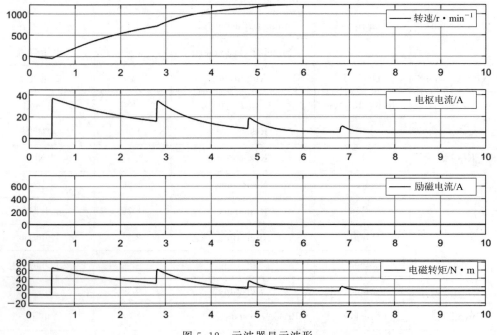

图 5.12　示波器显示波形

七、知识拓展

直流电动机的起动是指直流电动机从接通电源开始转动，直至升速到某一固定转数稳定运行，这一过程称为电动机的起动过程。直流电动机有直接起动、串电阻起动和降压起动三种方法。

1．直接起动

直接起动就是将电动机直接接入到额定电压的电源上起动。由于电动机所加的是额定电源，而电动机接通电源的瞬间电枢是不动的，电枢反电动势为零，所以起动时电流很大。起动时电动机最大电流可以达到额定电流的 5～10 倍正因为电动机起动电流很大，所以起动转矩大，电动机起动迅速，起动时间短。不过，电动机一旦开始运转，电枢绕组就有感应电动势产生，且转数越高，电枢反电动势就越大。随着电动机转数的上升，电流迅速下降，电磁转矩也随之下降。当电动机电磁转矩与负载阻力转矩相平衡时，电动机的起动过程结束而进入稳定运行状态。直接起动的优点是不需其他设备，操作简便，缺点是起动电流大。所以，它只适用于小型电动机，如家用电器中的直流电动机。

2．串电阻起动

串电阻起动就是在电动机起动时将一组起动电阻串入电枢回路中，以限制起动电流，而当电动机转数上升到额定转数后，再把起动电阻依次从电枢回路中切除。串电阻起动的优点是起动电流小，缺点是串联的电阻比较笨重，起动过程中要消耗较多的能量。

3．降压起动

降压起动就是在电动机起动时，通过暂时降低电动机供电电压的办法来限制起动电流的起动方式。电动机起动时，励磁电压保持额定值不变，电枢电压从零逐渐升高到额定值。降压起动电动机要有一套电动机专用的直流电源。降压起动的优点是起动电流小，起动过程中能耗小；缺点是需要专用的电源，设备投资大，这种方法只适合于大功率电动机。

八、思考题

（1）直流电机串电阻起动的基本原理是什么？

（2）搭建仿真模型时，电机的 4 个输出量怎样输出并同时显示？

（3）仿真模型中，4 个开关的模块选择和参数设置有什么区别？

九、实验报告

（1）比较仿真数据和理论计算值是否符合，不符合时请分析原因。

（2）分析比较仿真电路的输出波形，并按比例描绘转速 n、电枢电流 I_a、励磁电流 I_f 和电磁转矩 T_e 的波形。

5.4　异步电动机转子串电阻起动仿真实验

一、实验目的

（1）熟悉三相异步电动机转子串电阻起动的原理。

（2）掌握三相异步电动机转子串电阻起动的仿真和调试。

（3）熟悉使用仿真软件建模和仿真的流程。

二、预习要求

（1）预习三相异步电动机的内容，理解三相异步电动机的基本原理。

（2）预习三相异步电动机的起动方式，掌握三相异步电动机转子串电阻起动的基本原理。

（3）预习三相异步电动机串电阻起动过程，计算实验内容的有关理论值。

（4）应用仿真软件 MATLAB，建模、仿真三相异步电动机转子串电阻起动。

三、实验原理

三相异步电动机有三相对称绕组，接通三相对称电源，流过三相对称电流，产生旋转磁场，切割转子导体，感应电动势和电流，载流导体在磁场中受到电磁力的作用，形成电磁转矩，使转子朝着旋转磁场方向。

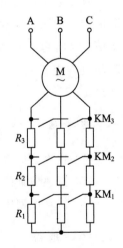

图 5.13　三相异步电动机串电阻起动的原理图

绕线型三相异步电动机转子串三相对称电阻起动时，一般采用分级切除起动电阻的方法。随着转子转速的增高，转子电流、电机转矩将逐渐降低。为了充分利用电动机的起动转矩，应当随着转速的增高，逐渐减少转子回路电阻，使电动机维持较高的起动电流和转矩。

对于小容量电动机的起动，可采用转子串联起动变阻器的方法起动。起动变阻器通过手柄接成星形。起动前，先把起动变阻器调到最大值，再合上电源开关，电动机开始起动。随着电动机转速的升高，逐渐减小起动变阻器的电阻，直到全部切除电阻，使转子绕组短接。

对于大容量电动机的起动，一般采用分级起动的方法以保证电动机起动过程中都有较大转矩和较小的起动电流。三相异步电动机串电阻起动的原理图如图 5.13 所示。

四、实验设备

本次实验需要用 MATLAB 中的 Simulink 进行建模仿真，具体用到的子模块库和模块如表 5.9 所列。

表 5.9　仿真实验模块

序号	子模块库	模 块	描 述
1	SimPowerSystems/Electrical power	AC Voltage Source	交流电压源
2	SimPowerSystems/Elements	Three-Phase Breaker	三相断路器
3	SimPowerSystems/Elements	Three-Phase Series *RLC* Branch	三相 *RLC* 串联支路
4	SimPowerSystems/Machines	Machine Measurement Demux	机械测量分配器
5	Sources	constant	常数模块
6	Sources	Step	阶跃信号
7	Sinks	Scope	示波器模块
8	Math Operations	Gain	增益

五、实验内容

（1）使用 Simulink 建立三相异步电动机串联电阻起动的仿真模型。

（2）调试、观察电动机起动过程中定子电流、转子电流、转速和电磁转矩的变化过程。

六、实验步骤

（1）在 Simulink 中的 SimPowerSystems 库中找到三相异步电动机模块 Asynchronous Machine Si Units。异步电动机模块的输入端口有 4 个，分别为负载转矩 T_m、A 相定子绕组、B 相定子绕组和 C 相定子绕组；输出端口也有 4 个，分别为向量 m、A 相转子绕组 a、B 相转子绕组 b 和 C 相转子绕组 c；其中，m 相量包含 21 个信号，需要使用多路信号分配器 Machine Measurement Demux 来分配后送到示波器显示。

异步电动机转子串电阻起动仿真实验

（2）双击打开异步电动机模块的参数设置窗口，分别设置参数。在 Configuration 页面分别设置绕组类型、参考坐标系、预设模型选项等参数；在 Parameters 页面分别设置额定功率、电压和频率、定子电阻和定子电感、转子电阻和转子电感、互感参数、转动惯量、摩擦系数和极对数参数。

（3）在 PowerSystems 库中找到 powergui 模块，放置到任意位置，并开始按照图 5.13 所示连接电路模型。其他剩余各实验模块的名称和参数设置如表 5.10 所示。将所有元器件模块按照图 5.13 所示进行连接得到仿真模型图，如图 5.14 所示。

表 5.10　各实验模块的参数设置

模块	模块名	参数名	参数值	表征物理量
AC Voltage Source	Ua、Ub、Uc	Amplitude	400	电压幅值
	Ua	Phase	0	相位
		Frequency	50	频率
	Ub	Phase	−120	相位
		Frequency	50	频率
	Uc	Phase	120	相位
		Frequency	50	频率

模块	模块名	参数名	参数值	表征物理量
Three-Phase Breaker	Three-Phase Breaker	Initial status of breakers	open	初始状态
Three-Phase Series *RLC* Branch	Three-Phase Series *RLC* Branch	Branch type	R	支路类型
		Resistance R	0.5	电阻值
Machine Measurement Demux	Machine MeasurementDemux	Machine type	Asynchronous	电动机类型
		Rotor currents	选中	转子电流
		Stator currents	选中	定子电流
		Rotor speed	选中	转子速度
		Electromagnetic torque	选中	电磁转矩
Constant	Constant	Constant value	72	常数
Step	Step	Step time	0.05	上升时间
Gain	Gain	Gain	30/pi	增益
Scope	Scope	Number of axes	4	示波器

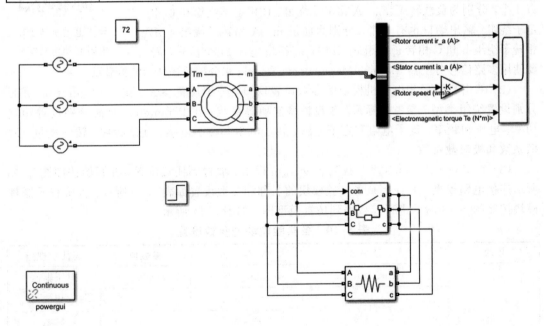

图 5.14 仿真模型图

（4）设置模型的仿真解法 Solver 为 ode23s。设置 relative tolerance 为 1e－5，设置最大步长 Max step size 为 0.02，仿真停止时间设置为 1 s。点击"运行"，然后双击"示波器"，可以看到示波器的运行波形，如图 5.15 所示。

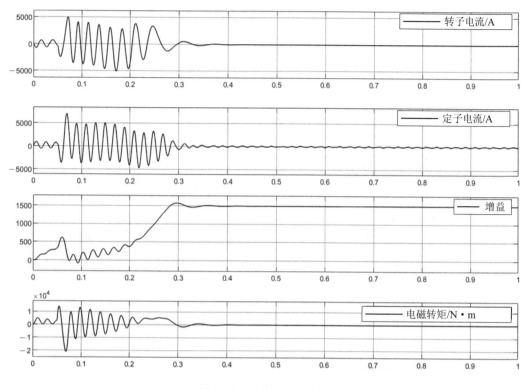

图 5.15 示波器显示波形

七、知识拓展

三相异步电动机转子电阻增加时能保持最大的转矩，所以适当选择起动电阻能使得起动转矩最大。三相电动机转子电路中串联电阻的起动方式中不同的控制方式，起动的实现过程不同。

1. 采用手动控制

一般将起动电阻分级连成星形，起动时先将全部起动电阻接入，随着起动过程的进行和电动机转速的提高，转子起动电阻依次被短接，在起动结束时，电阻全部被短接。转子绕组串联电阻起动按钮操作控制电路如图 5.16 所示。图中 KM_1、KM_2、KM_3 为短接电阻起动接触器。

起动过程：按下起动按钮 SB_1、SB_2，使得接触器通电，主触点闭合，电动机串联三组电阻进行降压起动，在转速逐步升高的过程中，依次按下按钮 SB_3、SB_4、SB_5，将三组电阻依次按顺序短接，电动机进入正常运行阶段。

2. 采用时间继电器控制

采用手动控制绕线转子电动机转子串电阻降压起动的过程中，逐级用按钮手动短接起动电阻，其操作麻烦、切换时间不好掌握；在电动机运行中，四个接触器全部通电，浪费电能的同时又使电路的故障率提高。采用时间继电器控制电动机转子串电阻降压起动的方法就能很好的规避这些问题。采用时间继电器 KT_1、KT_2、KT_3 自动控制起动电阻的分级短接过程。采用时间继电器控制电路原理图如图 5.17 所示。

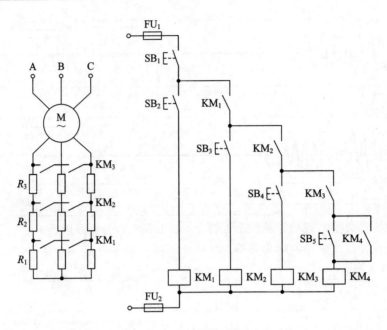

图 5.16　手动控制电路原理图

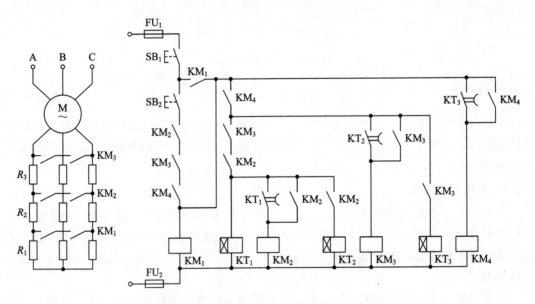

图 5.17　采用时间继电器控制电路原理图

时间继电器 KT_1、KT_2、KT_3 自动控制起动电阻的分级短接过程。

电动机起动时：合上电源开关，按下起动按钮 SB_1、SB_2，接触器 KM_1 通电，KT_1 通电，电动机串联全部电阻进行降压起动，电动机转速逐步升高。当 KT_1 达到预定延时时间时：其常开触点闭合，KM_2 通电，KT_2 通电，第一组电阻被短接；当 KT_2 达到预定延时时间时：其常开触点闭合，KM_3 通电，KT_3 通电，第二组电阻被短接，由于 KM_3 的辅助常闭触点断开，使 KM_2、KT_1、KT_2 均断电释放能量；当 KT_3 达到预定延时时间时：其常开触点闭合，KM_4 通电，第三组电阻被短接，电动机全压起动运行；至此，电动机转子电路无外加电阻，运行于自然特性上。电动机起动过程到此结束。由于 KM$_4$ 辅助常闭触点断开，使 KM$_3$、KT$_3$ 断电释放能量，当降压起动过程结束后，只有 KM$_1$、KM$_4$ 两个接触器处于通电状态。这种控制方式既节约了电能，又延长了 KM$_2$、KM$_3$ 和时间继电器的使用寿命。

八、思考题

（1）三相异步电动机串电阻起动的基本原理是什么？

（2）搭建仿真模型时，三相的串联电阻该如何连接？

（3）仿真模型中，控制电路中的接触器和继电器的通断顺序是什么样的？

九、实验报告

（1）比较仿真数据与理论计算值是否符合，如不符合请分析原因。

（2）分析比较仿真电路的输出波形，并按比例描绘定子电流 I_s、转子电流 I_r、转速 n 和电磁转矩 T_e 的波形。

5.5　555 时基电路及其应用

一、实验目的

（1）掌握 555 定时器的工作原理。

（2）学会用 555 定时器构成单稳态电路、多谐振荡器。

（3）熟悉用示波器测量波形的周期、脉宽和幅值等。

二、预习要求

（1）学习 555 定时器的功能和应用。

（2）熟悉 555 定时器构成的单稳态触发器和多谐振荡器的工作原理。

（3）根据电路中电阻、电容的数值计算有关参数。

三、实验原理

555 定时器是一种数字、模拟混合型的中规模集成电路，广泛应用于电子控制、电子检测、仪器仪表、家用电器、音响报警、电子玩具等诸多方面；还可用作振荡器、脉冲发生器、延时发生器、定时器、方波发生器、单稳态触发振荡器、双稳态多谐振荡器、自由多谐振荡器、锯齿波发生器、脉宽调制器、脉位调制器等。

555 定时器有双极型和 CMOS 型两大类，二者的结构与工作原理类似。几乎所有的双极型产品型号最后的三位数码都是 555 或 556，所有的 CMOS 产品型号最后四位数码都是 7555 或 7556。二者的逻辑功能和引脚排列完全相同，易于互换。555 和 7555 是单定时器，556 和 7556 是双定时器。双极型的电源电压为 ＋5～＋15 V，输出的最大电流可达

200 mA；CMOS 型的电源电压为 $+3 \sim +18$ V，输出的最大电流在 4 mA 以下。

1. 555 定时器的工作原理

555 单定时器的封装有 8 脚圆形和 8 脚双列直插型两种，556 双定时器的封装只有 14 脚双列直插型一种。本实验所用的 555 时基电路芯片为 NE555。图 5.18 所示为其外引线排列图，图中各管脚的功能简述如下：

(1) $\overline{R}_D$：清零端，当 $\overline{R}_D = 0$ 时，输出端为低电平，平时 $\overline{R}_D$ 开路或接 U_{CC}。

(2) TH：阈值端，高电平触发，当 TH 端电压大于 $\frac{2}{3}U_{CC}$ 时，输出端为低电平。

(3) $\overline{TR}$：触发端，低电平触发，当 $\overline{TR}$ 端电压小于 $\frac{1}{3}U_{CC}$ 时，输出端为高电平。

(4) DISC：放电端，为外接 RC 回路提供放电或充电通路。

(5) OUT：输出端。

(6) U_{CO}：控制电压端，平时输出 $\frac{2}{3}U_{CC}$ 作为比较器的参考电平，当外接一个输入电压时，即改变了比较器的参考电平，从而实现对输出的另一种控制；在不接外加电压时，通常接一个 0.01 μF 的电容器接地，起滤波作用，以消除外来的干扰，确保参考电平的稳定。

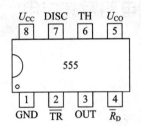

图 5.18　555 定时器外引线排列图

表 5.11 所示为 555 定时器的功能表。

表 5.11　555 定时器功能表

$\overline{R}_D$	TH	$\overline{TR}$	OUT
0	$\times$	$\times$	0
1	$>\frac{2}{3}U_{CC}$	$>\frac{1}{3}U_{CC}$	0
1	$<\frac{2}{3}U_{CC}$	$<\frac{1}{3}U_{CC}$	1
1	$<\frac{2}{3}U_{CC}$	$>\frac{1}{3}U_{CC}$	保持

2. 555 定时器的应用

555 定时器有单稳态、双稳态和无稳态三种基本工作方式，用这三种方式中的一种或多种组合可以组成各种实用的电子电路。

(1) 构成单稳态触发器。

图 5.19(a)所示为由 555 定时器和外接定时元件 R、C 构成的单稳态触发器电路。触发电路由 C_1、R_1、VD 构成，其中 VD 为钳位二极管，稳态时 555 电路输入端等于电源电平，

输出端输出低电平。当有一个外部负脉冲触发信号经 C_1 加到 2 端，并使 2 端电位瞬时低于 $\frac{1}{3}U_{CC}$ 时，输出端电平由低电平跳变到高电平，单稳态电路即开始一个暂态过程，电容 C 开始充电，u_C 按指数规律增长；当 u_C 充电到 $\frac{2}{3}U_{CC}$ 时，输出端电平由高电平翻转为低电平，电容 C 上的电荷很快经放电开关管放电，暂态结束，恢复稳态，为下一个触发脉冲的到来做好准备。单稳态触发工作波形如图 5.19(b)所示。

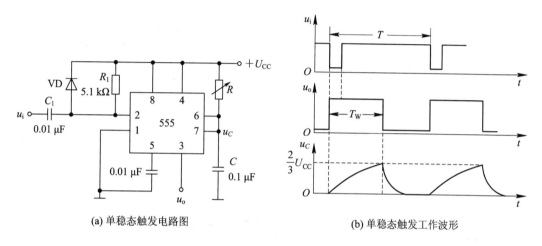

(a) 单稳态触发电路图　　　　　　　　(b) 单稳态触发工作波形

图 5.19　555 定时器构成单稳态触发器

暂稳态的持续时间 t（即为延时时间）取决于外接元件 R、C 值的大小：

$$t_w = RC\ln 3 \approx 1.1RC$$

通过改变 R、C 的大小，可使延时在几微秒到几十分钟之间变化。当这种单稳态电路作为计时器时，可直接驱动小型继电器，并可以使用复位端（4 脚）接地的方法来中止暂态，重新计时。此外尚需用一个续流二极管与继电器线圈并接，以防继电器线圈反电势损坏内部功率管。

（2）构成多谐振荡器。

图 5.20(a)所示为由 555 定时器和外接元件 R_1、R_2、C 构成的多谐振荡器，脚 2 与脚 6 直接相连。电路没有稳态，仅存在两个暂稳态，电路亦不需要外加触发信号，利用电源通过 R_1、R_2 向 C 充电，以及 C 通过 R_2 向放电端放电，使电路产生振荡。电容 C 在 $\frac{1}{3}U_{CC}$ 和 $\frac{2}{3}U_{CC}$ 之间充电和放电，其波形如图 5.20(b)所示。输出信号的时间参数为

$$T = t_{w1} + t_{w2}$$
$$t_{w1} = 0.7(R_1 + R_2)C$$
$$t_{w2} = 0.7R_2C$$

555 电路要求 R_1 与 R_2 均应大于或等于 1 kΩ，但 $R_1 + R_2$ 应小于或等于 3.3 MΩ。

外部元器件的稳定性决定了多谐振荡器的稳定性。555 定时器配以少量的元器件即可获得较高精度的振荡频率和具有较强的功率输出能力，因此这种形式的多谐振荡器应用很广泛。

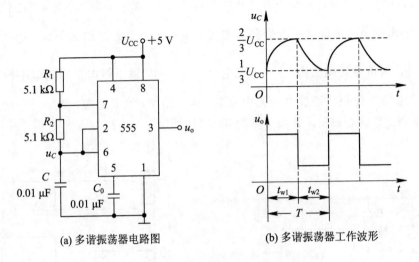

(a) 多谐振荡器电路图   (b) 多谐振荡器工作波形

图 5.20   555 定时器构成的多谐振荡器

四、实验设备

本实验需要的实验设备、元器件如表 5.12 所示。

表 5.12   实验设备、元器件

序号	设备名称	功 能 作 用	数量
1	数字电路实验模块	提供实验电源、逻辑电平、显示器、脉冲源	1
2	电容	0.01 μF(103)	2
		0.1 μF(104)	1
3	电位器	10 kΩ	1
4	二极管	1N4007	1

五、实验内容

(1) 用 555 定时器设计一个输出脉冲宽度为 0.8 ms 的单稳态触发器。

(2) 用 555 定时器设计一个振荡频率 $f = 1$ kHz 的多谐振荡器。

六、实验步骤

1. 单稳态触发器

(1) 用 555 定时器设计一个单稳态触发器,要求输出脉冲宽度为 0.8 ms,给定输入信号频率为 1 kHz,电容 $C = 0.1$ μF,确定电阻 R 的值。

(2) 按图 5.19(a) 所示连线,并按照设计参数对电阻 R 取值,函数信号发生器提供一个频率为 1 kHz、u_{pp} 为 5 V 的方波作为输入信号,用双踪示波器观测 u_i、u_C、u_o 波形,测量幅度与暂稳时间填入表 5.13 中,并与理论值相比较。

表 5.13　单稳态触发器

T	计算值=	测量值=
t_w	计算值=	测量值=
$u_{C\text{pp}}$	测量值=	
$u_{o\text{pp}}$	测量值=	

2. 多谐振荡器

（1）用 555 定时器设计一个多谐振荡器，要求振荡频率 $f=1\ \text{kHz}$，给定电容 $C=0.1\ \mu\text{F}$，确定电阻 R_1、R_2 的值。

（2）按图 5.20(a) 所示连线，并按照设计参数对电阻 R_1、R_2 取值，用双踪示波器观测 u_C、u_o 的波形，测量幅度与暂稳时间填入表 5.14 中，并与理论值进行比较。

表 5.14　多 谐 振 荡 器

$t_{\text{w}1}$	计算值=	测量值=
$t_{\text{w}2}$	计算值=	测量值=
T	计算值=	测量值=
$u_{C\text{pp}}$	测量值=	
$u_{o\text{pp}}$	测量值=	

七、知识拓展

1. 组成占空比可调的多谐振荡器

占空比可调的多谐振荡器电路如图 5.21 所示，它比图 5.20(a) 所示电路多了一个电位器和两个导引二极管。VD_1、VD_2 用来决定电容充电、放电电流流经电阻的途径（充电时，VD_1 导通，VD_2 截止；放电时，VD_2 导通，VD_1 截止）。

占空比：

$$P=\frac{t_{\text{w}1}}{t_{\text{w}1}+t_{\text{w}2}}\approx\frac{0.7R_\text{A}C}{0.7C(R_\text{A}+R_\text{B})}$$

$$=\frac{R_\text{A}}{R_\text{A}+R_\text{B}}$$

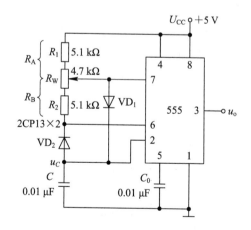

图 5.21　占空比可调的多谐振荡器电路图

由此可见，若取 $R_\text{A}=R_\text{B}$，则电路即可输出占空比为 50% 的方波信号。

2. 组成施密特触发器

施密特触发器电路如图 5.22 所示，只要将脚 2、脚 6 连在一起作为信号输入端，即可得到施密特触发器。图 5.23 给出了 u_S、u_i、u_o 的波形图。

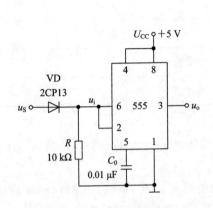

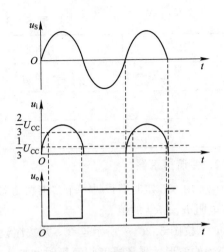

图 5.22　施密特触发器电路图　　　　　图 5.23　施密特触发器波形

　　设被整形变换的波形为正弦波 u_S，其正半波通过二极管 VD 同时加到 555 定时器的脚 2 和脚 6，得 u_i 为半波整流波形。当 u_i 上升到 $\frac{2}{3}U_{CC}$ 时，u_o 从高电平翻转为低电平；当 u_i 下降到 $\frac{1}{3}U_{CC}$ 时，u_o 又从低电平翻转为高电平。电路的电压传输特性曲线如图 5.24 所示。

　　回差电压为

$$\Delta u = \frac{2}{3}U_{CC} - \frac{1}{3}U_{CC} = \frac{1}{3}U_{CC}$$

3. 模拟声响电路

　　按图 5.25 所示接线，检查无误后，可接通电源。调节 R_{P1}、R_{P2} 的大小，可获得不同的声响。电路中 R_{P1}、R_{P2}、C_1、C_2 组成一个音频振荡器（脚 7 不用，这与一般用 555 定时器构成的多谐振荡器不同）。C_3 和扬声器（呈感性）组成一个谐振回路。它们通过 555 定时器的内部电路相互作用后使小灯泡上端的电位发生低频的变化，这一变化通过 C_3 对脚 5 进行调制，从而使脚 3 输出一个变调的音频信号。

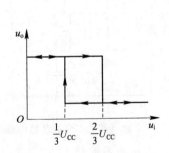

图 5.24　电压传输特性曲线

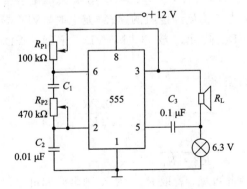

图 5.25　模拟声响电路

八、思考题

　　(1) 单稳态触发器要求触发脉冲宽度小于输出脉冲，为什么？

(2) 利用多谐振荡器产生每秒 1 Hz 的振荡频率时，该如何选择元器件参数？

九、实验报告

(1) 按设计要求计算相关参数。

(2) 画出各测试点的波形，分析、总结实验结果。

5.6 数字电子秒表逻辑电路设计

一、设计任务

1. 设计电子秒表

用数字集成块 74LS00、74LS09、555 时基电路、电位器、电容、电阻等元器件设计电子秒表，并要求：

(1) 用两个开关控制，一个用于清零并开始计数，另一个用于计时停止，并在数码管上保留所计时的值。

(2) 基准时钟设计为可调，方便校准。

(3) 可显示 $0.1 \sim 0.9$ s、$1 \sim 9.9$ s 计时。

2. 设计电源电路

用集成稳压块 7805、电容、电阻等元器件设计数字电路电源，并要求：

(1) 输出 $+5$ V 直流稳压电源。

(2) 输出电流大于 1 A。

(3) 输出纹波电压小于 5 mV。

二、设计要求

(1) 设计设计任务中的第一项内容，有条件可选第二项进行设计。

(2) 自行设计电路，并在设计说明书中论述设计方案和过程。

(3) 将设计电路在计算机上进行仿真验证，仿真成功后再进行实际电路的连接和调试。

三、设计原理

1. 基本 RS 触发器

图 5.26 所示为电子秒表的电路原理图，按其功能分成 4 个单元电路进行分析。

图 5.26 中，单元 I 为用集成与非门构成的基本 RS 触发器，属于低电平直接触发的触发器，有直接置位、复位的功能。

其中，一路输出 $\overline{Q}$ 作为单稳态触发器的输入，另一路输出 Q 作为与非门 5 的输入控制信号。按下按钮开关 S_2（接地），则门 1 输出 $\overline{Q}=1$，门 2 输出 $Q=0$，S_2 复位后 Q、$\overline{Q}$ 状态保持不变。再按下按钮开关 S_1，则由 0 变 1，门 5 开启，为计数器启动做好准备。$\overline{Q}$ 由 1 变为 0，送出负脉冲，启动单稳态触发器工作。基本 RS 触发器在电子秒表中的职能是启动和停止秒表的工作。

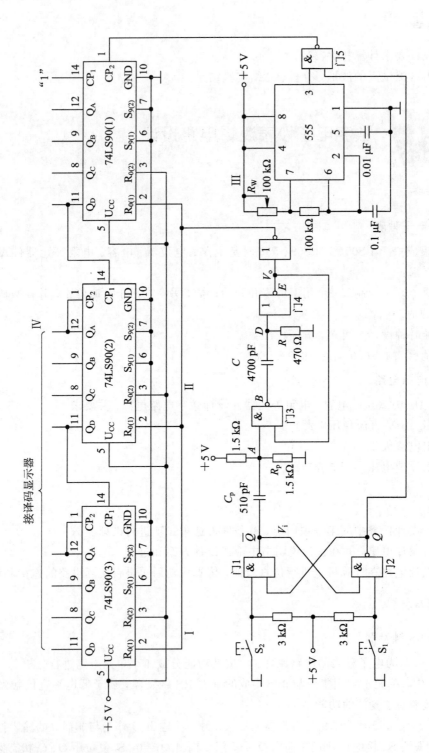

图 5.26 电子秒表的电路原理图

2. 单稳态触发器

图 5.26 中，单元 Ⅱ 为用集成与非门构成的微分型单稳态触发器，图 5.27 所示为各点波形图。

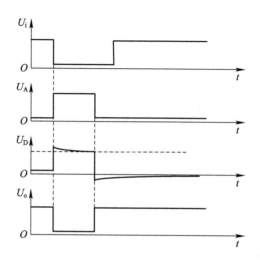

图 5.27　单稳态触发器波形图

单稳态触发器的输入触发负脉冲信号 U_i 由基本 RS 触发器 $\overline{Q}$ 端提供，输出负脉冲 U_o 通过非门加到计数器的清除端 R_o。

静态时，门 4 应处于截止状态，故电阻 R 必须小于门的关门电阻 R_{off}。定时元件 RC 取值不同，输出脉冲宽度也不同。当触发脉冲宽度小于输出脉冲宽度时，可以省去输入微分电路的 R_P 和 C_P。

单稳态触发器在电子秒表中的职能是为计数器提供清零信号。

3. 时钟发生器

图 5.26 中，单元 Ⅲ 为用 555 定时器构成的多谐振荡器，它是一种性能较好的时钟源。

调节电位器 R_W，使输出端 3 获得频率为 50 Hz 的矩形波信号，当基本 RS 触发器 $Q=1$ 时，门 5 开启，此时 50 Hz 的脉冲信号通过门 5 作为计数器脉冲加在计数器 74LS90(1) 的计数输入端 CP_2。

4. 计数及译码显示

二-五-十进制加法计数器 74LS90 构成电子秒表的计数单元，如图 5.26 中单元 Ⅳ 所示。其中计数器 74LS90(1) 接成五进制形式，对频率为 50 Hz 的时钟脉冲进行五分频，在输出端 Q_D 取得周期为 0.1 s 的矩形脉冲，作为计数器 74LS90(2) 的时钟输入。计数器 74LS90(2) 及计数器 74LS90(3) 接成 8421 码十进制形式，其输出端与实验装置上译码显示单元的相应输入端连接，可显示 0.1~0.9 s 与 1~9.9 s 的计时。

注意：集成异步计数器 74LS90 是异步二-五-十进制加法计数器，它既可以作为二进制加法计数器，又可以作为五进制和十进制加法计数器。

图 5.28 所示为 74LS90 芯片的引脚排列，表 5.15 为其功能表。

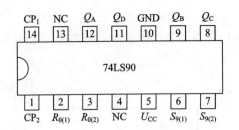

图 5.28   74LS90 芯片的引脚排列

表 5.15   74LS90 功能表

输 入						输 出	功 能
清 0		置 9		时 钟		$Q_D Q_C Q_B Q_A$	
$R_0(1)$	$R_0(2)$	$S_9(1)$	$S_9(2)$	CP_1	CP_2		
1	1	$\times$	$\times$	$\times$	$\times$	0000	清 0
$\times$	$\times$	1	1	$\times$	$\times$	1001	置 9
0 $\times$	$\times$ 0	0 $\times$	$\times$ 0	$\downarrow$	1	Q_A 输出	二进制计数
				1	$\downarrow$	$Q_D Q_C Q_B$ 输出	五进制计数
				$\downarrow$	Q_A	$Q_D Q_C Q_B Q_A$ 输出 8421BCD 码	十进制计数
				Q_D	$\downarrow$	$Q_D Q_C Q_B Q_A$ 输出 5421BCD 码	十进制计数
				1	1	不变	保持

通过不同的连接方式，74LS90 可以实现 4 种不同的逻辑功能，还可以借助 $R_0(1)$、$R_0(2)$ 对计数器进行清零，借助 $S_9(1)$、$S_9(2)$ 将计数器置 9。其具体功能如下：

(1) 若计数脉冲从 CP_1 输入，Q_A 作为输出端，则为二进制计数器。

(2) 若计数脉冲从 CP_2 输入，$Q_D Q_C Q_B$ 作为输出端，则为异步五进制加法计数器。

(3) 若将 CP_2 和 Q_A 相连，计数脉冲由 CP_1 输入，Q_D、Q_C、Q_B、Q_A 作为输出端，则构成异步 8421 码十进制加法计数器。

(4) 若将 CP_1 与 Q_D 相连，计数脉冲由 CP_2 输入，Q_A、Q_B、Q_C、Q_D 作为输出端，则构成异步 5421 码十进制加法计数器。

(5) 清零、置 9 功能。

① 异步清零。当 $R_0(1)$、$R_0(2)$ 均为 1，$S_9(1)$、$S_9(2)$ 中有 0 时，实现异步清零功能，即 $Q_D Q_C Q_B Q_A = 0000$。

② 置 9 功能。当 $S_9(1)$、$S_9(2)$ 均为 1，$R_0(1)$、$R_0(2)$ 中有 0 时，实现置 9 功能，即 $Q_D Q_C Q_B Q_A = 1001$。

四、调试方法及步骤

由于实验电路中使用的元器件较多，实验前必须合理安排各元器件在实验装置上的位置，使电路逻辑清楚，接线较短。实验时，应按照实验任务的次序，将各单元电路逐个进行接线和调试，即分别测试基本 RS 触发器、单稳态触发器、时钟发生器及计数器的逻辑功能，待各单元电路工作正常后，再将有关电路逐级连接起来进行测试，直到测试完成电子秒表整个电路的功能。这样的测试方法有利于检查和排除故障，以保证实验顺利进行。

（1）基本 RS 触发器的测试。

（2）单稳态触发器的测试。

① 静态测试：用直流数字电压表测量 A、B、D、E 各点电位值，并记录之。

② 动态测试：输入端接 1 kHz 连续脉冲源，用示波器观察并描绘 D 点(U_D)、E 点(U_o)的波形。如果单稳态输出脉冲持续时间太短而不利于观察，可适当加大微分电容 C（如改为 0.1 μF），待测试完毕，再恢复为 4700 pF。

（3）时钟发生器的测试。

用示波器观察输出电压的波形并测量其频率，调节 R_W 使输出矩形波的频率为 50 Hz。

（4）计数器的测试。

① 计数器 74LS90(1)接成五进制形式，$R_0(1)$、$R_0(2)$、$S_9(1)$、$S_9(2)$接逻辑开关输出插口，CP_2 接单次脉冲源，CP_1 接高电平 1，$Q_D \sim Q_A$ 接实验设备上译码显示输入端 D、C、B、A，按表 5.15 测试其逻辑功能，并记录之。

② 计数器 74LS90(2)及计数器 74LS90(3)接成 8421 码十进制形式，同内容①计数器 74LS90(1)接成五进制形式进行逻辑功能测试，并记录之。

③ 将计数器 74LS90(1)、74LS90(2)、74LS90(3)级联，进行逻辑功能测试，并记录之。

（5）电子秒表的整体调试。

各单元电路测试正常后，按图 5.26 所示把几个单元电路连接起来，进行电子秒表的总体测试。先按下按钮开关 S_2，此时电子秒表不工作，再按下按钮开关 S_1，则计数器清零后便开始计时，观察数码管显示的计数情况是否正常，如不需要计数或暂停计时，则按下开关 S_2，计时立即停止，但数码管保留所计时之值。

（6）电子秒表准确度的测试。

利用走时准确的电子钟或手表的秒计时对电子秒表进行校准。

（7）注意事项。

① 注意译码显示电路的正确接法。

② 断电接线，检查线路无误后再通电实验。

5.7 汽车尾灯显示控制电路

一、设计任务

设计一个汽车尾灯显示控制电路。

二、设计要求

（1）用 6 个发光二极管来模拟汽车尾灯，左右各 3 个发光二极管尾灯。

（2）两个开关分别控制左尾灯显示和右尾灯显示。

（3）左转弯开关打开时，左尾灯显示的 3 个发光二极管按左循环顺序点亮；右转弯开关打开时，右尾灯显示的 3 个发光二极管按右循环顺序点亮。

（4）汽车正常运行时指示灯全灭，临时刹车时所有指示灯同时闪烁。

三、设计原理

1. 电路设计

由于汽车转弯时，3 个指示灯循环点亮，所以用三进制计数器控制译码器电路顺序输出低电平，从而控制尾灯按要求点亮。假设 S_0、S_1 表示开关控制；VD_1、VD_2、VD_3 表示左尾灯，VD_4、VD_5、VD_6 表示右尾灯；00 表示正常运行状态，灯灭；01 表示右转灯亮，按 VD_4、VD_5、VD_6 的顺序循环点亮；10 表示左转灯亮，按 VD_3、VD_2、VD_1 的顺序循环点亮；11 表示临时刹车，所有的尾灯随时钟同时闪烁。由此得出在每种运行状态下，各指示灯与给定条件的关系，即逻辑功能表，如表 5.16 所示（表中 0 表示灯灭状态，1 表示灯亮状态）。

表 5.16　汽车尾灯显示控制电路的逻辑功能表

开关控制		三进制计数器		指示灯					
S_1	S_0	Q_B	Q_A	VD_6	VD_5	VD_4	VD_3	VD_2	VD_1
0	0	×	×	0	0	0	0	0	0
0	1	0	0	0	0	1	0	0	0
0	1	0	1	0	1	0	0	0	0
0	1	1	0	1	0	0	0	0	0
1	0	0	0	0	0	0	1	0	0
1	0	0	1	0	0	0	0	1	0
1	0	1	0	0	0	0	0	0	1
1	1	×	×	CP	CP	CP	CP	CP	CP

从表 5.16 中可以看出通过 S_1、S_0 可以控制 6 个指示灯的工作状态。

2. 参考电路

汽车尾灯显示控制电路如图 5.29 所示。

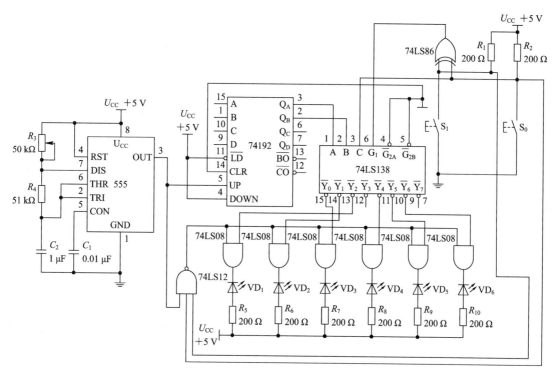

图 5.29 汽车尾灯显示控制电路

四、电路调试

对设计电路进行连接、调整、测试，以使电路能正常工作，并实现所要求的主要功能。

在连接电路时，一定要注意集成块不要插错或插反，区分有极性的元器件的正负极；连接电路时，分块连接，出错时方便检查；连线尽量横平竖直，不要错接或漏接并保证接触良好；电源和地线不要短接，避免人为故障。

5.8 多功能智力竞赛抢答器

一、设计任务

设计一个多功能智力竞赛抢答器。

二、设计要求

（1）抢答器同时供 8 名选手使用，分别用 8 个按钮作为抢答键。

（2）设置一个系统清除和抢答控制开关，该开关由主持人控制。

（3）抢答器具有锁存与显示功能。选手按动抢答键后，编号被锁存，并在数码管上显示该编号，优先抢答选手的编号一直保持到主持人将系统复位为止。

三、设计原理

抢答器电路包括抢答、编码、优先、锁存、数显以及复位电路。抢答器可同时进行八路优先抢答，按下按键后，蜂鸣器发声，同时数码管显示优先抢答者的号数。抢答成功后，再按下抢答按键，抢答器的显示不会改变，必须按下复位键后，显示清零，才可继续抢答。$S_1 \sim S_8$ 为抢答键，S_9 为复位键。CD4511 是一块含 BCD-7 段锁存、译码、驱动电路于一体的集成电路，其中引脚 1、2、6、7 为 BCD 码输入端，引脚 9～15 为显示输出端，脚 3(LT) 为测试输出端，当"LT"为 0 时，输出全为 1，脚 4(BI) 为消隐端，BI 为 0 时输出全为 0，脚 5(LE) 为锁存允许端，当 LE 由"0"变为"1"时，输出端保持 LE 为 0 的显示状态。

多功能智力竞赛抢答器电路如图 5.30 所示。

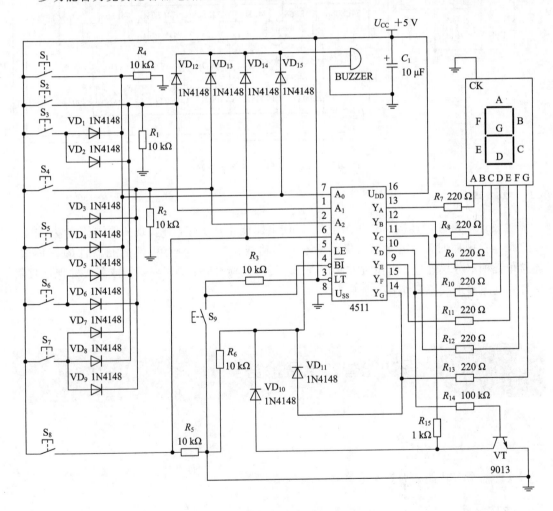

图 5.30　多功能智力竞赛抢答器电路

四、电路调试

对设计电路进行装配、调整、测试，以使电路能正常工作，并实现所要求的主要功能。

对电路进行分块连接，出错时方便检查。连线时，应注意有极性元器件的正负极以及集成电路的引脚顺序，连线尽量横平竖直，而且在连接电路时，应先把高电平和接地端连好。连好电路后，接直流 5 V 电源进行测试，测试抢答器是否能正常工作，否则对照原理图，排除故障。

5.9 数字万用表装调

一、实验目的

（1）学会使用电烙铁，提高焊接技术。

（2）了解数字万用表的工作原理，掌握万用表的使用方法。

（3）学会识别与使用色环电阻、电容、晶体管。

（4）培养分析和处理一般故障的能力。

二、实验原理

1. 识别电路原理图

电路基本组成：液晶显示驱动电路、模/数转换电路、基准电压电路、公共分压电路、直流电流电路以及晶体管参数测试电路。

2. A/D 转换器 CC7106 工作原理和管脚排列及各引脚功能

1）A/D 转换器 CC7106 工作原理

CC7106 是双积分 A/D 转换器，其原理框图如图 5.31 所示，主要由以下几部分组成：积分器 A、过零比较器 B、模拟开关 $S_1 \sim S_4$、时钟电路、控制门电路、逻辑控制电路、计数器、译码显示电路、基准电压 U_{REF} 等。所谓双积分就是在一个测量周期内要进行两次积分。一个测量周期分为采样、比较、休止三个阶段，其工作过程如图 5.32 所示。

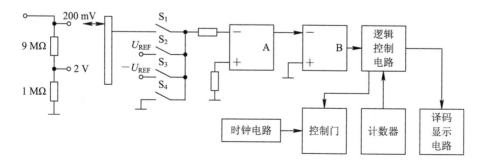

图 5.31 CC7106 原理框图

（1）采样阶段。当被测电压 U_X 加在输入端时，在 t_1 时刻控制电路使 S_1 闭合、S_4 打开，积分器对 U_X 进行积分，若 U_X 为正的固定直流电压，则积分器输出电压 U_O 为负向增

长，U_O 随时间变化的关系为

$$U_O = -\frac{U_X}{R_1 C}\int_{t_1}^{t_2}\mathrm{d}t$$

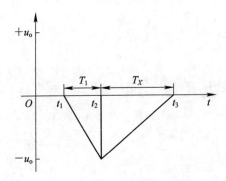

图 5.32　工作过程

在 S_1 闭合的同时，周期为 T_N 的标准时钟脉冲同时通过主控门进入计数器。当 $t=t_2$ 时，计数器计满发出溢出信号，使开关 S_1 打开、S_3 闭合，采样阶段所用时间为 T_1。若计数器计满需要计入的脉冲数为 N，每个标准脉冲周期为 T_N，则采样积分时间 T_1 与被测电压大小无关，T_1 是一固定值。采样阶段结束，比较阶段开始时积分器输出电压为

$$U_O = -\frac{U_X}{R_1 C}T_1$$

（2）比较阶段。当 $t=t_2$ 时，计数器的溢出信号作用于控制门，并根据被测电压 U_x 的极性确定是 S_2 闭合还是 S_3 闭合。当 U_x 为正值电压时，S_3 闭合；当 U_x 为负值电压时，S_2 闭合。此时，积分器进行第二次积分，同时计数器重新开始计数。在 $t > t_2$ 后积分器输出电压为

$$U_O = -\frac{U_X}{R_1 C}T_1 + \frac{E_{\mathrm{REF}}}{R_1 C}\int_{t_2}^{t_3}\mathrm{d}t$$

当 $t=t_3$ 时，积分器输出电压回零，过零比较器发出信号，通过控制门停止积分并关闭计数器，比较阶段的时间 $T_X = t_3 - t_2$，T_X 可由下式求出

$$T_X = \frac{T_1}{U_{\mathrm{REF}}}U_X$$

由于 T_1 与 U_{REF} 是固定值，所以 T_X 由被测电压决定，又因为 $T_1 = NT_N$，所以

$$T_X = T_N N_X$$

$$U_X = \frac{U_{\mathrm{REF}}}{N}N_X$$

因此，可用 T_X 时间内进入计数器的脉冲数 N_X 来表示被测电压 U_X 的值。

（3）休止阶段。比较阶段完成后，过零比较器使控制门发出命令，积分器停止工作，S_4 闭合，S_1、S_2、S_3 均打开，同时使 U_O 为零，为下一次采样做好准备。

2）CC7106 管脚功能

CC7106 是双积分 A/D 转换器的核心部件，它将电路集成在一个有 40 个功能端的电路内，其外部只需接入少量元器件就可组成一个三位半的数字电压表。

所谓三位半数字电压表的含义是：在测量电压时，该表有四个数码显示位，其中低(或后)三位可显示 0～9 十个数码，还有一位(最高位)工作时只能显示出"1"或"0"这样两种数码，这位就叫作半位，所以称之为三位半数字电压表。

CC7106 管脚排列如图 5.33 所示。

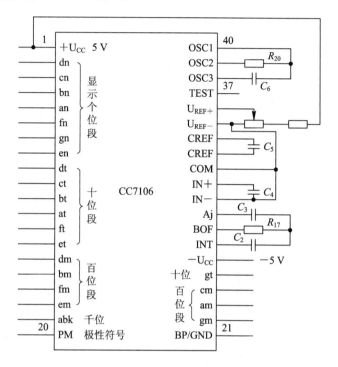

图 5.33 CC7106 管脚排列

(1) 脚 1 和 26 为电源正负端。

(2) 脚 2～8 为个位。

(3) 脚 9～14 和 25 为十位。

(4) 脚 15～18、22～24 为百位。

(5) 脚 19 为千位。

(6) 脚 20 为极性显示。

(7) 脚 38、39、40 为振荡端子，外接 R_{20}、C_6 元件，组成多谐振荡器产生 40 kHz 方波信号。

(8) 脚 37 为测试端，有两个功能：一是脚 37 与脚 1 相连，LCD 全部显示为"1888"作为自检；二是作为外部驱动电源的负端使用，如本电路作为缺电显示的负端，脚 21 为正端。

(9) 脚 35、36 为基准电压正负端(之间电压为 100 mV)。

(10) 脚 33、34 外接基准电容 C_5。

(11) 脚 32 为模拟地端。

(12) 脚 30、31 为模拟量输入端(分别接输入信号的正负端)。

(13) 脚 27、28、29 为积分器(其中，脚 27 为积分器输出端，外接积分电容 C_2；脚 28 为缓冲放大器的输出端，外接积分电阻 R_{17}；脚 29 为积分和比较器的反相输入端，外接自动调零电容 C_3)。

（14）脚 21 为 BP 背电极，接 50 Hz 方波。

3. 测试电路

把各种测量量转换成 200 mV 以下电压，经 A/D 转换后进行显示。

三、焊接技术

1. 电烙铁的使用

电烙铁是焊接的主要工具，其作为热源熔化焊锡和加热焊点，使焊锡能很好地附着在被焊元器件的焊点上。电烙铁的加热器由电阻丝构成，由绝缘陶瓷筒引出两端，接市电 220 V 电源。电烙铁的烙铁头用铜材做成，其导热性能好，容易沾锡。烙铁头插在传热筒中，用螺钉固定，改变其插入深度，可以调节烙铁头的温度。内热式烙铁套筒头置于加热体外，通电后加热速度快，热效率高。

常用电烙铁功率有 15 W、20 W、25 W、30 W、75 W 和 100 W 等几种，使用时可根据元器件的大小、导线的粗细、被焊处散热面的大小等条件来选择。一般焊接小功率晶体管、集成电路和小型元器件时，选用 15～30 W 的电烙铁；焊接粗导线、大面积散热点、大型元器件时，选用 75～100 W 的电烙铁。不同功率的电烙铁在室温时的电阻值如表 5.17 所示。

表 5.17　不同功率电烙铁在室温时的电阻值

电烙铁功率/W	20	30	50	75	100
电热丝阻值/Ω	2550	1600	1100	650	500

烙铁头的形状和温度对焊接质量有极大的影响。除焊接大件时烙铁头可较大外，焊接一般小型电子元件时烙铁头应用锉刀将其顶端锉成扁而窄的形状，尤其是焊接双列直插式集成电路的烙铁头，其宽度应与集成电路管脚宽度相近，以利于焊锡顺利流向焊接处，又不会与其他焊点干涉。

烙铁头锉好以后，将电烙铁接上电源，同时将烙铁头置于松香上，当其能沾上一层被其熔化的松香时，就在周围有松香的焊锡上轻擦，使其去掉氧化层而涂上一薄层锡。若在烙铁头某处涂不上锡，则该处一定不清洁或有氧化层，必须重新对其进行清洁处理。电烙铁的使用温度要合适，通常为 250℃ 左右。使用温度过高，烙铁头极易氧化变黑，不能沾锡，也容易使焊接元件过热而损坏；使用温度过低，烙铁头不能充分熔化焊锡，容易造成虚焊。

若电烙铁长时间加热不用，则其温度升高、表面氧化变黑，所以较长时间不用电烙铁时，应暂时断开电源。插在套筒内的烙铁头，每次使用后会有氧化层脱落，应将其除去，否则烙铁头会被卡死而无法取出。

2. 焊料与焊剂

常用焊料是锡铅合金，简称焊锡。它被制成细圆筒状，中间填有松香，其熔点为 190℃，低熔点焊锡丝的熔化温度更低。

常用的焊剂是松香，有黄色和褐色两种，以淡黄色的为好。焊剂的作用是除去油污和氧化层，并防止被焊金属表面在焊接受热时氧化，也能增加焊锡的流动性，提高焊点的质量。

普通焊锡膏是酸性助焊剂，去氧化能力强，但对金属有腐蚀性，焊后要把残余焊膏去除干净。一般只在焊接用常规方法难以焊接的金属时才使用焊膏。中性焊膏性能好，但实验室中一般不使用。

3. 焊点的质量要求

焊点的质量直接关系到整机电路能否稳定、可靠地工作，实验能否顺利进行，质量较好的焊点形状呈扁圆形，表面光滑而有一定的亮度。表面粗糙、凸凹不平的焊点，从外观上看焊锡也包住了导线，但内部存在空气与污渣，并未焊接牢固，经过一段时间后，焊点处就会接触不良，这种现象称为虚焊。虚焊从外观上有时不易被发现，因而会给电路调试和检修造成极大的困难，这是电路焊接工作的大敌。造成虚焊的主要原因是元器件引线、导线、焊片、铜箔等焊接部位没有做好清洁，无法使焊锡附着于金属表面，或者是焊锡、焊剂的质量不高及其用量过少，或者是电烙铁温度太低、焊接时间太短、焊接冷却期间引线抖动等。

4. 焊接技术要领

（1）做好清洁处理。凡需要焊接的部位都要进行清洁处理，去掉其氧化层，露出金属表面，随即涂上焊剂和沾上锡，这是焊接质量的基本保证。如清洁工作不彻底，即使勉强把焊锡"糊"上，也会形成虚焊。

凡是铜质物的表面都可用刀刮或砂纸擦净。对很细的导线，可将其用沾锡的电烙铁按在有松香的木板上，边烫边轻擦，直到导线涂上锡。

大多数晶体管和集成电路的管脚镀有金、锡等薄层，以便于焊接，但存放时间过长，也要对其做好清洁处理。因为管脚一般是铁镍铬合金，其与管脚面材料的热胀系数相同。管脚本身不易焊接，在进行清洁处理时注意不能将镀层刮掉，否则难以焊接或易造成虚焊。管脚的清洁处理可用橡皮擦亮，若擦拭无效时可适当使用焊膏。

（2）掌握焊接温度。若电烙铁的温度偏低，则焊锡流动性差、易凝固，焊锡不能充分熔化，焊剂的作用不能充分发挥，焊点不光洁、不牢固，易造成虚焊。若电烙铁的温度过高，则焊锡容易淌滴，焊点上存不住锡，还可能将焊锡附着邻近导体引起短路。所以，应根据元器件的大小选用功率合适的电烙铁，适当调节烙铁头的长度，掌握电烙铁的加热时间，使其温度合适，能很快将焊锡熔化。

（3）控制焊接时间。把带有焊锡的烙铁头轻压在焊接处，加热被焊物，适当停留一会儿，当被焊处的焊锡全部熔化，或焊锡从烙铁头自动流到被焊物上时，即可移开烙铁头，留下一个光亮圆滑的焊点。若移开电烙铁后，被焊处沾不上焊锡或沾上的很少，则说明电烙铁加热的时间太短，或被焊物清洁处理得不好；若移开电烙铁前焊锡下淌，则是焊接时间过长。

焊接时，烙铁头和被焊处要有一定的接触面积，切勿成点接触，否则不易传热，可先将烙铁头沾些松香再置于焊点处。若焊接时间过长，则容易烫坏元器件或使印刷电路板的铜箔翘起，如一次未焊好，应稍停片刻再焊。焊接时不可将电烙铁来回移动，也不要过分用力下压，更不要像涂浆糊似的多次涂焊。

（4）上锡适量。根据焊点的大小来决定电烙铁蘸取的锡量，使焊锡正好能包住被焊物，形成一个引线轮廓隐约可见的光滑焊点。焊锡量不宜过少，以免焊接不牢或容易脱开，如果一次上锡不够，可再次补焊，但须待前次上的锡一同熔化之后才能移开电烙铁。初学者往往会像堆沙堆一样加焊锡，结果焊锡用了很多，焊接质量却极差，导致有的虚焊，有的焊不上。

（5）防止抖动。焊接时，应扶稳夹牢被焊物，尤其在移开电烙铁后的焊锡凝固期内不可抖动，否则容易造成虚焊。

（6）采取先热后焊法。常用的焊接次序是先让烙铁头沾锡，再沾上松香，然后迅速进行焊接。而对于已固定的元器件，特别是集成电路及其插座，可先将烙铁头置于焊接处，经过 $1\sim2$ s 后，把低熔点的焊锡丝紧靠电烙铁头，使适量焊锡熔化到被焊物上，然后立即移开焊锡丝和电烙铁。

（7）做好焊后检查。焊后应从外观检查焊点是否光滑美观，焊点不能呈凹陷状。检查时，可用手或镊子夹住元器件引线，稍用力拉动，由手感觉是否松动或拉脱来判断焊接质量，但要注意用力切勿过大、过猛。焊接时切忌将引线弯成 90°焊接，否则即使虚焊也难以检查。

5. 电路焊接次序

初学电路焊接，为防止错焊和漏焊，应从电路的输入到输出，或相反方向逐级进行。对同级电路，应先焊小型元器件和细导线，后焊大型元器件和晶体管。这样既可避免小型元器件固定困难和焊接不便，又不会烫到大型元器件和晶体管。

6. 安全检查

实验室内仪表仪器甚多，其电源线和连接线也会很多，应防止电烙铁烫坏各类物品，特别是 220 V 电源线，以免造成事故。电烙铁应置于烙铁筒内，切忌直接置于桌面，特别是暂时不焊接时更应如此。离开工作场所前，应拔下电烙铁电源插头，待其冷却后将其收藏起来。

不要随意甩电烙铁上的锡，以免因其烫坏或损坏衣物（尤其是内热式烙铁头，它没有专用紧固件，容易脱落，更不能任意甩锡）。电烙铁电源线和外壳间的绝缘电阻应超过 100 MΩ，且使用接地的三脚电源插头更安全。

四、实验器材

所需实验器材如表 5.18 所示。

表 5.18　实验器材

序　号	设备名称	功能作用	数　量
1	SB830B 型数字三用表套件	实验	1
2	数字万用表	调试	1
3	电烙铁 1 把，镊子、斜口钳、小起子各一把	焊接装配	1

五、实验内容

（1）按数字三用表套件的配套清单和装配图识别各个元器件。

（2）对照图 5.34，走通电阻测试电路。

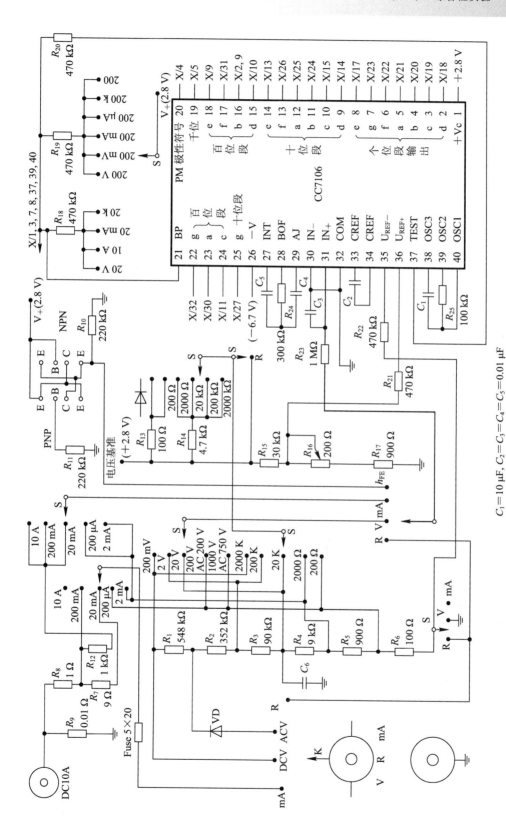

图 5.34 DT-830 数字三用表电路图

$C_1 = 10\ \mu F,\ C_2 = C_3 = C_4 = C_5 = 0.01\ \mu F$

（3）识别装配图，学习各个元器件安装方法。

（4）安装元器件并焊接。

（5）安装集成块、液晶显示器、工作种类开关。液晶显示器引脚排列如图 5.35 所示。

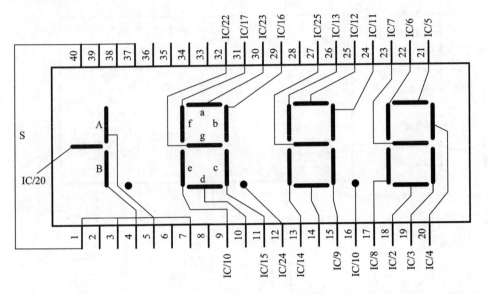

图 5.35　液晶显示器引脚排列图

（6）检验：测试 100 mV 基准电压，将 7106 集成块脚 37 与脚 1 短接，LCD 显示"1888"，说明显示器无残缺现象，能完整显示。

（7）用装好的数字表，在调校桌上进行直流电压、直流电流、交流电压、标准电阻、二极管、三极管的测量，并进行比较，达到熟练使用数字表的目的。

（8）进行典型故障的分析和排除。

六、注意事项

（1）准确分清各个元器件的数值。

（2）按"长卧短立"的原则，将元器件插入应有的位置。

（3）检查无误后再焊接，8 脚管座经检查后才能焊接。

（4）焊接时间要短、要快，防止焊接时电路板焊盘脱落，不能虚焊、堆焊、短焊，焊锡不能落到非焊接部位，焊点要小、光、圆。

（5）正确使用数字表。

附录　THDGZ-1 型电工技术实验装置简介

一、基本组成

电工电子实验台
介绍

THDGZ-1 型电工电子实验装置可完成"电路分析""电工基础""电工学""模拟电路""数字电路""电机控制""继电接触控制""电力拖动""半导体变流技术"等实验项目，还可以完成自行编制的其他电路实验，下面介绍实验装置的系统组成。

本实验装置主要由实验屏、实验桌和实验挂箱组成。

1. 实验屏简介

实验屏为铁质双层亚光密纹喷塑结构，铝质面板，如图 1 所示。实验屏上固定着交流电源的起动控制装置、三相电源电压指示切换装置、低压直流稳压电源、恒流源、多种测量仪表、函数信号发生器以及各种不同功能实验挂箱等。

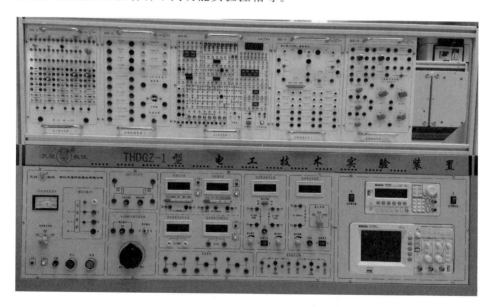

图 1　THDGZ-1 型电工电子实验装置实验屏

2. 实验屏组成

1）控制及交流电源部分

（1）提供三相固定 380 V 交流电源及单相 0～250 V 连续可调交流电源，配备一台单相调压器，规格为 0.5 kVA/0～250 V。380 V 交流电源输出处设有过流保护，相间、线间过电流及直接短路均能自动保护。配有一只指针式交流电压表，通过波段开关切换可指示三相固定 380 V 交流电源输出电压。

（2）设有实验用 220 V、30 W 的日光灯灯管一支，将灯管灯丝的四个头经过快速保险丝引出供实验使用，可防止灯丝损坏。

（3）设有五路 AC 220 V 和一路 AC 380 V 交流电源接口，可为实验挂箱及外配仪器设备提供工作电源。

2）测量仪表部分

测量仪表包括直流数显电压表、直流数显毫安表、真有效值交流数字电压表和真有效值交流数字电流表各一只。

3）直流电源部分

（1）提供两路 0～30 V/0.5 A 可调稳压电源，从 0 V 起调，设有三位半数字显示指示。

（2）提供 4 路固定直流电源输出：±12 V、±5 V。

（3）提供 1 路 0～200 mA 连续可调恒流源，分 2 mA、20 mA、200 mA 三挡，从 0 mA 起调，调节精度为 1‰，配有数字式直流毫安表指示输出电流。

4）函数信号发生器、数字存储示波器

本实验屏上的函数信号发生器和数字存储示波器都是外嵌入式的，函数信号发生器采用的是 DG1022U 型 DDS 函数信号发生器，数字存储示波器采用的是 RIGOL DS1052E 型数字存储示波器。

二、使用方法

1. 交流电源的启动

实验屏交流电源模块如图 2 所示。

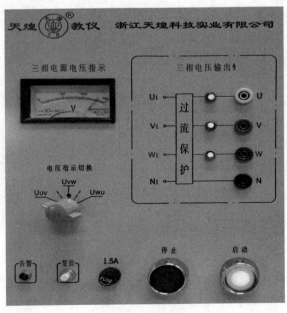

图 2　交流电源

（1）实验屏的左后侧有一根接有三相四芯插头的电源线，先在电源线下方的接线柱上连接机壳的接地线，然后将三相四芯插头接通三相四芯 380 V 交流市电。这时，实验屏左侧的三相四芯插座即可输出三相 380 V 交流电压。必要时此插座上可插另一实验装置的电源线插头。但请注意，连同本装置在内，串联的实验装置不能多于三台。

（2）按下"启动"按钮（绿色），红色按钮灯灭，绿色按钮灯亮，同时可听到实验屏内交流接触器的吸合声，面板上与 U1、V1 和 W1 相对应的黄、绿、红三个 LED 指示灯亮。至此，实验屏启动完毕。

2. 三相可调交流电源输出电压的调节

按顺时针方向缓慢旋转三相自耦调压器的手柄，上方三相电源电压指示的指针将随之偏转，指示出屏上三相可调电压输出端 U、V、W 两两之间的线电压之值，直至调节到实验所需的电压值。

3. 照明和实验用日光灯的使用

实验屏顶部有一支 30 W 的日光灯管，日光灯管的 4 个灯丝引脚已对应接至屏上的四个护套座，便于做相应的实验。灯丝线路中均接有保险丝保护灯管。

4. 低压直流数显稳压电源和直流数显恒流源的输出与调节

1）低压直流数显稳压电源的输出与调节

低压直流稳压电源如图 3 所示，开启电压源处的带灯开关，则两路稳压电源的输出插孔均有电压输出。

图 3　直流数显稳压电源

（1）"指示切换"按键弹起时，数字式电压表（量程为 30 V）指示第一路（U_A）输出的电压值；将此按键按下，则电压表指示第二路（U_B）输出的电压值。

（2）旋转"输出调节"多圈电位器旋钮，可平滑地调节输出电压。调节范围为 0～30 V，额定电流为 0.5 A。

（3）两路输出均设有软截止保护、自动恢复功能，但应尽量避免输出短路。

2）直流数显恒流源的输出与调节

直流数显恒流源如图 4 所示。

图 4　直流数显恒流源

（1）将负载接至"恒流输出"两端，开启恒流源处的带灯开关，数字式毫安表即指示输出电流之值。调节"输出粗调"波段开关和"输出细调"多圈电位器旋钮，可在三个量程段（满度为 2 mA、20 mA 和 200 mA）连续调节输出的恒流电流值。

（2）本恒流源虽有开路保护功能，但不应长期处于输出开路状态。

操作注意事项：当输出口接有负载时，如果需要将"输出粗调"波段开关从低挡向高挡切换，则应先将"输出细调"旋钮调至最低（逆时针旋到头），再拨动"输出粗调"开关。否则会使输出电压或电流突增，可能导致负载器件损坏。

5. 测量仪表的使用

实验屏上装有四块测量仪表，分别是直流电压表、直流毫安表、真有效值交流电压表、真有效值交流电流表。如图 5 所示。

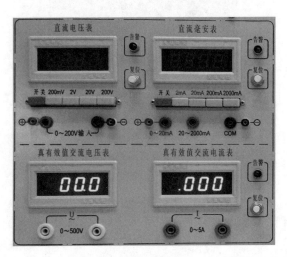

图 5　测量仪表

（1）直流数显电压表测量范围为 0～200 V，分 200 mV、2 V、20 V、200 V 四挡，直键开关切换，三位半数字显示，输入阻抗为 10 MΩ，精度为 0.5 级。

（2）直流数显毫安表测量范围为 0～2000 mA，分 2 mA、20 mA、200 mA 和 2000 mA 四挡，直键开关切换，三位半数字显示，精度为 0.5 级。

（3）真有效值交流数字电压表用于进行真有效值测量，测量范围为 0～500 V，其量程可自动判断、自动切换，精度为 0.5 级，三位半数字显示。

（4）真有效值交流数字电流表一只：用于进行真有效值测量，测量范围为 0～5 A，其量程可自动判断、自动切换，精度为 0.5 级，三位半数字显示。

仪表的使用方法如下：

（1）测量电压时，电压表应与被测量对象并联；测量电流时，电流表应与被测量对象串联。

（2）测量前，应先选仪表的最高量程挡，再根据测得值选用合适的量程挡位。

（3）除真有效值交流电压表外，其余三只仪表都具有超量程警告功能，当被测量信号大于量程值的 5%～10% 时，即警告。超量程仪表的警告灯点亮，蜂鸣器响，接触器跳闸，切断电源。这时应调低被测量信号的值或换高量程挡位或断开被测量信号，再按下警告仪表的复位键，即可消除报警信号。

三、实验挂箱

1. DDZ-11 电路基础实训(一)挂箱

图 6 所示为 DDZ-11 电路基础实训(一)挂箱，它提供了基尔霍夫定律/叠加原理实验模块，并可完成戴维南定理、诺顿定理、直流电阻电路故障的检查、互易定理、欧姆定律等实训；提供了电阻、电容、电感等元器件，可以自行搭建电路完成 RLC 串联谐振、一阶或二阶动态电路的研究，电压源与电流源的等效变换，负载获得最大功率的条件，电阻串联、并联等实验。

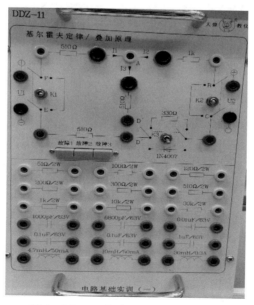

图 6　DDZ-11 电路基础实训(一)挂箱

2. DDZ-12 电路基础实训(二)挂箱

图 7 所示为 DDZ-12 电路基础实训(二)挂箱,它提供灯泡、稳压管、二极管、电位器、电阻箱和未知元器件等,可完成已知和未知电路元器件伏安特性的测绘、电容的充放电等实验。

图 7　DDZ-12 电路基础实训(二)挂箱

3. DDZ-13 交流电路实训(一)挂箱

图 8 所示为 DDZ-13 交流电路实训(一)挂箱,它提供了大功率电阻、电感、高压电容器(0.47 μF/500 V、1 μF/500 V、2.2 μF/500 V、4.7 μF/500 V)、整流二极管、镇流器、启辉器、短接按钮等元器件,可完成日光灯功率因数提高实验、*RIC* 串联交流电路实验、*RLC* 并联交流电路实验,以及电感、电容元件在直流电路和交流电路中的特性实验。

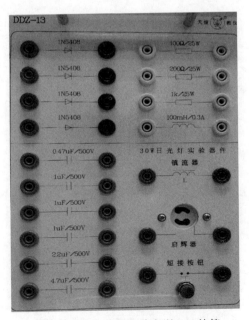

图 8　DDZ-13 交流电路实训(一)挂箱

4. DDZ-14 交流电路实训(二)挂箱

图 9 所示为 DDZ-14 交流电路实训(二)挂箱,提供了六只灯泡,灯泡可以两两串联连接各种实验电路,完成三相负载电路实验。

图 9 DDZ-14 交流电路实训(二)挂箱

5. DDZ-17 电工综合技能实训(二)挂箱

图 10 所示为 DDZ-17 电工综合技能实训(二)挂箱,可完成运算放大器的应用实验、报警保护电路的设计及其应用实验、互感器的应用实验、整流滤波电路的设计及应用实验、过流保护的设计及其应用实验,也可以根据实验挂箱上的资源自由设计电路。

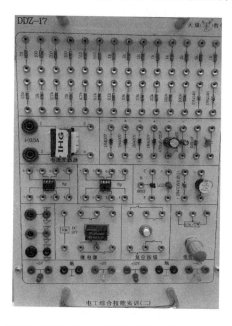

图 10 DDZ-17 电工综合技能实训(二)挂箱

6. DDZ-19 继电接触控制实训挂箱

图 11 所示为 DDZ-19 继电接触控制实训挂箱，提供交流接触器（线圈电压为 220 V）两只，按钮三只（黄、绿、红各一只），可完成继电器相关控制类实验。

图 11　DDZ-19 继电接触控制实训挂箱

7. WDJ26 三相鼠笼式异步电动机（Δ380V）

图 12 所示为三相鼠笼式异步电动机，电动机的三个绕组均已引出接线，主要用于完成电动机的空载、堵转和负载实验。

图 12　三相鼠笼式异步电动机

8. DDZ-21 电子技术实训(一)挂箱

图 13 所示为 DDZ-21 电子技术实训(一)挂箱，提供了模拟电子技术实验所需的三极管、二极管、稳压管、电阻、单结晶体管、蜂鸣器、电容等。用这些分立的元器件可以构成各种晶体管放大电路，图 13 所示的变压器可以完成将 220 V 交流电压转换成低压交流电源 0 V、6 V、10 V、14 V 及 17 V(0 V、6 V、10 V、14 V 抽头各一路、中心抽头 17 V 两路)，还可以完成集成直流稳压电源的相关实验内容。

图 13　DDZ-21 电子技术实训(一)挂箱

9. DDZ-22 电子技术实训(二)挂箱

图 14 所示为 DDZ-22 电子技术实训(二)挂箱，提供四位十进制译码显示器、八位逻辑电平开关、八位逻辑电平显示、三态逻辑笔、脉冲信号源(正、负输出单次脉冲和频率为 0.5 Hz～300 kHz 连续可调的计数脉冲源各一路)、±12 V、±5 V 直流稳压电源四路，元器件针管插座若干，设有高性能双列直插式圆脚集成电路插座(8P、14P、16P、28P、40P 共七只)。实验挂箱还配有单管/负反馈两级放大器、射极跟随器、RC 串并联选频网络振荡器、差动放大器及低频 OTL 功率放大器共五块固定线路实验板，可使用实验板进行实验或采用分立元器件灵活组合完成各类电路的设计。

图 14   DDZ-22 电子技术实训（二）挂箱

10. 实验连接线

根据不同实验的特点，该实验装置配备两种不同规格的实验连接线，强弱电均采用高可靠护套结构手枪插连接线（不存在任何触电的可能），里面采用无氧铜抽丝而成头发丝般细的多股线，达到超软的目的，外包丁氰聚氯乙烯绝缘层，具有柔软、耐压高、强度大、防硬化、韧性好等优点，插头采用实心铜质件外套镀轻铜弹片，接触安全可靠。两种导线都只能配合相应内孔的插座，不能混插，大大提高了实验的安全及合理性。

四、装置的安全保护系统及养护

1. 装置的安全保护系统

（1）三相四线制电源输入时，总电源由三相钥匙开关控制，设有三相带灯熔断器作为短路保护和断相指示。

（2）控制屏电源由接触器通过启、停按钮进行控制。

（3）控制屏内装有电压型漏电保护装置。控制屏内强电输出若有漏电现象或者感应电压超过一定数值，如果屏体未接地线或者接地不良，即警告并切断总电源，确保实验过程安全。

（4）屏内还装有过流保护装置。当负载电流超过限定值时，即警告并切断总电源，保护相应的器件。

（5）当发生漏电或过流警告时，屏上方的警告灯亮，屏内接触器跳闸，启动按钮灯灭，停止按钮灯亮。这时应尽快查明漏电或过流的原因并消除，再按警告灯旁的复位按钮以消除警告信号。一时找不出原因时，可断开总电源开关或者拔下总电源线插头。

（6）各种电源及各种仪表均有保护功能。

2. 装置的保养与维护

（1）装置应放置平稳，平时注意清洁，长时间不用时最好盖上保护布。

（2）使用前应检查输入电源线是否完好，实验屏上开关是否置于"关"的位置，调压器手柄是否在零位。

（3）使用中，对各旋钮进行调节时，动作要轻，切忌用力过度，以防损坏旋钮开关。

（4）如遇电源、仪器及仪表不工作时，应关闭控制屏电源，检查各熔断器熔管是否完好。

（5）更换挂箱时，动作要轻，防止强烈碰撞，以免损坏部件以及影响外表等。

参 考 文 献

[1]　王立志，赵红言，齐凯，等. 模拟电子技术基础[M]. 北京：高等教育出版社，2018.

[2]　张建强，魏斌，魏青梅. 电子电路设计与实践[M]. 2版. 西安：西安电子科技大学出版社，2021.

[3]　赵红言. 电子技术基础实验[M]. 西安：西安交通大学出版社，2022.

[4]　李佳，姚远，李亚宁. 电子技术实验指导[M]. 西安：西安电子科技大学出版社，2019.

[5]　蔡杏山. 零起步轻松学电子测量仪器[M]. 北京：人民邮电出版社，2010.

[6]　李翠英. 电工与电子技术实验指导书[M]. 北京：中国水利水电出版社，2020.

[7]　张锋. 电工与电子技术实验指导[M]. 北京：人民邮电出版社，2014.

[8]　王艳丹，段玉生. 电工技术与电子技术实验指导[M]. 2版. 北京：清华大学出版社，2012.

[9]　韩雪涛. 电子元器件从入门到精通[M]. 北京：化学工业出版社，2018.

[10]　蔡杏山. 电子元器件知识与实践课堂[M]. 3版. 北京：电子工业出版社，2017.

[11]　李居尚，于秀明，战荫泽. 电子技术基础[M]. 3版. 西安：西安电子科技大学出版社，2023.

[12]　任骏原，赵丽霞，王学艳，等. 电子技术基础（微课视频版）[M]. 北京：清华大学出版社，2022.

[13]　陶晋宜，李凤霞，任鸿秋. 基于Multisim的电工电子技术[M]. 北京：机械工业出版社，2021.

[14]　古良玲，王玉菡. 电子技术实验与Multisim14仿真[M]. 北京：机械工业出版社，2023.

[15]　吕波，王敏. Multisim14电路设计与仿真[M]. 北京：机械工业出版社，2016.

[16]　陈亚爱，周京华. 电机与拖动基础及MATLAB仿真[M]. 北京：机械工业出版社，2022.

[17]　王晶，翁国庆，张有兵. 电力系统的MATLAB/SIMULINK仿真与应用[M]. 西安：西安电子科技大学出版社，2008.